MACD震荡指标

入门与实战

刘文杰●编著

中国铁道出版社有限公司
CHINA RAILWAY PUBLISHING HOUSE CO., LTD.

内 容 简 介

本书是一本介绍MACD指标的实战应用工具书，全书共8章，主要包括初识MACD指标，MACD指标的基本应用，MACD指标的经典买卖形态，由MACD主导的实战技巧，MACD与趋势理论相结合，MACD与形态理论相结合，MACD与其他指标结合实战以及用MACD指标构建交易系统。

本书内容丰富，采用理论知识与案例分析相结合的方式进行讲解，对于新股民从零开始学习MACD指标非常适合。此外，对有炒股经验的老股民提升MACD指标实战应用也有一定的参考价值。

图书在版编目（CIP）数据

MACD震荡指标入门与实战／刘文杰编著．—北京：中国铁道出版社有限公司，2020.6

ISBN 978-7-113-26639-4

Ⅰ．①M…　Ⅱ．①刘…　Ⅲ．①股票投资－基本知识　Ⅳ．①F830.91

中国版本图书馆CIP数据核字（2020）第025107号

书　　名： MACD震荡指标入门与实战
作　　者： 刘文杰

责任编辑： 张亚慧　　**读者热线电话：** 010-63560056
责任印制： 赵星辰　　**封面设计：** 宿　萌

出版发行： 中国铁道出版社有限公司（100054，北京市西城区右安门西街8号）
印　　刷： 北京铭成印刷有限公司
版　　次： 2020年6月第1版　2020年6月第1次印刷
开　　本： 710 mm×1 000 mm　1/16　**印张：** 15.25　**字数：** 250千
书　　号： ISBN 978-7-113-26639-4
定　　价： 55.00元

从试点运营至今，中国股市已经经过了30年的发展，由于中国独特的经济制度以及各种历史原因，形成了独具特点的中国股市。要想在中国股市中投资成功，斩获利润，就要采用符合中国股市特色的操作策略。

虽然基本面也是影响股市行情变化的因素之一，但是从历史的角度来看，证券投资市场上最早的分析方法是技术分析，而基本面分析是后来才逐渐发展起来的。

所以，作为一名投资中国股市的散户，掌握一门炒股技术，对于指导实战操作显得十分必要。而MACD指标被誉为“指标之王”，是所有指标中最基础、最实用的一类，也是实战指导作用最强的指标之一，大部分投资者在刚入市时选择学习的第一个指标就是MACD指标。

对于一些老股民而言，由于学习的技术分析方法越来越多，就会觉得MACD指标太简单，研判准确度不高，逐渐抛弃了这项技术。

然而，通过长期的实践证明，MACD指标作为趋势性指标，在研判股市行情趋势上有其可靠的一面；并且在波段操作中，可以与其他经典分析理论结合使用，以提高技术分析研判股市行情的准确性。

为了让更多的新老投资者全面认识这门技术，并掌握其操作精髓，指导投资者在实战炒股中更好地进行操作，我们编写了本书。

主要内容

本书共8章内容，大概内容如下：

- 第1章主要介绍MACD指标的相关基本知识，让读者了解什么是MACD指标，以及该指标的由来、设计原理和构成是什么，MACD指标的基本形态有哪些，并了解MACD指标在使用过程中要注意的要点。
- 第2章主要介绍MACD指标中三大构成的具体应用，让投资者分别从DIF线、DEA线和MACD柱状线识别出该指标发出的市场交易信号，并掌握如何根据这些信号进行实战操作。
- 第3章主要介绍MACD指标中的一些经典买卖形态，比如金叉与死叉的应用、顶背离与底背离的应用以及MACD指标中的一些经典形态。通过这些基本形态和经典形态，可以更好地分析可靠的买卖点。
- 第4章主要介绍由MACD主导的实战技巧，这部分是MACD指标本身应用中相对综合的内容，通过这部分内容可以教会投资者如何巧用MACD指标来识别股价的顶部和底部，并从DIF线与DEA线之间的“离”“靠”来找准买卖时机。

- 第5章主要介绍MACD指标如何与趋势理论结合，让读者了解股价的发展趋势，以及投资者在不同趋势中应该采用什么样的操作策略。
- 第6章主要介绍MACD指标如何与K线形态相结合，通过这章内容的学习，投资者可以在全面了解K线中的反转形态和整理形态的同时，掌握如何结合MACD指标来判断行情是否即将反转，还是继续前期的走势。
- 第7章主要介绍MACD指标与其他指标的结合实战，其中具体介绍了MACD与成交量指标、移动平均线指标之间的结合使用，教会读者从“量”和“均线”的角度来分析股价的买卖点。
- 第8章主要介绍MACD交易系统的构建，这是基于在掌握MACD指标的实战技术后进行的一些总结，通过构建属于自己的交易系统，可以更好地指导实战操作。

内容特点

本书从实用的角度出发，选取大量的案例进行剖析，系统地介绍了MACD指标的各种实战技法以及与其他技术理论的综合使用，并利用丰富的图示降低了阅读的枯燥感，让读者在一种轻松的阅读氛围中学习本书的知识。

读者对象

由于本书内容全面、针对性强、实例丰富，对于新入股市的投资者来说，是一本很好的炒股技术学习工具书。此外，对于一些有过炒股经验的投资者提高MACD技术的实战应用技能也有较高的指导意义，最后，请大家牢记，股市有风险，投资需谨慎。

编　者

2020年3月

目录 CONTENTS

目录 CONTENTS

初识MACD指标

MACD是重要的股市分析技术指标之一，尤其是在波段操作分析中，可以说占有很重要的位置，甚至被称为“指标之王”。但许多股票投资者对MACD的认识仅停留在简单的金叉买入、死叉卖出等粗浅表层。为了用好这个指标，首先需要了解其由来、构成的原理、基本形态以及使用时的注意事项等，本章就从这几个方面进行阐述。

1.1 什么是MACD指标

MACD素有“指标之王”之称，其全称为指数平滑异同移动平均线，是众多股票投资者在投资分析中使用频率最高的技术指标之一，因此也成为各种行情软件默认显示的副图指标。要用好MACD指标，首先需要了解其基本原理。

1.1.1 MACD指标的由来

MACD指标是美国人Gerald Appel（杰拉德·阿佩尔）于1979年在移动平均线的基础之上发明的，全称为指数平滑异同移动平均线，是根据指数平滑移动平均线（EMA）计算得来。MACD中的“MA”是指Moving Average（移动平均），“CD”是指Convergence（收敛）和Divergence（发散），简称为“异同”二字。

1986年另一名美国人Thomas Aspray（托马斯·埃利普利）在该指标中加入柱状线，形成了如今的MACD指标。一般的行情软件默认情况下会在副图中显示MACD指标，如图1-1所示。

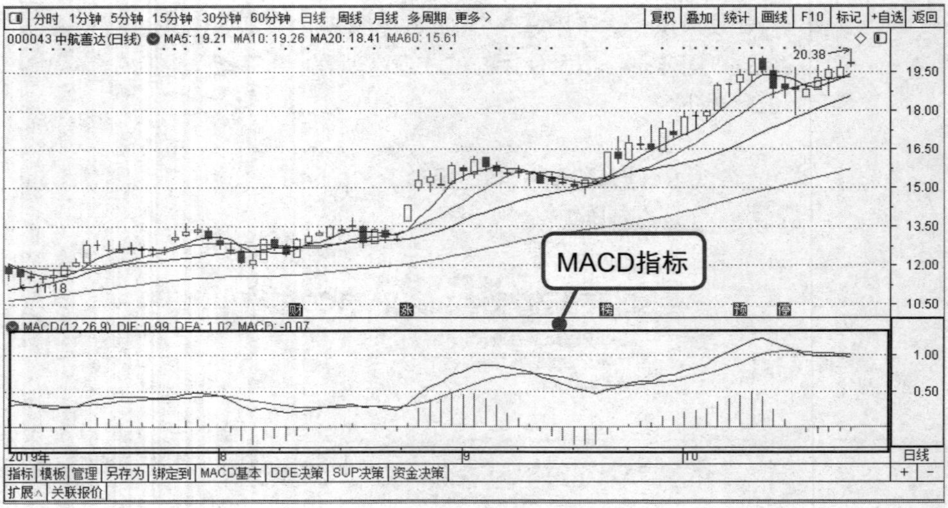

图1-1 副图中的MACD指标

从定义可以看出，MACD指标与MA指标有很大的联系。

因为当不同时间周期下的市场成本趋于一致时，均线便会出现收敛，在图中显示为多条均线逐渐靠拢。但市场成本不会始终趋于一致，在均线收敛运行到一定阶段后，市场行情将出现变盘（即改变原来的运行趋势），不同周期的均线再次拉开距离呈现发散状态。

虽然投资者都知道均线收敛到一定程度后将会发生变盘，但是行情将会向哪个方向变化却难以判断。

经过长期经验总结发现，在分析变盘走向时应遵循均线服从原理和均线扭转原理。

◆ **均线服从原理：**指短期均线服从长期均线的走势，变盘的方向将会与长期均线的方向一致。这是变盘方向的最大可能。比如长期上涨行情中均线方向都在向上发展，某天开始出现一小波回调行情，5日均线拐头向下，但在回落至20日均线处时，股价获得支撑，继续按20日均线的方向向上发展。

◆ **均线扭转原理：**指当市场出现与长期均线相反的走势时，表明股价见底或见顶，即将出现反转行情，此时就要看扭转的力度。

然而，一轮大的行情总是会出现多次不同周期的均线靠拢（即盘整）和发散。投资者无法仅仅通过移动平均线来判断哪一次的聚拢后会发生反方向变盘，也无法通过移动均线判断什么时候会变盘，因而无法在有利的时机及时切入市场，此时就可以通过MACD指标来解决这一问题（有关MA指标的详细内容将在本书的第7章详细介绍）。

1.1.2 MACD的设计原理

通过前面的学习已经知道，MACD的设计是建立在EMA的基础之上的。所以下面先来简单了解一下EMA。

EMA是Exponential Moving Average的缩写，也翻译为EXPMA，即为指数平滑移动平均线。它的出现是因为移动平均线存在迟滞性，一旦价格脱离均线且差值扩大，而均线未能及时反应，这就不利于投资行为，而EMA则可以减少类似情况的发生。

MACD的意义与EMA基本相同，但MACD使用起来更为方便，内涵更为丰富，有更多的变化，更加可靠，所以受到更多投资者的青睐。其设计原理是首先计算出快速移动平均线（即EMA1，一般取12日）和慢速移动平均线（即EMA2，一般取26日），以这两个数值作为测量两者（快慢速线）间的离差值（DIF）的依据，两者的差值即为DIF值，然后再求DIF的N周期的平滑移动平均线DEA线。最后用前面计算得出的DIF减去DEA，得到MACD柱状线的值。

上述的DIF、DEA和MACD柱状线等参数都会在行情软件中直接显示出来，投资者可以根据需要对其参数进行修改。

1.2 如何在行情软件中使用MACD指标

“工欲善其事，必先利其器”，要使用指标研判股票行情，必须先掌握在股票行情软件中指标的调用与调整方法。由于通达信金融终端软件功能强大、操作便捷、界面友好，因此使用者众多，本书均以通达信金融终端软件为例介绍如何在电脑上快速查看与调整MACD指标。

1.2.1 K线图中的主图与副图指标

当在通达信软件中打开某只股票时，上半部分会默认显示该股的K线图和几条不同周期的移动平均线，这称为主图；主图窗格下方会显示成交量窗格与MACD指标窗格，除主图外的这些显示其他指标的窗格统称为副图。右侧则为当前股价或指数的盘中买卖即时信息，如图1-2所示。

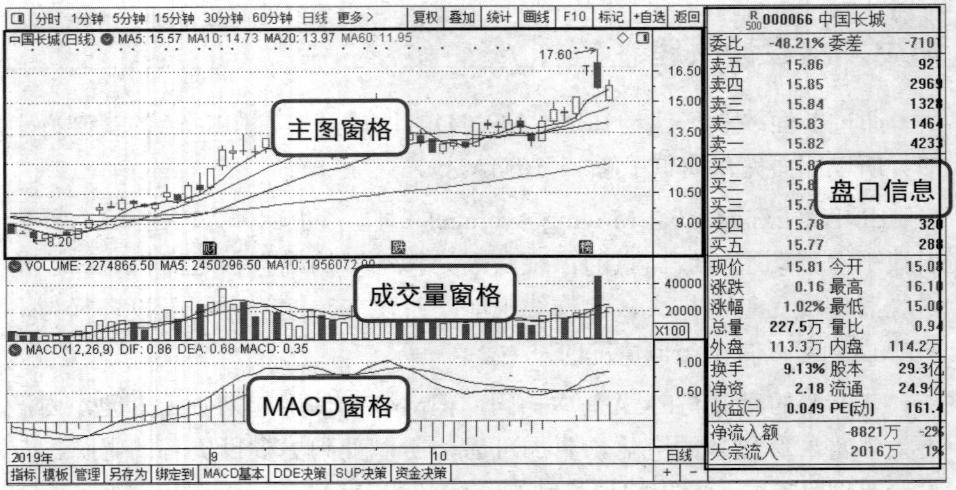

图1-2 主图与副图

1.2.2
显示多个副图指标窗口

通达信默认只显示一个主图窗格和两个副图窗格，如果想要同时显示更多的指标，可以增加副图窗格的数量，方法如下：

在任意副图窗格中单击鼠标右键，在弹出的快捷菜单中选择“指标窗口个数”命令下的所需个数即可，如图1-3所示。

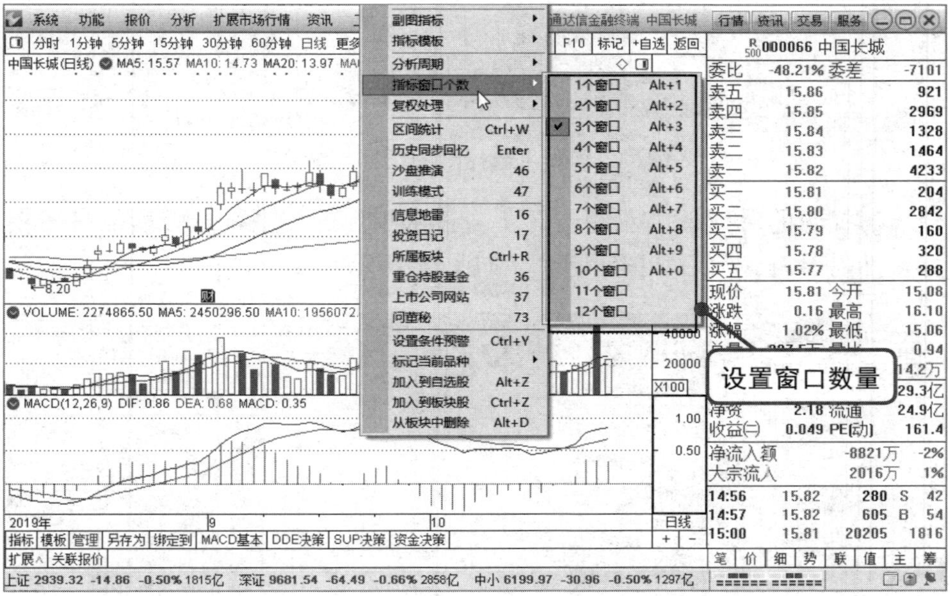

图1-3 调整副图窗口数量

除了使用菜单命令，投资者也可以直接按【Alt】键+相应的数字键来快速设置副图窗格的数量。

需要说明的是，这里设置的窗口个数是包含主图窗格在内的，例如要显示3个副图窗格，则需要选择“4个窗格”命令或者直接按【Alt+4】组合键。

1.2.3
调整副图指标

如果副图窗口中显示的指标不是自己想要的指标，可以对其进行更换。在需更换显示的指标窗格中任意空白位置单击鼠标右键，在弹出的快捷菜单中选择“副图指标/选择副图指标”命令，如图1-4所示。

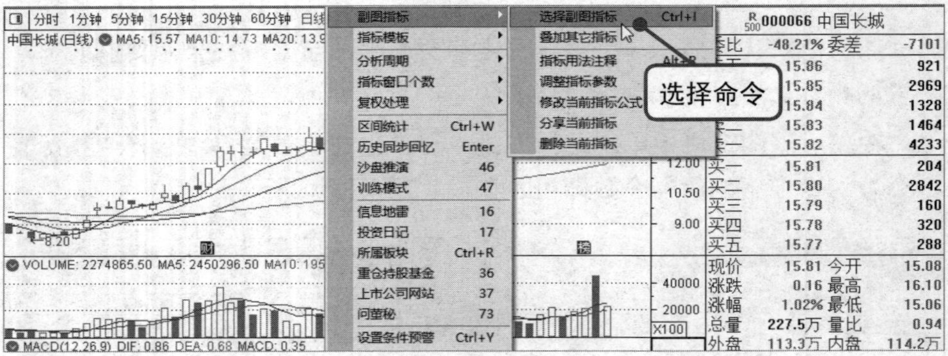

图1-4 选择“选择副图指标”命令

在打开的对话框中左侧展开所需技术指标的类型，选择所需技术指标，然后单击“确定”按钮即可，如图1-5所示。

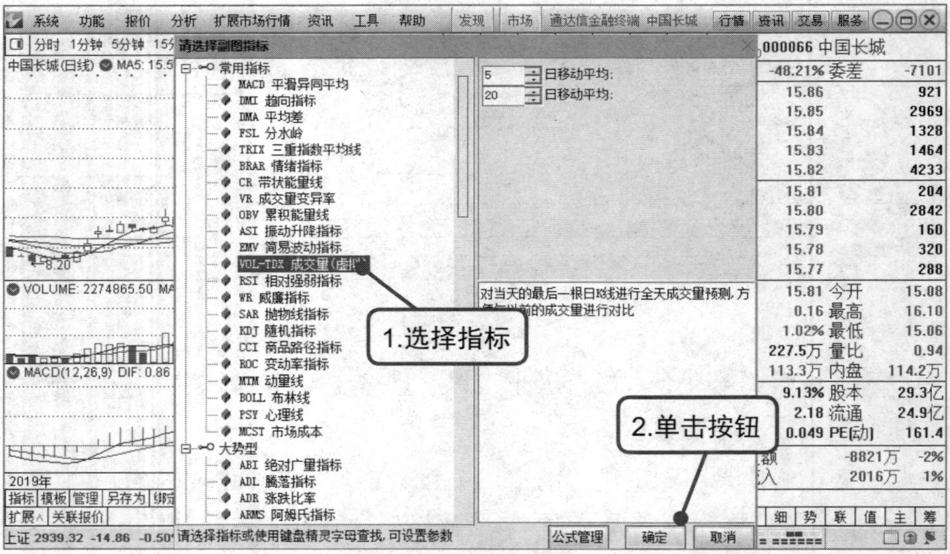

图1-5 选择需要的指标

如果明确知道想要使用的指标字母简称，则可以先用鼠标光标单击需要更换指标的窗格中的任意空白位置，然后直接在键盘上输入指标简写，如“MA”，此时在界面右下方将打开一个窗口显示输入的字符并在下方显示包含该字符的指标列表，如图1-6所示。输入完整的指标简写后，按钮【Enter】键即可更换该窗格中的指标。

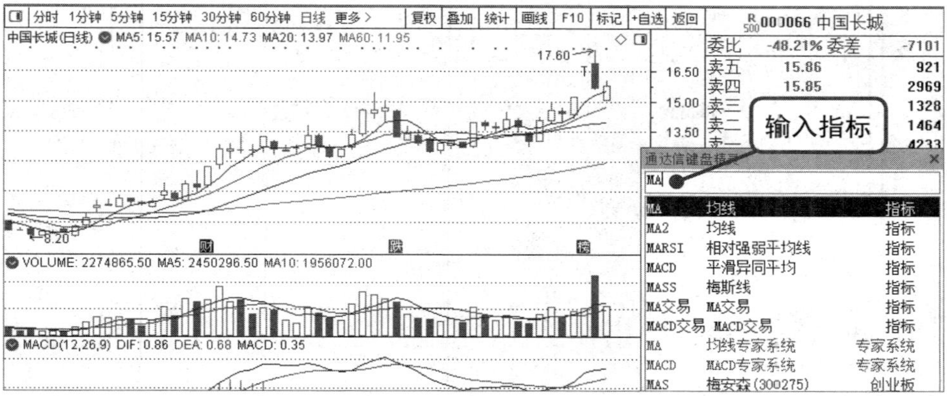

图1-6 利用键盘输入要更换的指标

1.2.4

修改MACD指标参数

在一般的行情软件中，MACD指标的默认参数为12、26、9，对于一般投资者来说采用默认的数值分析查看即可。但有些投资者喜欢短线投资，那么默认的参数设置对股价的变动反应则显得比较滞后，此时可根据需要对其进行修改。

修改方法是：单击MACD指标的任何指标线（一定要在MACD指标的曲线上单击，使其呈选中状态，不能只单击窗格空白处），单击鼠标右键，在弹出的快捷菜单中选择“调整指标参数”命令，打开如图1-7所示的“[MACD]指标参数调整”窗口，再将各项指标的参数更改为所需的数值后，单击“关闭”按钮即可。

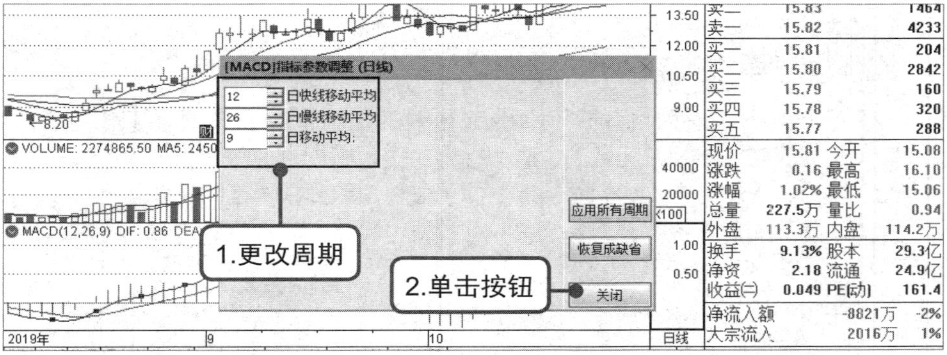

图1-7 更改MACD指标参数

TIPS *修改所有周期的MACD参数*

在单个周期上修改的MACD参数，默认只应用于该周期的MACD指标中，如果在上图中单击“应用所有周期”按钮，则可将该设置应用于其他所有的时间周期。

1.2.5

切换MACD的时间周期

那么如何切换MACD的时间周期呢？在MACD指标窗格的任意空白位置单击鼠标右键，在弹出的快捷菜单中选择“分析周期”命令下的所需时间周期即可，如图1-8所示。

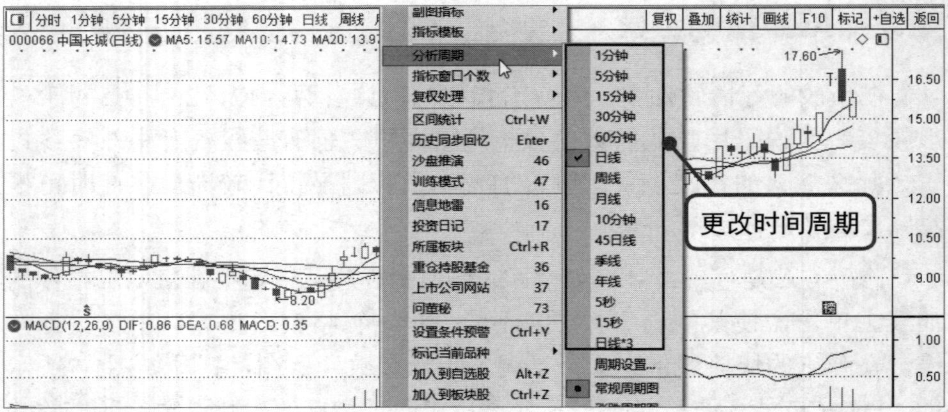

图1-8 更改MACD指标的分析时间周期

TIPS *快速更改时间周期*

实际上所有副图指标的时间周期都是跟随主图的时间周期同步变化的，所以只要改变主图的时间周期，副图指标的时间周期也会跟着一同改变。改变主图时间周期的方法和副图类似，除了可以用快捷菜单来改变外，还可以直接在键盘上输入快捷键来改变，输入数字91～98，分别代表的时间周期为1分钟、5分钟、15分钟、30分钟、60分钟、日线、周线和月线。

另外，在主菜单中选择“工具/工具栏”命令后可以在窗口中显示出快捷工具栏，直接在该工具栏中单击所需的时间周期也可以快速切换时间周期。

1.3 深入了解MACD指标的构成及其计算

每个技术指标都不是单独存在的，而是由众多的参数组成，参数的数值往往决定着指标的指示意义。所以了解MACD指标必须对组成MACD的各个参数进行了解。

1.3.1 MACD指标构成详解

在MACD指标的设计原理中，我们已经了解了MACD指标在构成上包括3个方面，分别为DIF、DEA和MACD柱状线，如图1-9所示。这两线一柱在不同时期形成不同的走势，从而反映出不同的投资信号。

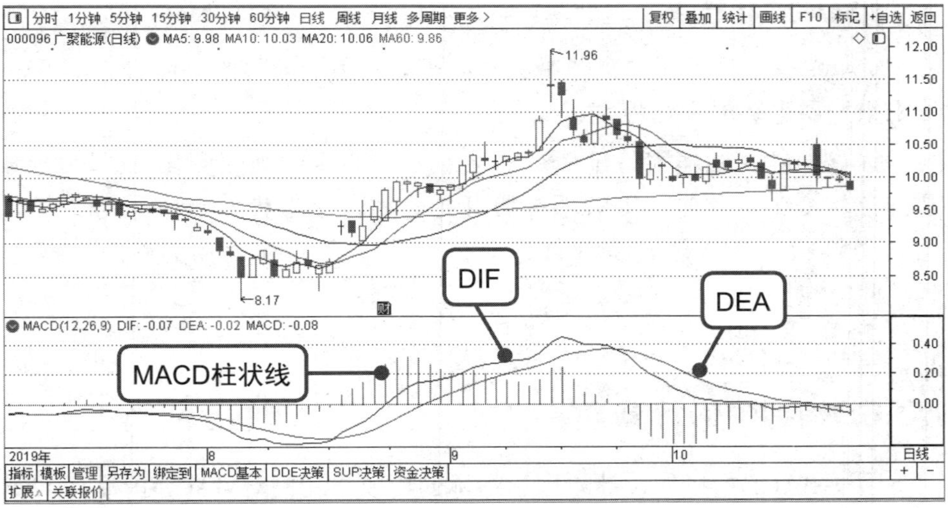

图1-9 MACD指标构成示意图

1.快线DIF

DIF是指短期指数移动平均线与长期指数移动平均线之间的差，用于反映指数移动平均线的聚合程度。在我国早期股市中，一周有6个交易日，两周为12个交易日，一个月即为26个交易日，所以DIF也指12日的指数平均数与26日指数平均数的差值。因DIF取值间隔时间较短，图形波动比较迅速，所以又称为快线。

DIF是MACD指标计算中最早得出的一条线，也是最具有指示意义的一条线。在实战中，DIF经常与股价走势呈现出高度的一致性，特别是DIF与0轴的相对关系更是判断买卖点的准确信号。当DIF向上穿越0轴，预示后市行情将转好；当DIF向下跌破0轴，则后市行情看空。

2.慢线DEA

DEA也叫差离值移动平均数，是DIF的M日移动平均数，将差离值进行平滑处理，即是在DIF的基础上运用EMA的算法得到的结果。因其取值的间隔时间稍长，图形波动较为平缓，所以称为慢线。

DEA是DIF经过平滑计算处理后得出的，所以在使用MACD时，通常以DIF为主，DEA为辅。当DIF在低位向上突破DEA时，为买入信号；当DIF在高位向下突破DEA时，为卖出信号。

3.MACD柱状线

MACD柱状线是用差离值减去异同平均数值的两倍绘制而成的，可表示未来发展趋势的强弱程度。

MACD柱状线能很好地表达出多空双方力量的强弱变化，当柱状线从红色转变为绿色时，即表明多方开始乏力，空方势力增加，此时应卖出。当柱状线从绿色转变为红色时，表明多方力量战胜空方，占据主动，此时应买入。

1.3.2 MACD指标中的计算

通过MACD指标的设计原理和指标的构成，我们对MACD指标有了一个初步了解。但是，为了便于投资者理解MACD指标，从而更好地在实战中运用MACD指标，下面具体来了解一下MACD指标中各参数的计算过程。

◆第一步，计算EMA12和EMA26

首先，想要计算MACD指标，必须先分别计算出EMA12和EMA26。

12日EMA的计算公式如下。

EMA12=（当日收盘价-上一日EMA）×2/（12+1）+上一日EMA

26日EMA的计算公式如下。

EMA26=（当日收盘价-上一日EMA）×2/（26+1）+上一日EMA

◆ 第二步，计算DIF

经过上述计算，即可得到EMA12与EMA26两个数值。利用这两个数值可以计算得到DIF，其计算公式如下。

DIF=EMA12-EMA26

DIF的取值正负皆可，行情处于持续上涨时即为（+DIF），且取值也越来越大。当行情处于持续下跌时即为（-DIF），取值也会越来越小。

◆ 第三步，计算DEA

根据DIF的值计算出9日EMA的值，则为DEA。其计算公式如下。

当日DEA=（当日DIF-上一日DEA）×2/（9+1）+上一日DEA

从计算公式可以看出，DEA是将DIF进行了平滑化的计算处理，使其更为平稳。因为DIF可能为正也可能为负，所以DEA的取值也是正负皆可。

◆ 第四步，计算MACD柱状线

将所求得的DIF减去DEA，再乘2得到MACD，显示在图中即为柱状线，其计算公式如下。

MACD=2×（DIF-DEA）

因为DIF与DEA的数值变动都异常灵活，正负皆可，所以柱状线也呈现出取值差异。不过这种差异显示在图中更为形象，处于0轴上方的红色柱状线表明MACD为正，处于0轴下方的绿色柱状线表明MACD为负。

运用MACD指标的计算公式运算得到的数据与行情软件提供的数据是一致的。通过这些计算，不仅有利于理解DIF和DEA的意义，也有利于投资者更好地将MACD指标运用到实战中。

单个公式不利于读者深入理解DIF与DEA线的计算过程，下面我们通过实例来进行具体讲解。

分析实例 米奥兰特（300795）——MACD参数值计算过程演示

如图1-10所示为米奥兰特2019年10月22日至10月30日的K线走势图。

从图中可以看到，米奥兰特在2019年10月22日上市当日以20.55元的价格大阳线报收，次日该股以22.61元的价格跳空高开即封涨停。下面以这两个交易日的收盘价等数据为基础，通过运用前面介绍的公式进行计算，看看得到的结果是否和行情软件提供的数据相同。

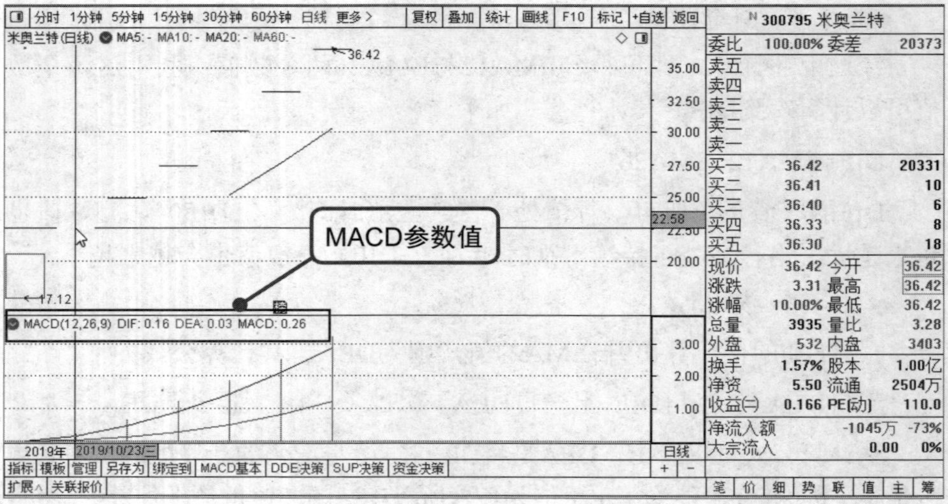

图1-10 米奥兰特2019年10月22日至10月30日的K线走势图

从图中可清晰地查看到10月23日当天的MACD指标的各参数值，具体为：

DIF=0.16，DEA=0.03，MACD=0.26

通过整理得到参与计算的已知数据如下：

2019年10月22日收盘价为20.55元。

DIF=0，DEA=0，MACD=0。

2019年10月23日收盘价为22.61元。

计算过程如下：

EMA12=20.55+（22.61−20.55）×2/13≈20.87

EMA26=20.55+（22.61−20.55）×2/27≈20.70

DIF=EMA12−EMA26=20.87−20.70=0.17

DEA=0+0.16×2/10=0.03

MACD=2×（0.16−0.03）=0.26

通过上面的计算可以看出，运用MACD指标计算公式运算得到的数据与行情软件提供的数据是一致的。

TIPS *首日公开发行股票的特殊性*

MACD的计算需要借助上一个交易日的价格信息，所以对新股而言，MACD存在特殊性。新股首日发行上市时，DIF、DEA、MACD都为0，因为首次发行当日不存在前一交易日，无法做递归运算。而计算新股第二个交易日的EMA时，前一日的EMA需要用收盘价，而不是0。

1.4 MACD指标的基本形态

MACD指标显示出的内容丰富，反映出的形态也多种多样，它的作用对于投资者至关重要，其作用总结有4点：判断股价涨跌趋势，寻找买卖点，分析多空力量变化和寻找支撑或阻力。

1.4.1 黄金交叉与死亡交叉

MACD指标中的黄金交叉是指DIF线从下向上突破向上运行的DEA线形成的交叉，也称金叉，如图1-11所示。

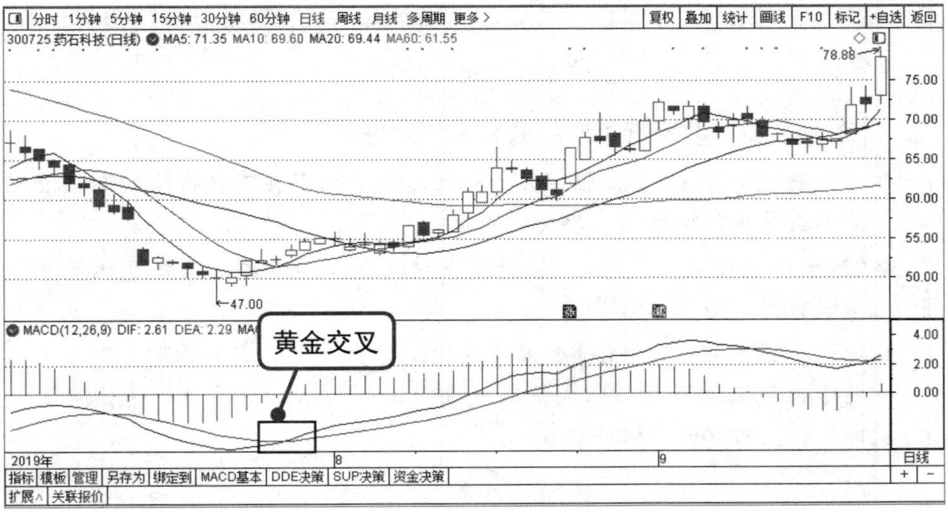

图1-11 MACD金叉

根据金叉出现的位置不同，其含义也不同。

◆金叉在0轴上方，是强烈的买入信号。

◆金叉在0轴附近，表明上涨趋势刚开始，后市上涨空间大，买入风险相对小。

◆金叉在0轴下方，表明市场中多方刚开始占据优势，上涨行情还未确立，此时买入回报高，风险也大。

MACD指标中的死亡交叉是指DIF线从上向下跌破向下运行的DEA线形成的交叉，也称死叉，如图1-12所示。

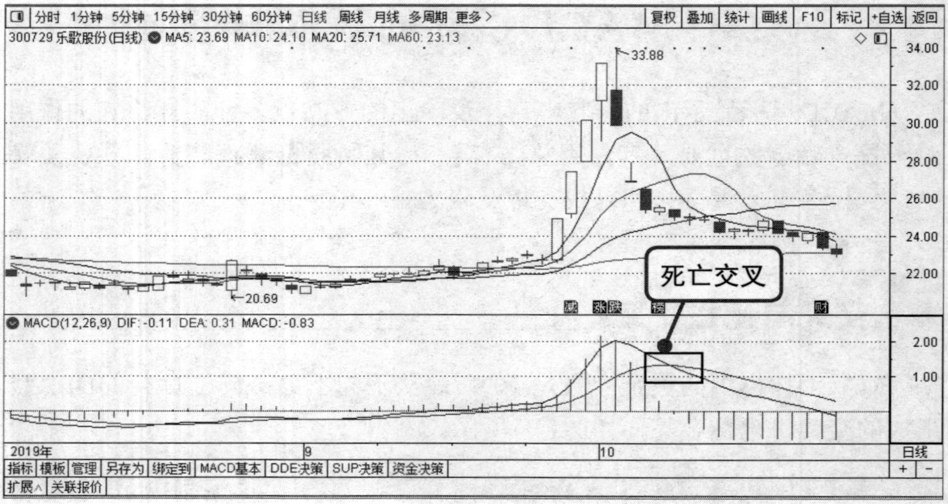

图1-12 MACD死叉

根据死叉出现的位置不同，其含义也不同。

◆低位死叉，即出现在0轴下方的死叉，通常出现在下跌行情反弹阶段，意味着反弹行情结束，应卖出股票。

◆0轴附近的死叉，表明在0轴附近下跌动能开始集聚，又将迎来新一轮下跌行情，为卖出信号。

◆高位死叉，即出现在0轴上方的死叉，与其他死叉不同的是，高位死叉通常出现在上涨行情回调阶段，表明回调的结束，后市行情将继续上涨。投资者此时应持股观望。

1.4.2
MACD指标背离

MACD指标背离是指技术指标与股价走势相反，背离形态有顶背离和底背离两种，具体介绍如下。

◆股价处于上涨趋势中，而MACD指标的整体运行趋势却相反向下运动，称为顶背离，是卖出信号，如图1-13所示。

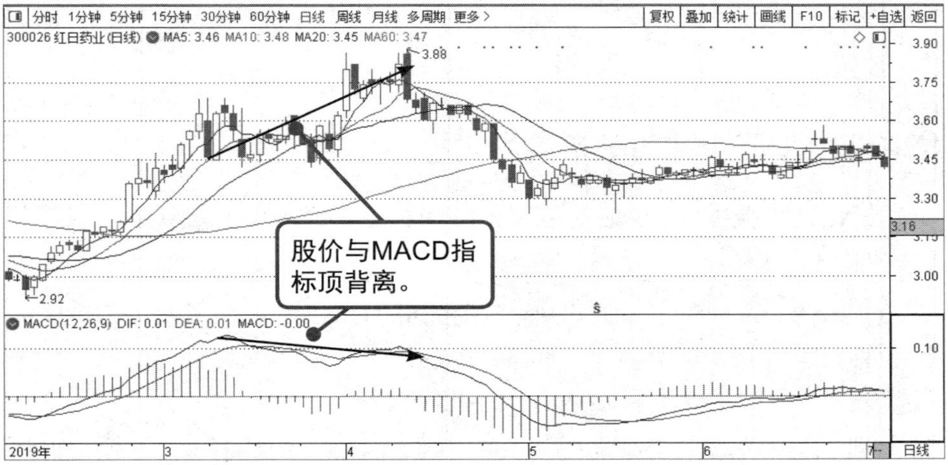

图1-13 MACD指标与股价顶背离

◆股价处于下跌趋势中，而MACD指标的整体运行趋势却相反向上运动，称为底背离，是买入信号，如图1-14所示。

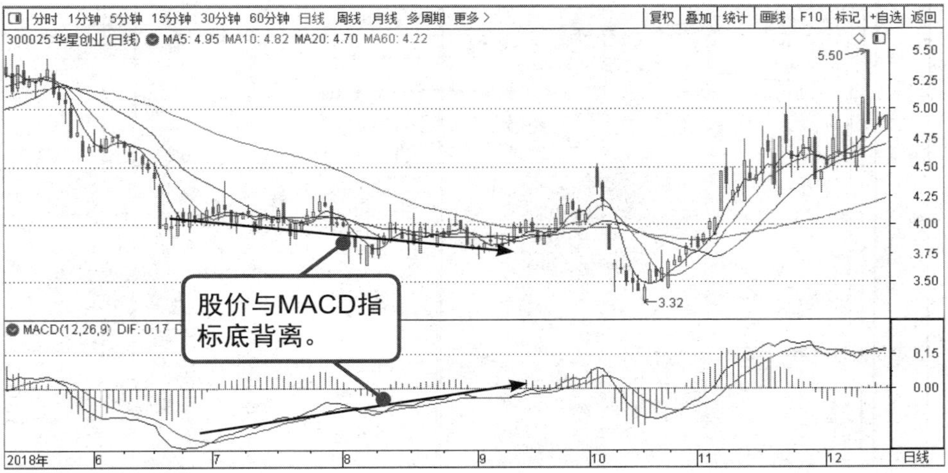

图1-14 MACD指标与股价底背离

在实战中使用背离时应分别注意3个方面。

◆背离始终与趋势紧密相连，背离实际上是两个完整趋势之间的动能比较，没有趋势就没有背离。

◆背离是动能之间的比较，因此特别适用于趋势性指标，如移动平均线、MACD指标等。

◆顶背离在顶部出现的次数越多，下跌可能越大。同样底背离在底部出现次数越多，上涨可能越大。

1.4.3 MACD指标与0轴的突破与跌破

在MACD指标中，0轴是用于分隔DIF线、DEA线、MACD柱状线正负数值的中心轴。

当MACD指标突破或跌破0轴这个关键的点位，说明未来走势朝某一方向发展得到初步确认，表明市场中多空双方的战斗逐渐分出胜负，后市将在某一方的主导下沿趋势运行。此时投资者只需要顺势操作即可。

如图1-15所示，天舟文化（300148）在2019年5月至8月上旬，股价大幅下跌，随后股价在4.00元附近长时间调整，但MACD指标的DIF线与DEA线始终处于0轴下方，在股价创出3.63元的最低价后股价企稳回升，DIF线与DEA线也向上突破0轴在股价上方运行，行情进入上涨阶段，投资者可顺势买入。

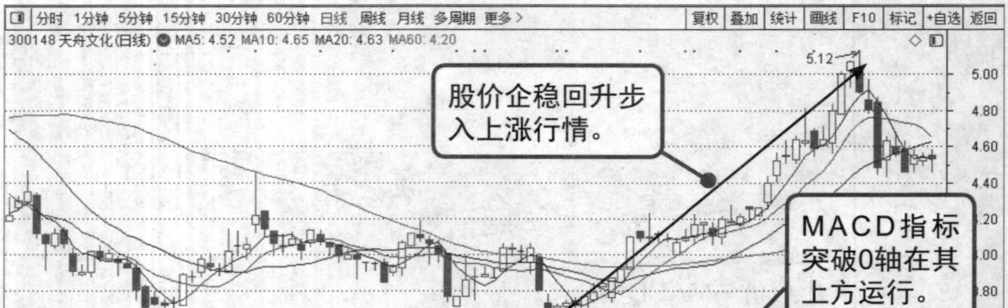

图1-15 MACD指标向上突破0轴

如图1-16所示，佳讯飞鸿（300213）在2019年1月至3月，股价表现为上涨行情，此时MACD指标的DIF线与DEA线始终处于0轴上方，在股价创出10.22元的最高价后股价见顶回落，DIF线与DEA线也拐头向下运行，最终在4月下旬向下跌破0轴，说明下跌行情已经开启，投资者可顺势卖出，避免后市遭受更多损失。

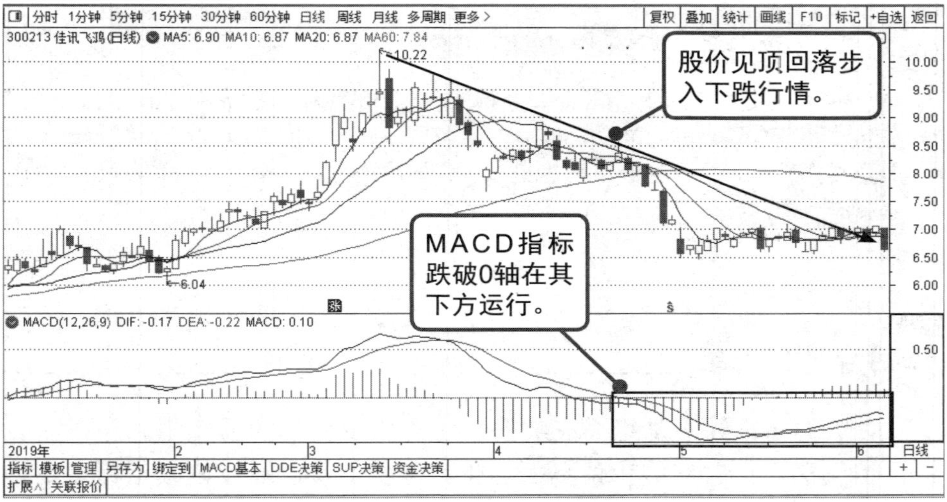

图1-16 MACD指标向下跌破0轴

1.5 MACD指标的使用注意事项

MACD指标作为简单、易学、有效性高的技术指标，在使用的过程中也需要注意一些事项，才能提高实战研判的准确度。下面具体针对一些常见的使用注意事项进行讲解。

1.5.1 以大趋势为主导

MACD指标在发明后就是作为判断市场趋势的工具来使用的。所以投资者应学会使用MACD指标判断市场趋势，这是进行股票投资的基础。

市场趋势大致可以分为3种。

◆ 当市场处于上涨趋势时，对应的MACD指标显示应是DIF线和DEA线都在0轴上方运动。此时投资者应逢低建仓，伺机买入。

◆ 当市场处于下跌趋势时，对应的MACD指标显示应是DIF线和DEA线都在0轴下方运动。此时投资者应持币观望。

◆ 当市场处于横盘调整趋势时，对应的MACD指标显示应是DIF线和DEA线围绕0轴上下波动。此时偏好风险的投资者可以逢低建仓，稳健的投资者可以持币观望，待行情明朗之后再进行操作。

TIPS *利用MACD指标判断市场趋势*

在实战分析中没有绝对的判断标准，当DIF线和DEA线都在0轴上方时股价也可能向下波动，当DIF线与DEA线都在0轴下方时，股价可能会开始回升。运用MACD指标判断市场趋势时，应尽量结合其他指标走势和多种技术指标进行研判。

1.5.2 找到合适的参数

MACD指标并不是绝对完美的，它对股价变动的反应稍微存在滞后性，使得买卖点对应的价位不太理想。但我们可以通过修改指标参数，避免这种缺陷带来的不利影响。

在常见的行情软件中，MACD指标的默认参数为12、26、9。为了减弱MACD指标的滞后性给投资分析带来的不利影响，使MACD指标预示的买卖点能够提前显示，增加投资者的收益，可以将指标参数从12、26、9修改为5、34、5。那么将指标参数修改为5、34、5能不能达到想要的效果呢？下面以实例进行分析。

分析实例 金运激光（300220）——修改参数提高研判买卖点的准确度

如图1-17所示为金运激光2018年10月至2019年2月的K线走势图。

从图中可以看到，该股在2018年10月中旬创出8.74元的新低后，股价开启了一波走势良好的上涨行情，但是在上涨到11.50元的价位线后，股价出现阶段性的回落下调，整个下调持续了两个多月的时间，最终在2019年2月初的9.00元价位线止跌后重新上涨。

此时对应的MACD指标的DIF线也在股价阶段性见顶回落下调的过程中运行到0轴下方。当股价在2月初止跌时，DIF线也拐头向上上穿DEA线形成金叉，最终在2月18日的突破0轴，表明市场中多方力量增强，为强烈的买入信号。此时的MACD指标的参数为12、26、9。

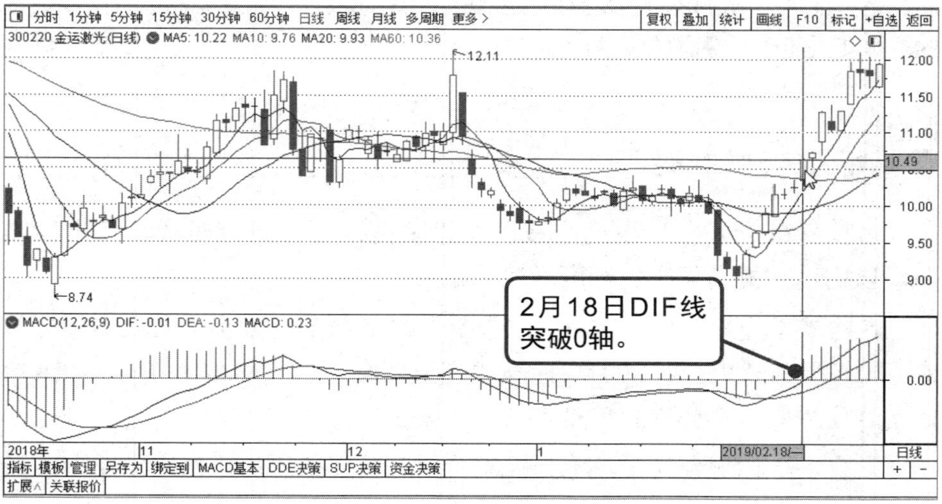

图1-17 金运激光2018年10月至2019年2月的K线走势图

下面将MACD指标的参数设置为5、34、5继续分析。

如图1-18所示为金运激光2018年10月至2019年2月更改MACD指标周期后的K线走势图。

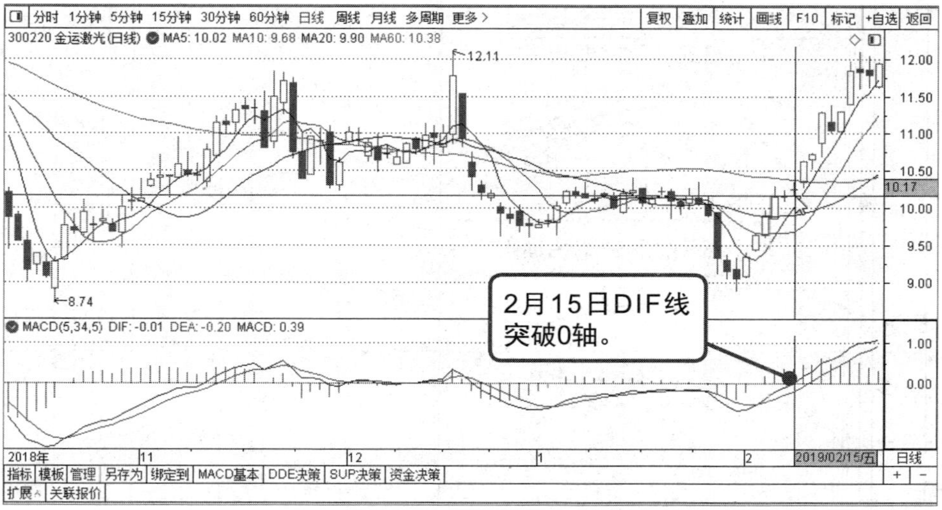

图1-18 金运激光2018年10月至2019年2月的K线走势图（更改MACD指标周期）

从图中可以看到，在MACD指标参数为5、34、5的情况下，DIF线在2019年

2月15日由下向上突破0轴，发出买入信号，比MACD指标参数为12、26、9的情况下提前了一天。这样的设置使投资者能更快地发现行情变化的信息，以更低的成本买入股票，提高总收益。

1.5.3 多指标配合更准确

多指标配合是指运用两个或两个以上技术指标组合对买卖点进行判断，以期达到提高买卖信号可靠性的效果。

在实战中经常使用的有MACD指标与趋势线配合分析、MACD指标与K线形态组合分析、MACD指标与成交量配合使用、MACD指标与MA指标配合使用等，这些内容也是本书后面要重点介绍的内容。

只有多指标配合使用，多方面综合研判，才能更加确定市场发出的买卖信号，以此指导投资者做出更加准确的买卖决策。

如图1-19所示为上海钢联（300226）2019年1月至7月的K线走势图。从图中可以看到，该股在3月运行到股价的高价位区，随后形成明显的圆弧顶形态，同期的MACD指标的DIF线也拐头向下，并下穿向下的DEA线形成死叉，K线形态和MACD指标均发出卖出信号，此时投资者应该果断进行卖出操作，以避免后市下跌带来的损失。

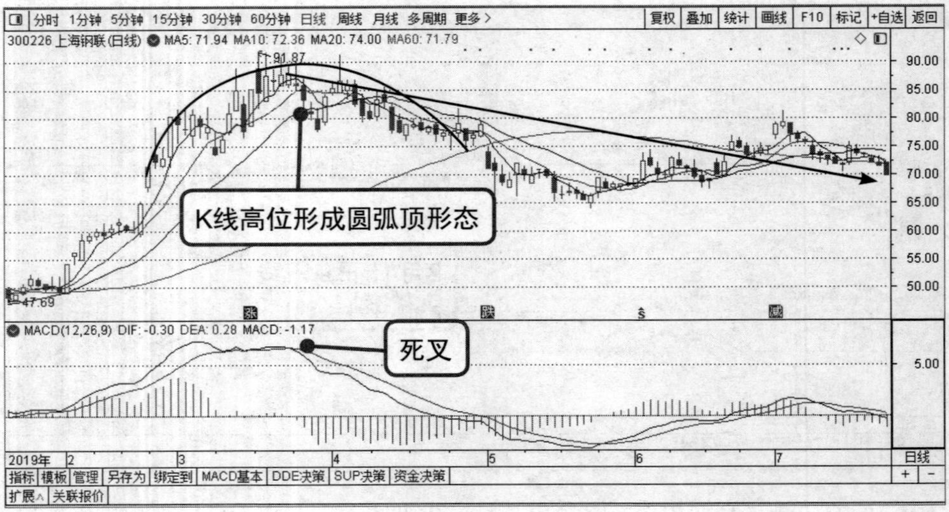

图1-19 上海钢联2019年1月至7月的K线走势图

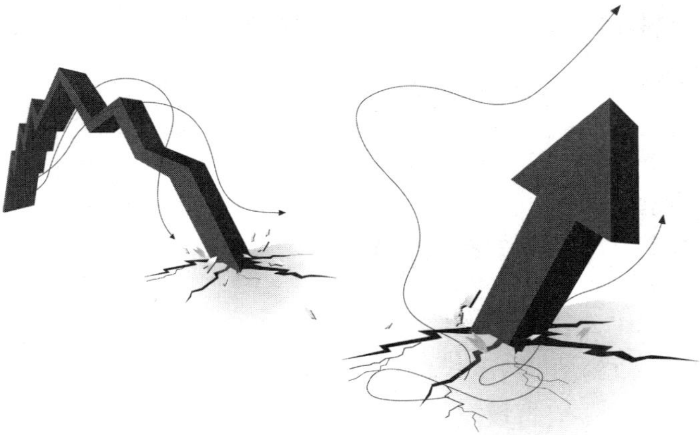

MACD指标的基本应用

对MACD指标有了初步的了解之后，就应将其运用到实战分析中去。在本章中将针对MACD指标中的DIF线、DEA线和MACD柱状线来深入认识MACD指标，并掌握其基本的应用方法。

2.1 DIF线的交易信息

DIF快线在MACD指标中的地位毋庸置疑，深入学习DIF快线的用法有助于投资者对MACD指标整体的把握。下面从DIF线相对于0轴的位置及其形态方面来学习该线发出的交易信息。

2.1.1 DIF线拐头是多空力量消长的体现

在MACD指标中，DIF线会沿着某个向上或者向下趋势一直运行，当DIF线出现拐头，即到达某个阶段性的顶部或者底部后，DIF线的趋势被改变，也说明了此时多空力量发生改变。

◆DIF线由上而下拐头

当DIF线在保持一段向上运行的趋势后出现由上而下的拐头走势时，此时说明多方力量不足，不能继续为DIF线的向上运行护航，相对而言，此时的空方力量开始逐步走强。

如果此时的拐头出现在0轴上方，说明市场中仍然以多头为主，但是投资者可以抛售部分筹码，警惕高位风险。如果此时的拐头出现在0轴下方，则说明市场中多头已逐步被空头替代，市场转为空头占据主导地位，此时的拐头是行情见顶的信号，投资者应该清仓出局，落袋为安。

◆DIF线由下而上拐头

当DIF线在保持一段向下运行的趋势后出现由下而上的拐头走势时，此时说明空方力量有所不足，不能继续打压DIF线向下运行，相对而言，此时的多方力量开始逐步走强。

如果此时的拐头出现在0轴下方，说明市场中仍然以空头为主，但是投资者可以开始布局，在底部少量建仓。如果此时的拐头出现在0轴上方，则说明市场中空头已逐步被多头替代，市场转为多头占据主导地位，此时的拐头是行情见底回升的信号，投资者应考虑加仓，积极做多。

分析实例 中航善达（000043）——DIF线拐头的买卖分析

如图2-1所示为中航善达2018年9月至2019年1月的K线走势图。

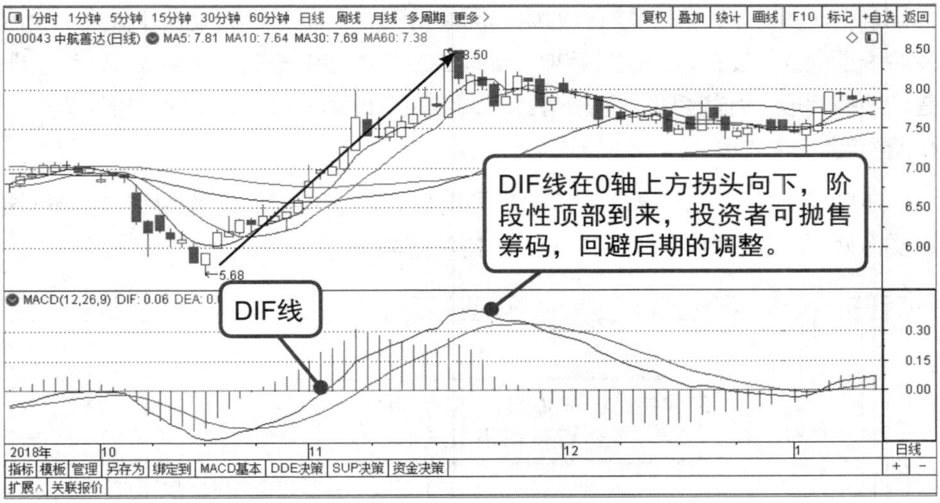

图2-1　中航善达2018年9月至2019年1月的K线走势图

从图中可以看到，该股在2018年10月中旬创出5.68元的新低后，股价开启了一波走势良好的上涨行情，此时对应的MACD指标的DIF线也随之走出向右上倾斜的上升趋势形态，并在11月初时从0轴下方上穿到0轴上方后仍然保持向上运行的趋势。

在2018年11月中旬，DIF出现拐头的现象，此时股价上涨到8.5元的阶段性高位后出现了滞涨现象，说明此时市场中存在大量的抛压，做多动能不足，后市将进入回调整理阶段。

此时观察DIF线的位置，发现其仍然处于0轴上方，说明市场仍然是多头占据主导地位，此时的回调只是主力为了清理浮筹而故意采取的打压洗盘手段，后市可期。

但是由于此时处于上涨的初期，调整时期可长可短，为了提高资金利用率，此时投资者可以抛售筹码，回避回调，但是要密切关注该股，一旦回调结束，应立即买回。

如图2-2所示为中航善达2018年11月至2019年5月的K线走势图。

从图中可以看到，该股后市经历了长达两个多月的调整期，在整个调整过程中，股价始终受到8.00元价位线的压制，DIF线拐头向下运行后，始终在0轴附近波动变化。

在2019年2月初，DIF线出现了明显的由下而上的拐头趋势，虽然此时的拐头出现在0轴下方，但是经过长时间的回调整理后，做空势能被充分释放，股价受中长期均线的支撑作用比较明显。此时的股价也与中长期均线交错在一起，但是均线有明显上升的趋势，股价有望回调结束，继续上涨趋势，此时投资者可以少量买回。

随后，DIF线穿破0轴向上，股价也明显拉升，说明DIF线拐头后，市场已被多头占据，此时投资者可以积极买入，持股待涨。

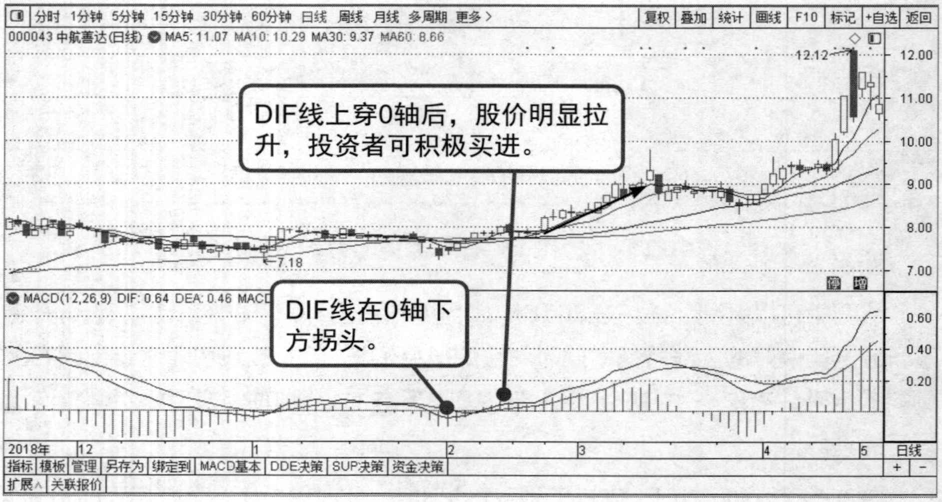

图2-2 中航善达2018年11月至2019年5月的K线走势图

TIPS *DIF拐头变化过程说明*

以上两方面是从DIF线拐头后，市场中的多空力量消长变化进行的分析。在实战中，对于DIF线的拐头，有时候不会在瞬间就完成，都会有一个趋势变缓后逐步走平后再拐头的过程，这个过程出现时，往往表明股价处于筑顶/底的过程中，对于投资者出逃或者建仓，都是最佳位置。

2.1.2
DIF穿越0轴是多空力量的相互转换

在MACD指标中，如果DIF线在0轴上方，则DIF为正值，表明当前市场由多头掌控；如果DIF线在0轴下方，则DIF为负值，表明当前市场由空头掌控。

由此可见，0轴就是多空力量划分的分界线，当DIF线穿越0轴时，表明多空力量发生了变化。

1.DIF线由上而下穿越0轴

当DIF线由上而下穿越0轴，表明越来越多人看跌行情，市场由多头转为空头，后市看跌，投资者要择机离场。

如果前期DIF线长期在0轴上方运行，一旦出现下穿0轴的情况，则发出的看跌信号更强烈，此时投资者应果断考虑清仓出局。

分析实例　方大集团（000055）——DIF线在0轴上方长期运行后下穿0轴

如图2-3所示为方大集团2019年1月至5月的K线走势图。

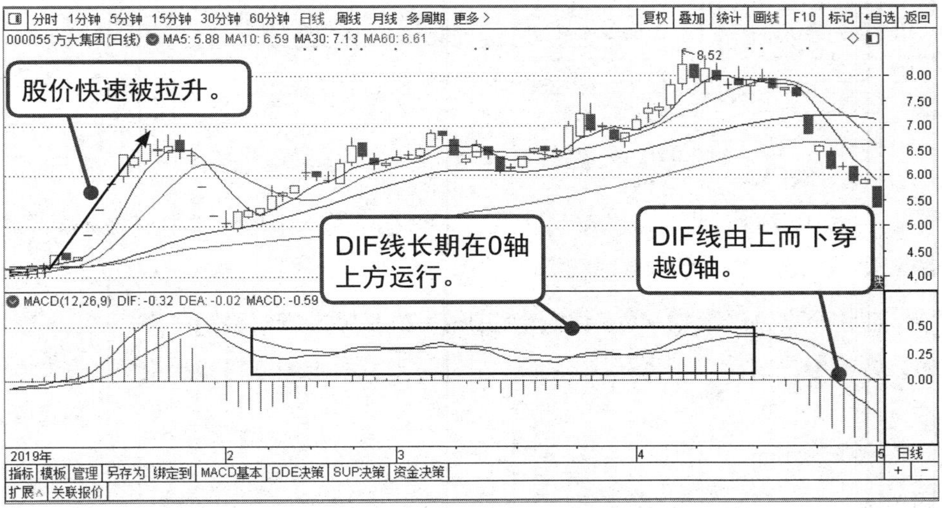

图2-3　方大集团2019年1月至5月的K线走势图

从图中可以看到，该股在2019年1月开启上涨行情后，经历了一波强势拉升行情，股价在短短一个月不到的时间就被拉升到7.00元的价位线后受阻，DIF线也从0轴下方上穿0轴后出现拐头的情况。

但是很快DIF线就在0轴上方再次拐头终止继续向下运行的趋势，股价也在此位置止跌后步入一个缓慢拉升的阶段，此轮上涨持续了3个月的时间，而DIF线也对应在0轴上方运行了3个月的时间。

在4月中旬，股价在8.52元触顶后出现滞涨行情，随后股价出现快速下跌行情，而此时对应的DIF线也由上而下快速下穿0轴，此时更加坚定了行情见顶了，投资者要果断出局。

如图2-4所示为方大集团2019年4月至7月的K线走势图。

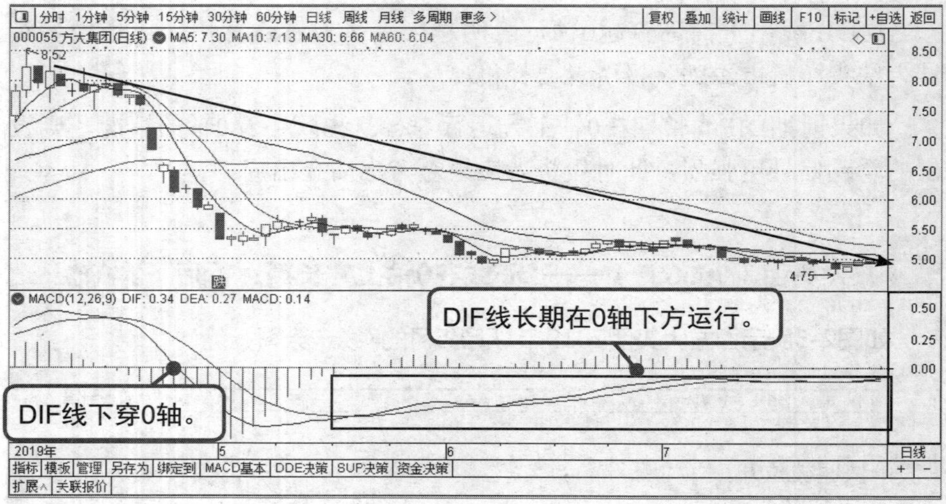

图2-4 方大集团2019年4月至7月的K线走势图

从图中可以看到，该股在8.52元见顶后，在不到一个月的时间，股价就下跌到5.50元附近，随后步入长期的下跌行情。

在整个下跌过程中，DIF线始终在0轴下方长期运行，说明了市场中以空方势力为主导。如果投资者在DIF线跌破0轴时未及时出局，将被严重套牢，损失惨重。

分析实例 泛海控股（000046）——DIF线在0轴下方长期运行后上穿0轴

如图2-5所示为泛海控股2018年9月至2019年2月的K线走势图。

从图中可以看到，该股在这段时间内始终受到向下的60日均线的压制走出一波深幅下跌走势。观察MACD指标的DIF线，大部分时间都在0轴下方运行。

虽然在2018年11月下旬，DIF线随着股价的反弹出现了向上运行的上涨趋势，并且上穿0轴，但是很快就拐头向下运行，并下穿0轴，随后DIF线继续在0轴下方运行了两个多月的时间。这充分说明了市场中的做空势能强劲，市场中普遍看跌。

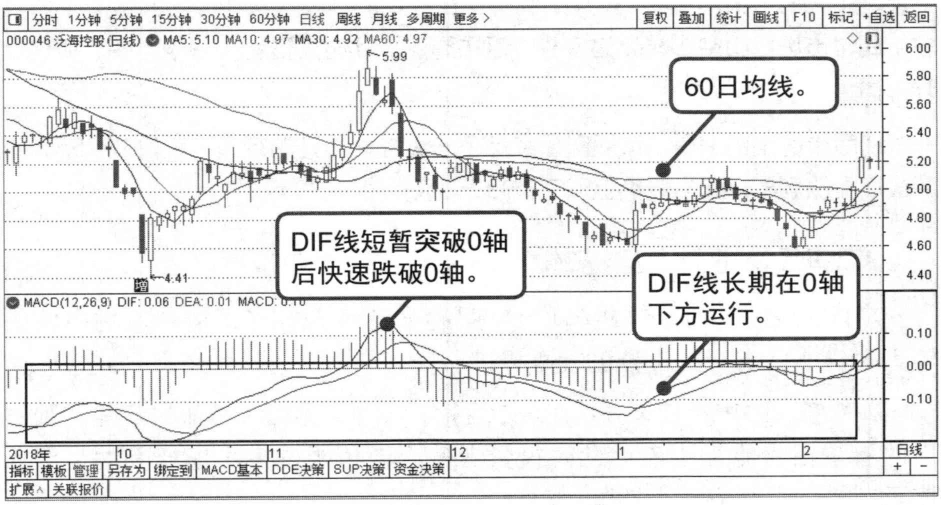

图2-5 泛海控股2018年9月至2019年2月的K线走势图

但是在这一轮下跌中，DIF线长期在0轴下方运行了5个多月的时间，此时投资者也要密切关注该股的走势，因为在长时间的大幅下跌后，股价止跌企稳随时会到来。

如图2-6所示为泛海控股2018年11月至2019年4月的K线走势图。

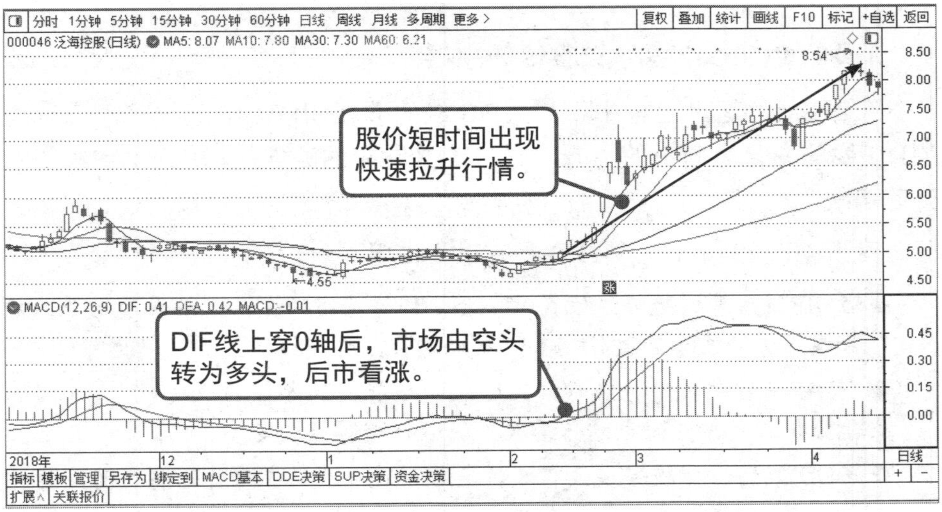

图2-6 泛海控股2018年11月至2019年4月的K线走势图

从图中可以看到，该股在2019年2月初，在0轴下方长期运行的DIF线再次上穿0轴，并且股价也逐步拉升，说明了在长期的下跌过程中，空头被大部分释放，此时市场已由空头转化为多头，后市看涨。此时投资者要积极做多，抓住上升行情。

从后市的走势来看，该股随后经历了一波快速拉升的行情，股价从4.55元附近最高上涨到8.54元，股价上涨了3.99元，涨幅接近88%。

2.DIF线由下而上穿越0轴

当DIF线由下而上穿越0轴，表明越来越多人看好行情，市场由空头转为多头，后市看涨，投资者要择机入场。

如果前期DIF线长期在0轴下方运行，一旦出现上穿0轴的情况，则发出的看涨信号更加强烈，此时投资者就应该积极做多，逢低吸纳，买入该股。持有者则应坚定持股。

2.1.3 DIF向上或向下是判断股价趋势的依据

在MACD指标中，DIF线相对于股价而言，无论是上升趋势还是下降趋势，都具有趋势领先作用。因此，通过判断DIF线的向上或向下运行，可以有效判断股价的趋势变化，下面就来看看具体内容。

1.DIF线的上升趋势对股价的指导

在DIF线的运行过程中，如果DIF线的波峰和波谷一波比一波高，说明DIF线的变化为向上的上升趋势，连接对应的波谷就形成了DIF线的上升趋势线。

对于DIF线的上升趋势线，具有以下作用。

- ◆ 当DIF线回落到趋势线位置时，会受到趋势线的支撑止跌再度上升。趋势线经过的波峰和波谷越多，周期越长，趋势线的支撑作用越有效。
- ◆ 当DIF有效跌破趋势线时，此时表明趋势线的支撑作用失效，DIF线的趋势将改变，同时也意味着股价的运行趋势将改变。
- ◆ 当DIF线的上升趋势线被有效跌破后，趋势线的支撑作用将变为阻力作用，当DIF线再度运行到上升趋势线位置时，将始终受到趋势线的阻碍而不能继续上升。

分析实例 中兴通讯（000063）——从DIF线的上升趋势研判股价走势

如图2-7所示为中兴通讯2018年8月至2019年4月的K线走势图。

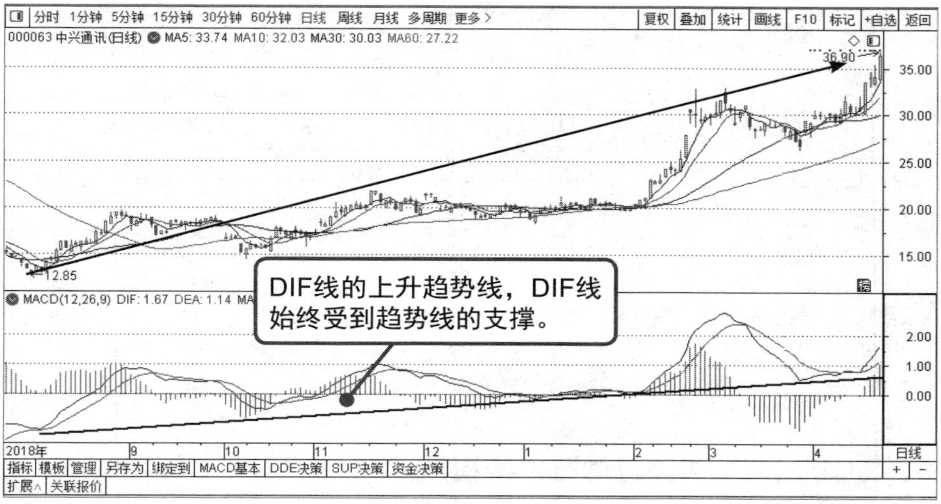

图2-7 中兴通讯2018年8月至2019年4月的K线走势图

从图中可以看到，该股在2018年8月中旬创出12.85元的新低后止跌回升步入上涨行情，观察对应的DIF线，虽然DIF线出现了拐头，也出现了在0轴上下波动的变化，但是整体重心在逐渐向上偏移，对应绘制出DIF线的上升趋势线。

在整个变化过程中，DIF线始终受到趋势线的支撑作用。对应的股价在这一时间段也与DIF线保持相应的向上变化的上升趋势。

如图2-8所示为中兴通讯2019年3月至9月的K线走势图。

从图中可以看到，该股在上涨到38.50元的阶段性高位后出现回落，此时观察DIF线的走势，发现其也出现拐头现象，并且向下跌破上升趋势线，此时投资者可以考虑抛售一部分股票，锁定利润。

后市虽然股价在5月底出现止跌后回升的走势，DIF线也出现上升变化。但是最终在7月运行到上升趋势线的位置，还未触及上升趋势线就拐头向下运行，说明此时依据DIF线绘制的上升趋势线的支撑作用失效，支撑作用已经转化为阻力作用，并且后市DIF线也将受该趋势线的压制，投资者此时要果断卖出股票，规避股价下跌风险。

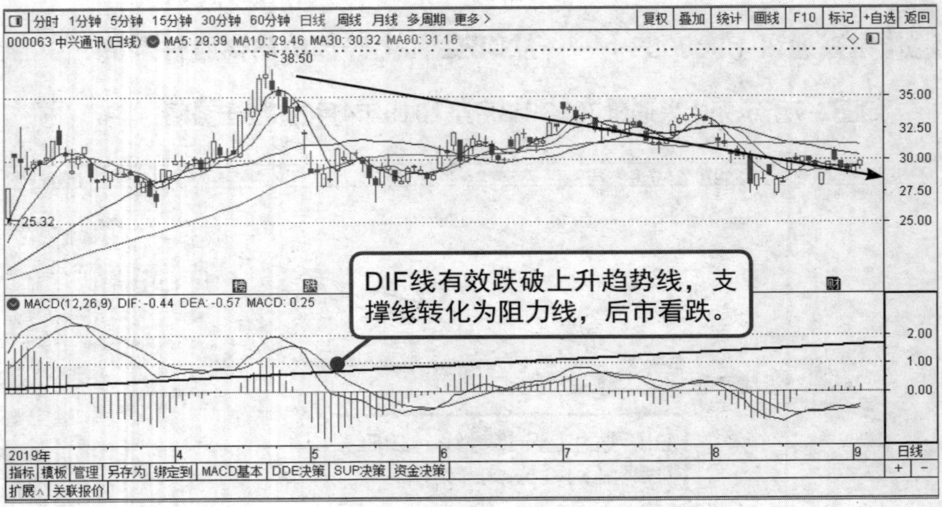

图2-8 中兴通讯2019年3月至9月的K线走势图

2.DIF线的下降趋势对股价的指导

在DIF线的运行过程中，如果DIF线的波峰和波谷一波比一波低，说明DIF线的变化为向下的下降趋势，连接对应的波峰就形成了DIF线的下降趋势线。

对于DIF线的下降趋势线，具有以下作用。

- 当DIF线上行到趋势线位置时，会受到趋势线的阻碍止跌再度下行。趋势线经过的波峰和波谷越多，周期越长，趋势线的阻力作用越有效。
- 当DIF有效突破趋势线时，此时表明趋势线的阻力作用失效，DIF线的趋势将改变，同时也意味着股价的运行趋势将改变。
- 当DIF线的下降趋势线被有效突破后，趋势线的阻力作用将变为支撑作用，当DIF线再度运行到下跌趋势线位置时，将始终受到趋势线的支撑而不能继续下跌。

分析实例 深圳机场（000089）——从DIF线的下降趋势研判股价走势

如图2-9所示为深圳机场2018年4月至2019年1月的K线走势图。

从图中可以看到，该股大幅下跌到2018年5月底后，跌势减缓，股价在7.50元的价位线处出现明显的支撑作用。观察此时的DIF线，发现其在0轴附近波动变化，波谷的重心逐步下移，但是波峰却出现明显的一波比一波低，连接波峰即可绘制出DIF线的下降趋势线。

在整个变化过程中，DIF线始终受到趋势线的阻力作用。对应的股价在这一时间段也与DIF线整体重心保持相应的向下变化的下跌趋势。

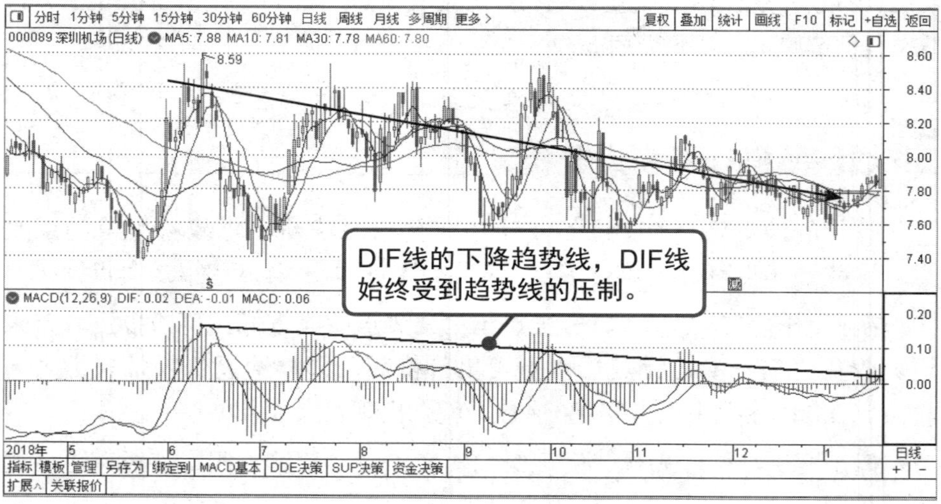

图2-9 深圳机场2018年4月至2019年1月的K线走势图

如图2-10所示为深圳机场2018年11月至2019年4月的K线走势图。

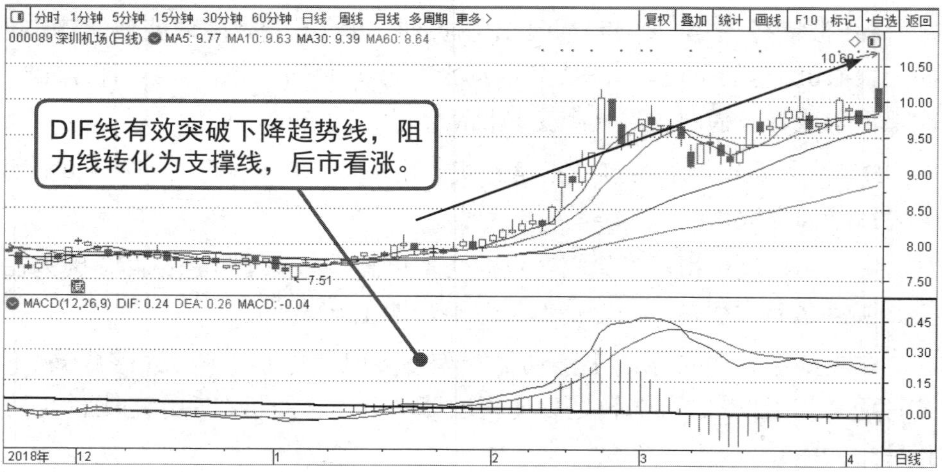

图2-10 深圳机场2018年11月至2019年4月的K线走势图

从图中可以看到，该股在2019年1月中旬，DIF线从下向上穿破0轴，同时也穿破下降趋势线，说明此时市场的多方势力大于空方势力，下降趋势线被有效突破，趋势线的阻力作用失效，同时阻力作用转为支撑作用，后市看好，此时投资者可以积极买入。

从后市的走势来看，该股依托5日均线走出一波良好的上升行情，如果投资者在DIF线有效突破下降趋势线后布局该股，持股一段时间后，在随后的上升行情的任何位置卖出，都将获利。

2.1.4 DIF线波段操作买卖点分析

股价的波动造成DIF线的波动，在复杂的波动中隐藏着股票的买卖点。这些买卖点可分为第一买点、第二买点、第一卖点和第二卖点。

在上述的买卖点中，第一买点比第二买点的成本低，可给投资者带来更大收益；第一卖点比第二卖点卖出价格高，同样给投资者带来更大的收益。在DIF线拐头或者穿越0轴时，就会出现第一买卖点。

但是要进行波段操作，发现第二买卖点，对于第一买卖点还有更多的约束条件，否则第二买卖点的可靠性就不成立。下面就来具体了解一下DIF线波段操作中的第一买卖点和第二买卖点的相关内容。

1.DIF波段操作第一买点和第二买点

DIF波段操作第一买点是指DIF线长期在0轴下方震荡调整后，DIF线向上突破0轴时的价位。有时DIF线向上突破0轴并非一蹴而就，而是第一次上攻未成功，横向发展几个交易日后继续上攻并成功突破。

DIF波段操作第二买点是指第一买点出现后，DIF线再次回落到0轴下方之后又向上突破0轴。

第二买点虽然相对于第一买点的成本更高，但安全度也更高，因为在第二买点之后往往是上涨行情的第三浪，即主升浪。

在实战中，当市场的上涨动能极为强劲时，DIF线不会回落到0轴下方，而是靠近DEA线或0轴之后便再次掉头上攻，股价在后市的上涨走势将会更为凶猛。

分析实例 中航三鑫（002163）——DIF波段操作买点分析

如图2-11所示为中航三鑫2018年7月至11月的K线走势图。

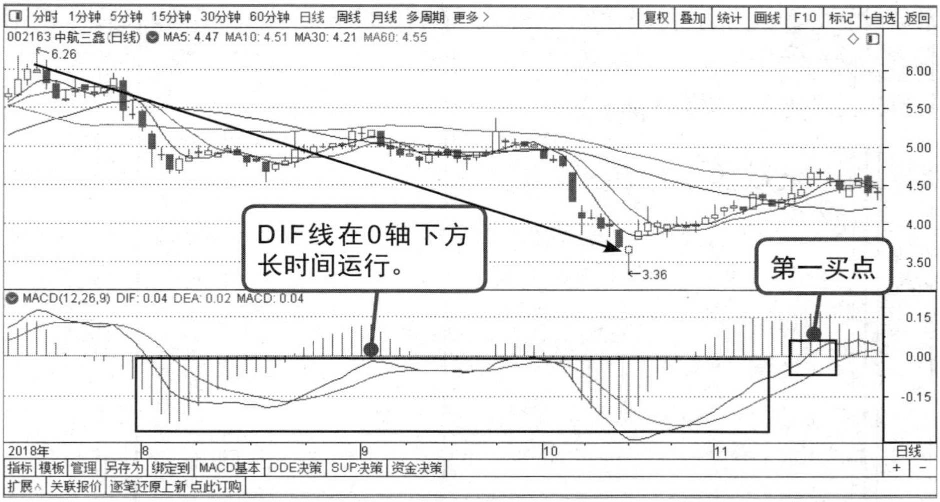

图2-11 中航三鑫2018年7月至11月的K线走势图

从图中可以看到，该股大幅下跌的过程中，DIF线在0轴下方运行了近4个月的时间。在2018年10月中旬，股价创出3.36元的新低后出现止跌，此时DIF线也拐头向上运行，并在11月底一度突破0轴并在0轴上方运行，出现第一买点。对于激进的投资者，可以在此时逢低吸纳，买入该股。

如图2-12所示为中航三鑫2018年11月至2019年3月的K线走势图。

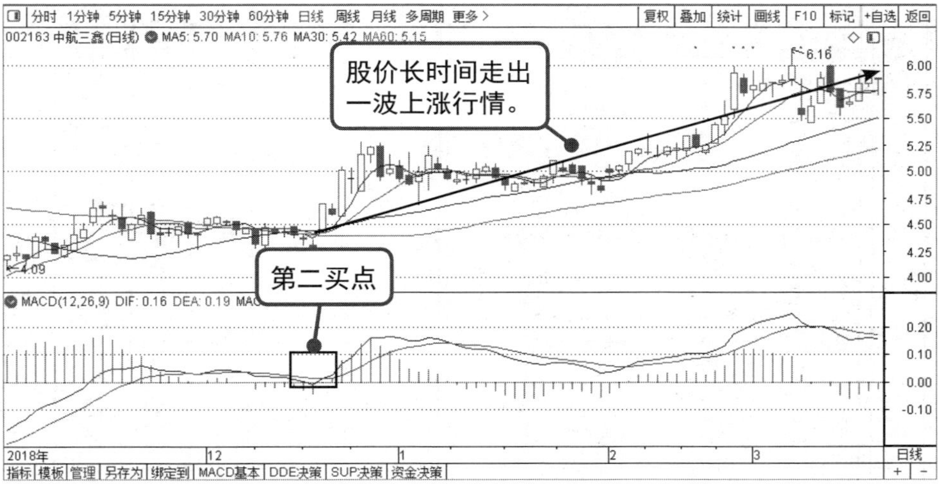

图2-12 中航三鑫2018年11月至2019年3月的K线走势图

从图中可以看到，在DIF线的第一买点出现后，出现了拐头，但是最终在触及0轴的位置止跌后拐头继续向上运行，说明此时市场中的做多势能强劲，后市看好，此时为第二买点，投资者可积极做多。从后市的走势来看，该股在60日均线上方走出一波长期上涨走势。

2.DIF波段操作的第一卖点和第二卖点

DIF波段操作的第一卖点是指DIF线长期在0轴上方震荡后向下突破0轴时的价位。当DIF线从高位开始向下运行时，往往是上涨行情第五浪的结束，同时也是下跌行情A浪的开始，此时投资者就应卖出部分持股，待DIF线向下突破0轴，第一卖点出现时就应进行清仓。

DIF波段操作的第二卖点是指在第一卖点出现后，DIF线反弹回0轴上方后再次向下跌破0轴时的价位。如果市场中的下跌动能极为强劲时，DIF线不会反弹到0轴上方，而是靠近DEA线或0轴之后便再次拐头下行，股价在后市的下跌走势将会更为凶猛。

第二卖点比第一卖点更为可靠，因为在第二卖点之后是主跌浪的开始，所以投资者在第二卖点出现时应果断清仓。

分析实例 建投能源（000600）——DIF波段操作卖点分析

如图2-13所示为建投能源2018年10月至2019年5月的K线走势图。

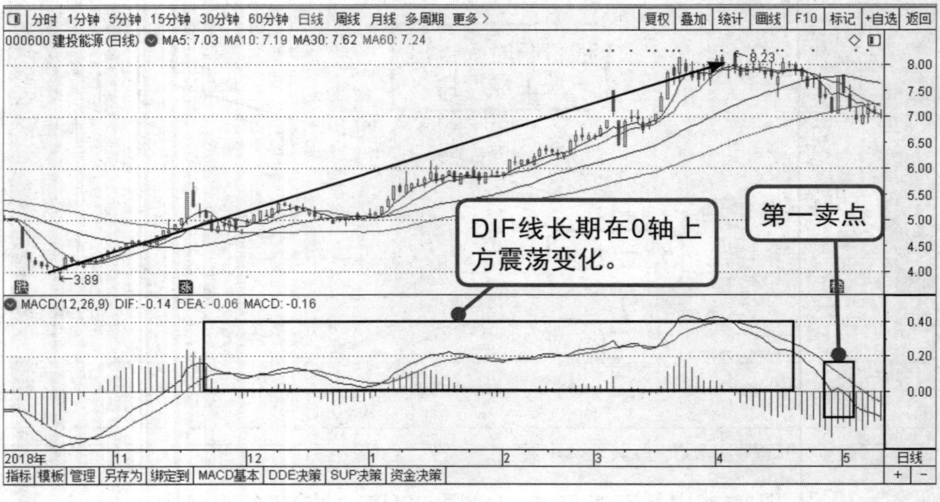

图2-13 建投能源2018年10月至2019年5月的K线走势图

从图中可以看到，该股在2018年10月中旬创出3.89元的新低后止跌回升步入上涨，DIF线在11月上穿0轴后始终保持在0轴上方震荡变化，整个时期长达近半年。

股价最终在2019年4月初创出8.23元的阶段性高位后出现滞涨行情，从最低的3.89元到最高的8.23元，股价上涨了4.34元，涨幅超过111%。在出现翻倍上涨行情后，DIF线也出现拐头的趋势，说明市场中做多力量在逐步向做空力量转化，行情有望见顶回落。

在4月底，DIF线从上向下穿破0轴继续向下运行，此时为第一卖点，稳健的投资者此时就应该抛售筹码，锁定利润。

如图2-14所示为建投能源2019年2月至9月的K线走势图。

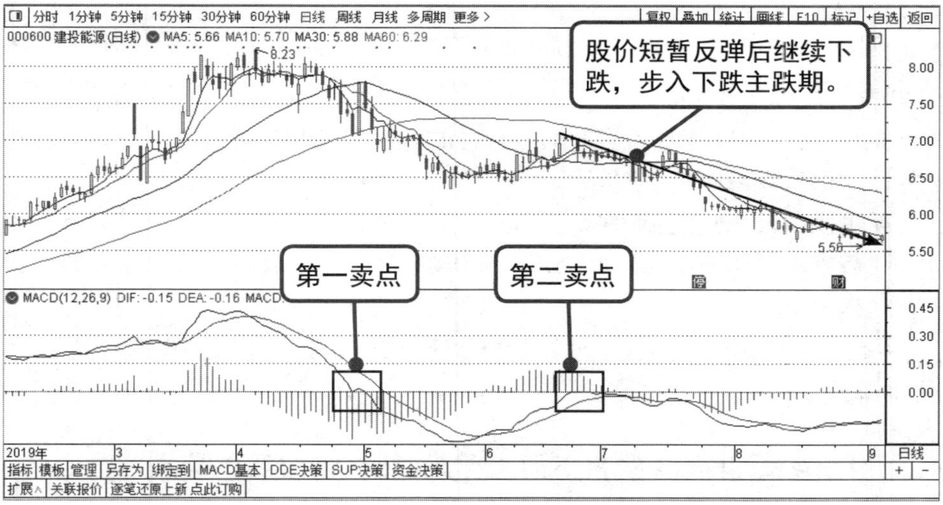

图2-14 建投能源2019年2月至9月的K线走势图

从图中可以看到，在DIF线的第一卖点出现后，股价在6.50元的价位线附近止跌，随后股价开始反弹，DIF线也出现了拐头向上运行的趋势，但是由于市场中的做空势能强劲，DIF线刚运行到0轴的位置便拐头向下继续下跌趋势，此时为第二卖点。

在第一卖点未抛售出局的投资者，此时为最后的逃离机会，应抓住时机果断清仓，因为股价在此位置就结束了反弹行情，随后步入了漫长的下跌主跌期。

2.2 DEA线的交易信息

DEA线是DIF线的移动平均线，所以股价波动同样会引起DEA线的变化。在实战中，通常将DEA线与DIF线结合来进行研判。

下面我们就一起来了解一下DEA线结合DIF线与0轴的相对位置以及形态发出的交易信息如何指导投资者操作。

2.2.1 DEA线跟随DIF线穿越0轴的买卖分析

由于DEA线相对于DIF线而言有滞后变化的特性，所以常常是DIF线在穿越了0轴后DEA线才会出现穿越0轴的情况。

对于DEA线穿越0轴后是加强DIF交易信号还是后市走势不明，取决于此时DIF线的走势，具体如下。

- 当DEA线跟随DIF线穿越0轴后，DIF线仍然保持原来的速度和方向，则DEA线穿越0轴就加强了DIF线发出的交易信号。
- 当DEA线跟随DIF线穿越0轴后，DIF线已经改变了原来的运行方向，其后市走势不明，此时DEA线穿越0轴的操作意义就不大，投资者最好持观望态度。

下面针对DEA线穿越0轴后加强DIF线的交易信号的买卖操作进行具体讲解。

1.DEA线跟随DIF线由下而上穿越0轴，加强买入信号

当DIF线从0轴的下方上穿0轴后，说明市场中的空方势力逐步被多方势力取代，如果DEA线随即也由下而上穿越0轴，且DIF线仍然继续保持上升运行趋势，此时则更加确认市场逐步变为多头市场，后市看涨，投资者可以考虑加大仓位介入。

分析实例 中航善达（000043）——DEA线跟随DIF线上穿0轴买入

如图2-15所示为中航善达2018年6月至10月的K线走势图。

从图中可以看到，该股在这段时间中经历了一波深幅下跌的行情，DIF线始终在0轴下方运行。在2018年10月中旬创出5.68元的新低后DIF线出现拐头向上

运行的趋势，说明此时市场中的多空势能正在转换，并且多方力量明显大于空方力量。

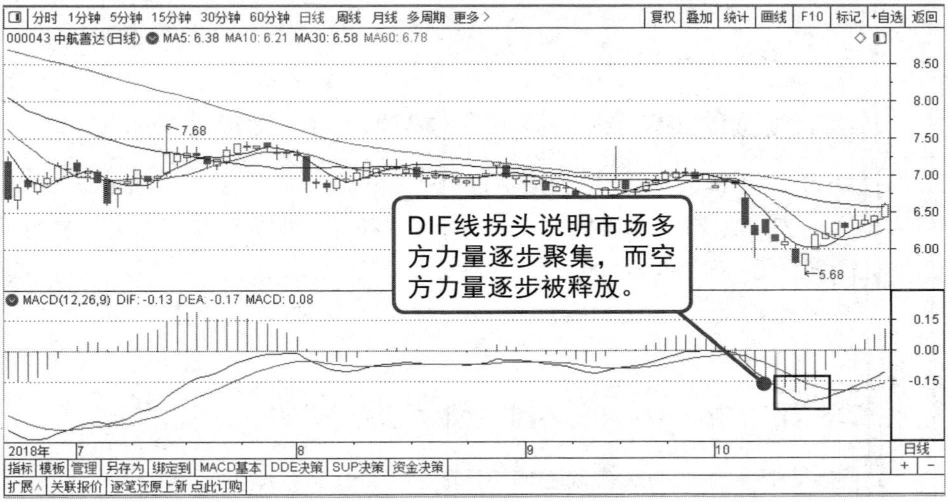

图2-15 中航善达2018年6月至10月的K线走势图

如图2-16所示为中航善达2018年10月至2019年4月的K线走势图。

图2-16 中航善达2018年10月至2019年4月的K线走势图

从图中可以看到，DIF线沿着上升趋势在2018年11月由下而上穿越0轴，说明此时市场中的空方力量被多方力量替代，市场以多头占据主导力量，激进的投资者此时可以考虑少量建仓。

在短短两三个交易日后，DEA线跟随DIF线由下而上穿越0轴，此时DIF线仍然保持良好的上升趋势不变，这就更加增强了DIF线发出的后市看好信号，投资者可在此加大仓位，逢低吸纳，积极做多。

2.DEA线跟随DIF线由上而下穿越0轴，加强卖出信号

当DIF线从0轴的上方下穿0轴后，说明市场中的多方势力逐步被空方势力取代，如果DEA线随即也由上而下穿越0轴，且DIF线仍然继续保持下降运行趋势，此时则更加确认市场逐步变为空头市场，后市看跌，投资者可以考虑清仓，落袋为安。

分析实例　东方国信（300166）——DEA线跟随DIF线下穿0轴卖出

如图2-17所示为东方国信2018年9月至2019年3月的K线走势图。

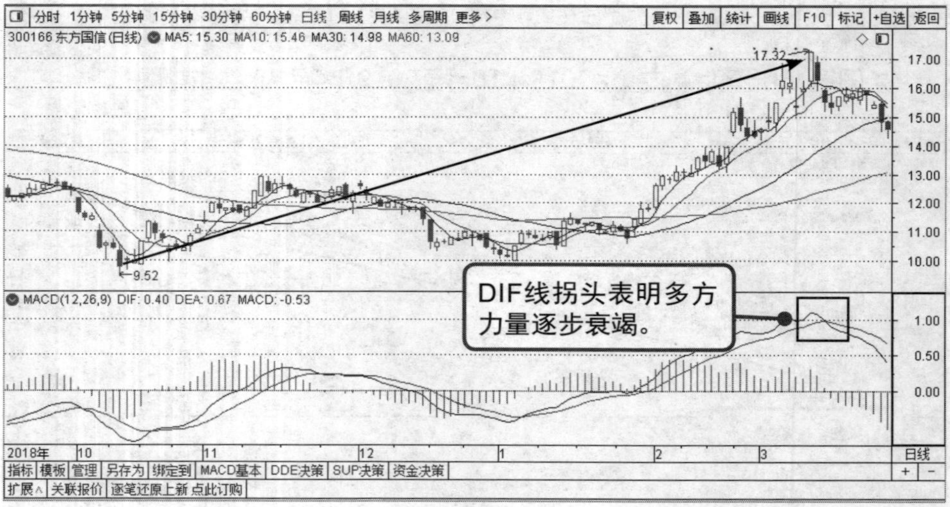

图2-17　东方国信2018年9月至2019年3月的K线走势图

从图中可以看到，该股在2018年10月初创出9.52元的新低后开启上涨行情，在上涨一段时间后于13.00元的价位线受阻步入回调，整个回调导致DIF线从0轴上方运行到0轴下方。

在回调中充分释放空方力量后，该股止跌回升，重新步入上涨行情，在短时间内一度上涨到17.32元的新高。虽然此轮上涨行情震荡幅度大，持续时间不

长，但是至此涨幅已超过80%。投资者此时就要警惕股价高位见顶的风险。

尤其在创出新高后，DIF线出现拐头向下的变化趋势，对于稳健的投资者而言，此时可考虑部分变现，锁定利润。

如图2-18所示为东方国信2019年2月至8月的K线走势图。

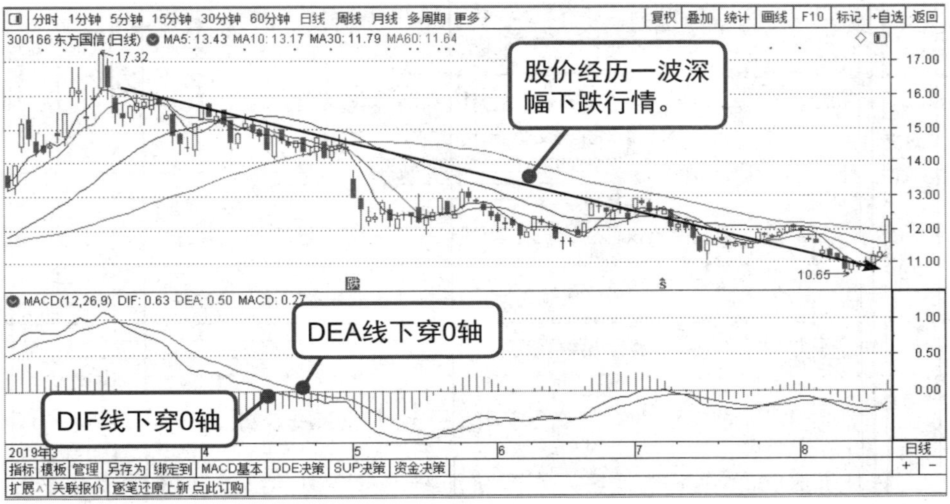

图2-18 东方国信2019年2月至8月的K线走势图

从图中可以看到，股价回落导致DIF线拐头后持续向下运行，并于2019年4月中旬由上而下穿过0轴，说明此时市场中空方势能强劲，而且在短短两三个交易日后，DEA线也出现由上而下穿越0轴，并且DIF线仍然保持良好的向下运行的趋势，这更加坚定了行情已经发生转变的事实，市场中的多方势能已经转变为空方势能，后市强烈看空，投资者在此时应果断清仓出局，否则在后市的深幅下跌行情中将被深度套牢。

2.2.2 DEA线与DIF线相互缠绕则趋势继续

在MACD指标中，DEA线和DIF线通常都是DIF线先于DEA线变化，如果两条曲线在某一段时间内出现相互缠绕的情况，说明此时买卖双方力量均衡，股价将保持当前的趋势继续运行。即：

- ◆ 如果股价处于上涨行情，则股价还将继续上涨。如图2-19所示为四方达（300179）在2019年2月至5月的K线走势图，从图中可以看到，DEA

线和DIF线在3月上旬至4月下旬这段时间内相互缠绕，而股价则保持前期的上涨行情继续上涨。

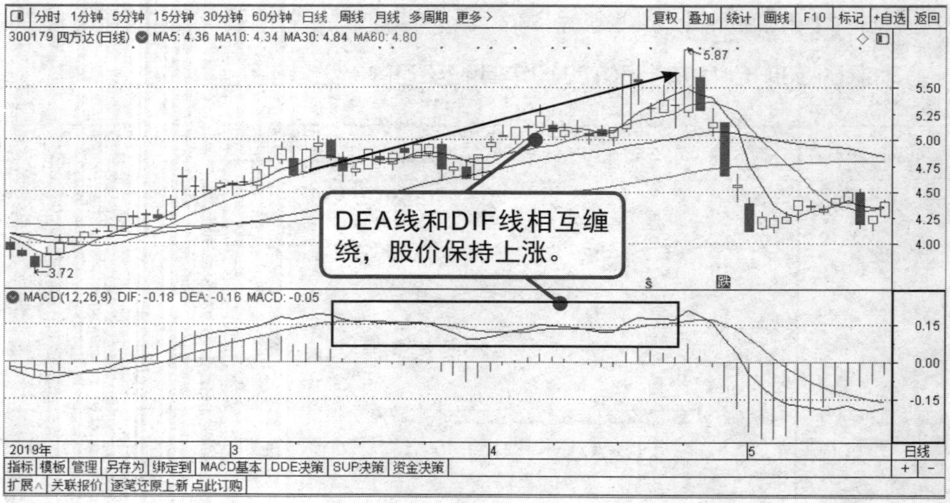

图2-19 四方达在2019年2月至5月的K线走势图

◆ 如果股价处于下跌行情，则股价还将继续下跌。如图2-20所示为中电环保（300172）在2019年4月至7月的K线走势图，从图中可以看到，DEA线和DIF线在5月中旬至6月中旬这段时间内相互缠绕，而股价则保持前期的下跌行情继续下跌。

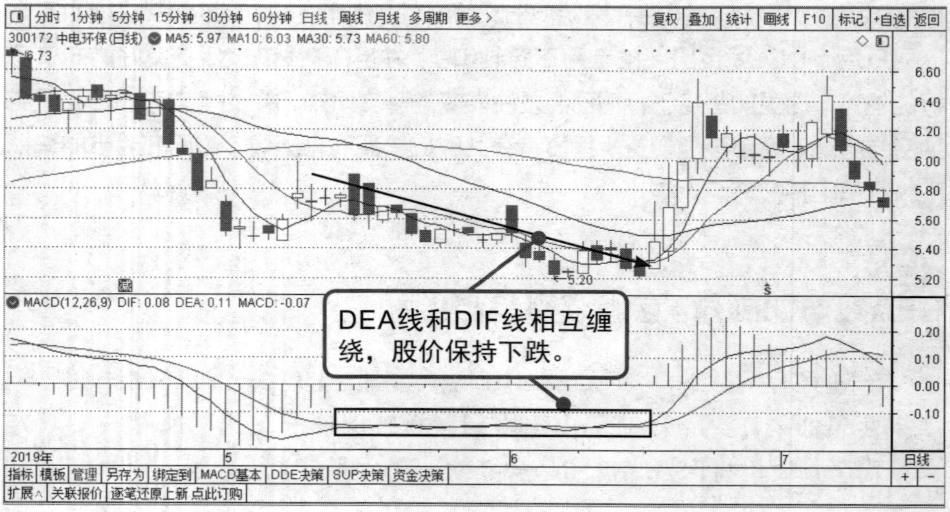

图2-20 中电环保在2019年4月至7月的K线走势图

◆ 如果股价处于横盘整理行情，则股价还将继续整理。如图2-21所示为东富龙（300171）在2018年11月至2019年3月的K线走势图，从图中可以看到，DEA线和DIF线在2019年1月这段时间内相互缠绕，而股价则保持前期的横盘整理行情继续整理。

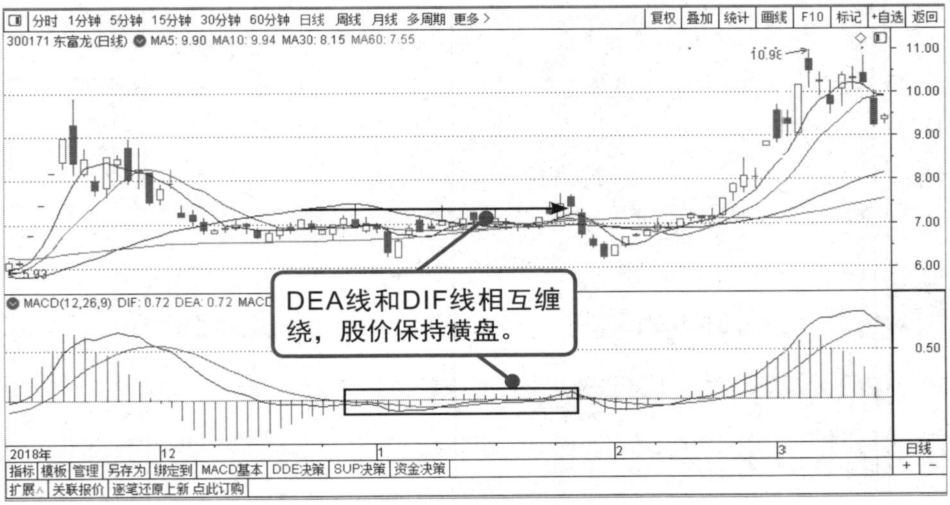

图2-21 东富龙2018年11月至2019年3月的K线走势图

DEA线和DIF线相互缠绕对于后市走势的方向变化没有明确的指向，但是一旦两条曲线分开，就是MACD指标重新选择方向的时候。当然，股价的走势在此时也可能会发生加速上涨或者加速下跌的行情。

通常而言，在DEA线和DIF线相互缠绕后，如果两条曲线同时向下运行，则股价会出现加速下跌，如图2-19所示。如果两条曲线同时向上运行，则股价会出现加速上涨，如图2-20和图2-21所示。

2.2.3 DEA线与DIF线的相对位置与间距变化对股价的影响

在MACD指标中，如果DIF线在DEA线上方，通常说明此时市场中的多方占据优势。如果DIF线在DEA线的下方，通常说明此时市场中的空方占据优势。

但是这也不是铁定的规律，在实战分析中，还应结合DEA线与DIF线之间的间距变化来综合判断，才能提高研判的准确性。

1.DIF线在DEA线上方

当DIF线在DEA线上方时，且DIF线远离DEA线拉大二者之间的间距，此时可以更加确信多方势能逐步加强，是后市强烈看涨的信号，而且上涨速度也会随着距离的拉大而加快，投资者可以积极做多。

当DIF线在DEA线上方时，且DIF线逐步向DEA线靠拢从而减小二者之间的间距，此时说明虽然多方暂时占据主导，但是多方的势能随着间距的减小而逐步衰竭，股价上涨的速度将减缓。投资者可变现一部分筹码，锁定利润。如果此时股价位于大幅上涨的高价位区域，那么股价甚至会出现下跌的可能，此时投资者应出局观望，落袋为安。

分析实例 佐力药业（300181）——DIF线在DEA线上方的聚散分析

如图2-22所示为佐力药业2018年10月至2019年2月的K线走势图。

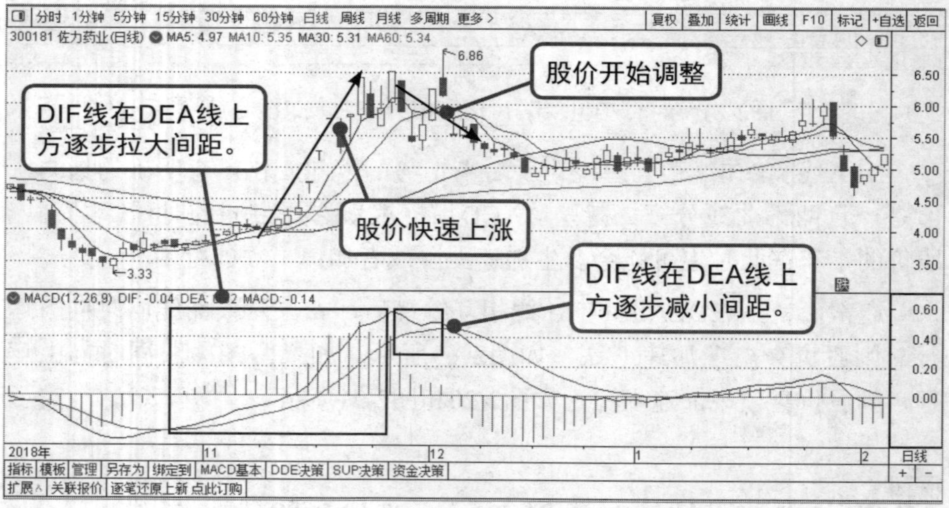

图2-22 佐力药业2018年10月至2019年2月的K线走势图

从图中可以看到，该股在2018年10月创出3.33元的低价后止跌，随后股价企稳回升步入上涨，DIF线从DEA线下方上穿运行到DEA线的上方，说明此时市场中的多方力量逐步加强。

并且随着上涨趋势的继续，DIF线快速变化远离DEA线，二者之间的间距越来越大，标志着此时多方发力，股价将快速上涨，此时投资者可以逢低吸纳，积极买入做多。

股价在11月中旬上涨到6.50元的价位线后出现滞涨。观察此时的MACD指标，发现DIF线有拐头迹象，并逐步向DEA线靠拢，二者间距越来越小，说明此时的多方势力不足，盘中的抛压沉重，后市将进入一波回调整理，投资者可变现一部分，规避调整导致资金利用率降低的风险。

如图2-23所示为佐力药业2018年12月至2019年5月的K线走势图。

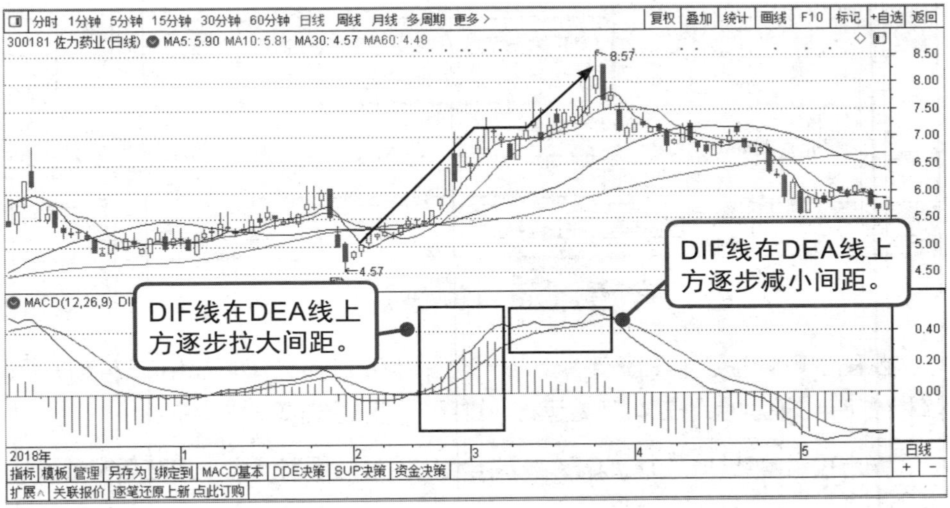

图2-23 佐力药业2018年12月至2019年5月的K线走势图

从图中可以看到，该股在2019年2月创出4.57元的低价后止跌企稳，随后股价步入上涨，DIF线也从0轴下方上穿到0轴上方，并继续向上运行穿过DEA线，运行到其上方。

随着股价的继续上涨，DIF线远离DEA线拉大二者的间距，说明后市将有一波快速拉升行情，此时投资者可以逢低吸纳，但是切忌重仓，因为此时股价从最低的3.33元上涨到此位置，涨幅已较大，投资者要警惕股价见顶回落的风险。

在这轮上涨中，股价上涨到3月时出现短暂的整理，但是DIF线却明显向DEA线靠拢，说明此时市场中的上涨动力开始衰减，尤其在大幅上涨的后期，更要提高警惕。

最终该股上涨到8.57元的价位后开始出现回落，但是此时DIF线已经十分靠近DEA线了，并且DIF线已开始拐头向下运行，股价随时可能转势，因此投资者此时最好清仓出局，落袋为安。

如图2-24所示为佐力药业2019年2月至9月的K线走势图。

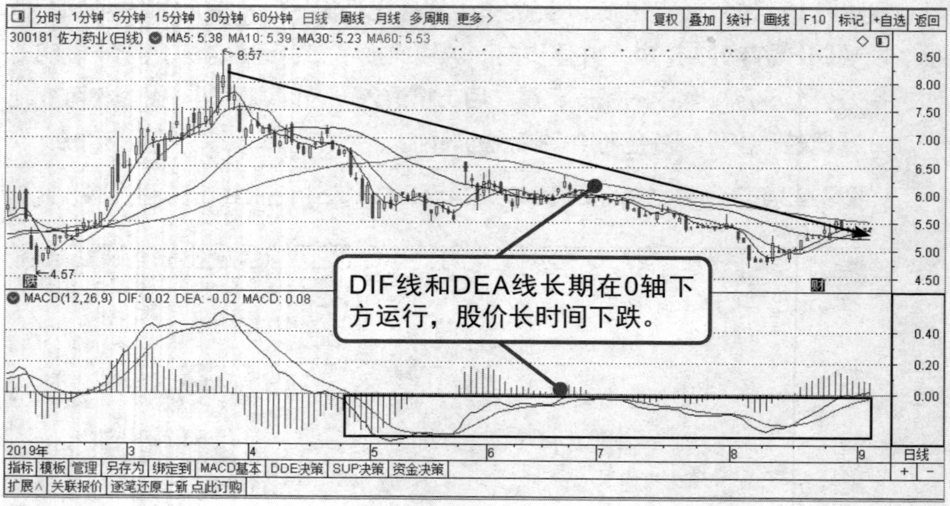

图2-24 佐力药业2019年2月至9月的K线走势图

从图中可以看到，该股随后步入一波深幅下跌行情，DIF线和DEA线在4月底相继下穿0轴后始终在0轴下方运行，说明市场已经由多头转为空头。

如果投资者在DIF线靠拢DEA线发出卖出信号时没有清仓，将在后市漫长的下跌行情中被长时间的深度套牢。

2.DIF线在DEA线下方

当DIF线在DEA线下方时，且DIF线远离DEA线拉大二者之间的间距，此时可以更加确信空方势能逐步加强，这是后市强烈看跌的信号，而且下跌速度也会随着距离的拉大而加快，投资者应继续看空。

当DIF线在DEA线下方时，且DIF线逐步向DEA线靠拢从而减小二者之间的间距，此时说明虽然空方暂时占据主导地位，但是空方的势能随着间距的减小而逐步衰竭，股价下跌的速度将减缓，投资者应继续持币观望。

但是如果股价在大幅下跌的低价位区域出现这种形态，投资者就要密切关注该股，因为此时可能是股价筑底，行情随时都可能出现企稳回升的反转走势。

分析实例 东软载波（300183）——DIF线在DEA线下方的聚散分析

如图2-25所示为东软载波2018年5月至10月的K线走势图。

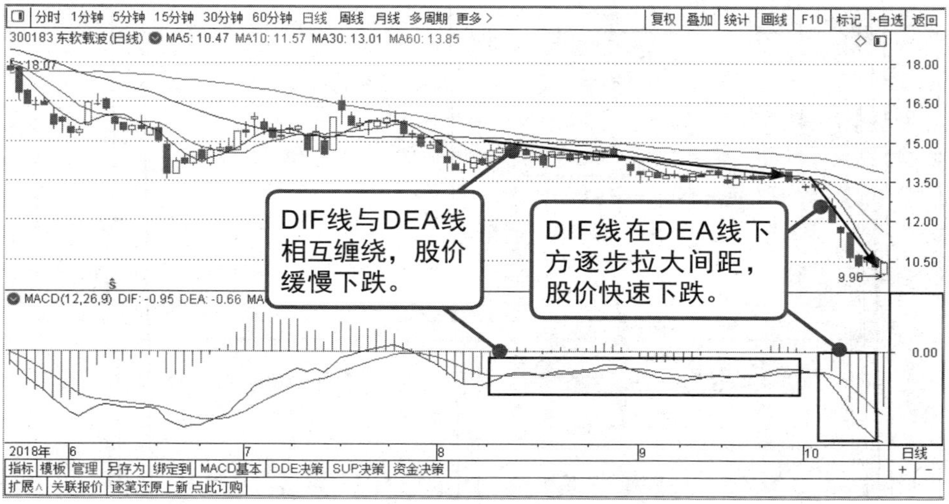

图2-25 东软载波2018年5月至10月的K线走势图

从图中可以看到，该股在该阶段整体表现下跌走势，虽然在2018年6月中旬有过一波强度不大的反弹，但是该股最终在60日均线受到阻力，与7月中旬结束反弹继续开始下跌。观察对应的MACD指标，发现DIF线和DEA线杂乱缠绕在一起，说明此时的多空势能均衡，股价继续保持原来的下跌趋势缓慢下跌。

在10月初，DIF线拐头下穿DEA线运行到其下方，随后DEA线也向下运行，且此时DIF线仍然保持向下运行，并逐渐拉大二者之间的距离，股价经历了一波快速下跌的行情。

如图2-26所示为东软载波2018年10月至2019年3月的K线走势图。

从图中可以看到，该股在2018年10月中旬开始止跌，而此时DIF线拐头并且在DEA线下方逐步向DEA线靠拢，说明此时市场中的做空势能逐步减小，而做多势能在逐步加强。

尤其此时，股价已经大幅下跌到股价的低价位区，行情有望止跌回升，开启上涨行情，投资者要密切关注。

事实上，该股在2018年10月底企稳后于11月开启了震荡上涨的行情，整个上涨持续了近5个月的时间，股价从最低的9.89元上涨到最高的19.78元，涨幅为100%。

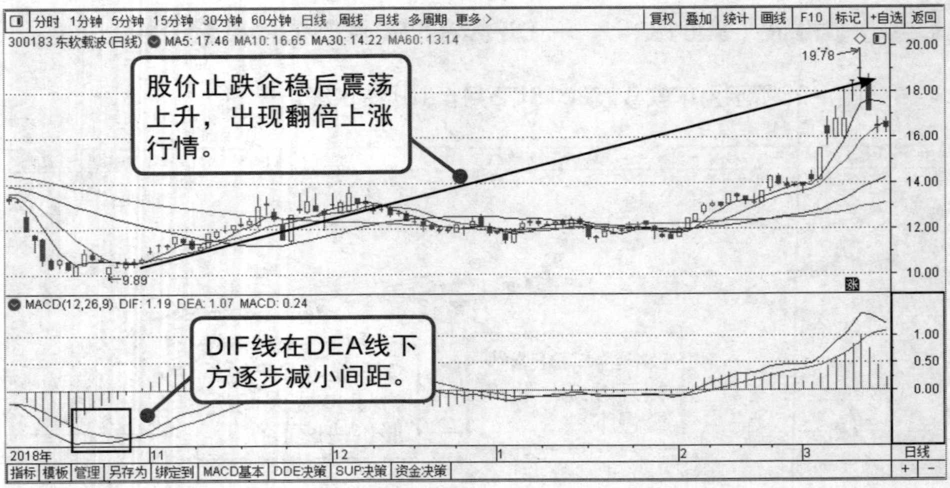

图2-26 东软载波2018年10月至2019年3月的K线走势图

2.3 MACD柱状线的交易信息

MACD指标由DIF线、DEA线和MACD柱状线组成。前面我们分别对DIF线和DEA线发出的交易信息进行了讲解，下面就来具体学习一下MACD柱状线中蕴藏的交易信息。

2.3.1 MACD柱状线“抽脚”，预示下跌动能逐渐转弱

MACD柱状线“抽脚”是指在0轴下方，下跌动能不断增强，绿色柱状线不断向下发散，下跌动能在绿色柱状线最长时达到最大，如果下一个交易日出现短于前一交易日的柱状线，则发生“抽脚”，如图2-27所示。此时表明市场中下跌动能逐渐减弱，后市行情有反转的可能。

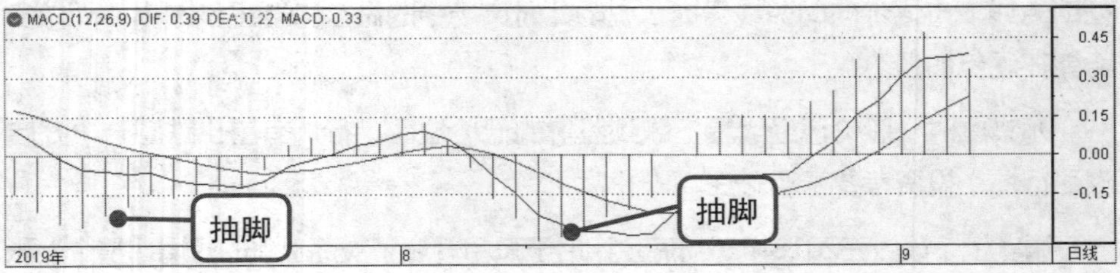

图2-27 MACD柱状线“抽脚”

根据行情当前所处的市场可以将MACD柱状线“抽脚”分为多头市场“抽脚”和空头市场“抽脚”，下面分别对其进行介绍。

◆ 多头市场“抽脚”

多头市场“抽脚”即DIF线与DEA线处于0轴上方，而MACD柱状线在0轴下方发生“抽脚”。当出现该现象时，通常是行情上涨的开始，而且发出的买入信号也比较可靠。

◆ 空头市场“抽脚”

空头市场“抽脚”即DIF线与DEA线处于0轴下方，同时MACD柱状线在0轴下方发生“抽脚”。当出现该现象时，行情会止跌，但是止跌后会不会上涨，则没有明确指示。

所以在空头市场中出现MACD柱状线“抽脚”后，投资者如果要操作，则必须设置止损位并严格执行。因为此时是处于空头市场，后市行情变化不明朗。

对于技术操作不熟练的新手而言，在空头市场最好不要操作MACD柱状线“抽脚”。

分析实例 佳讯飞鸿（300213）——多头市场MACD柱状线“抽脚”分析

如图2-28所示为佳讯飞鸿2018年10月至2019年3月的K线走势图。

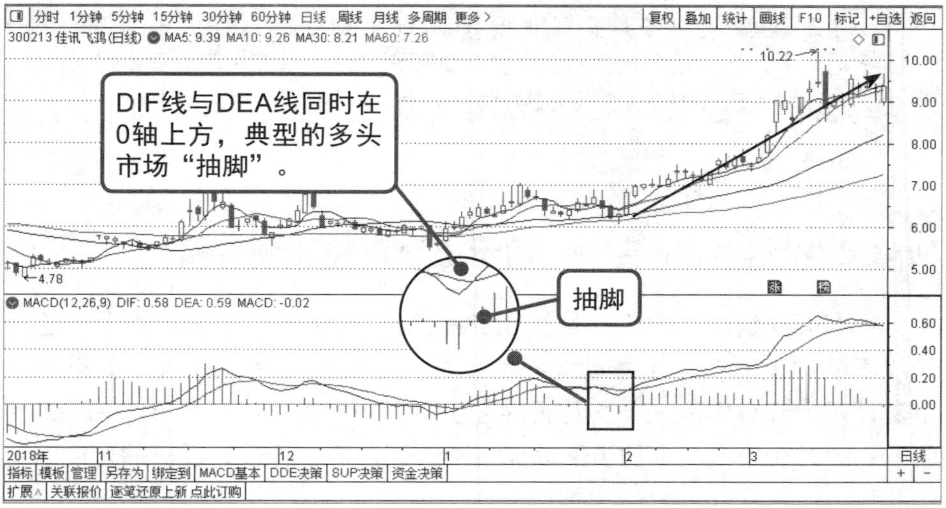

图2-28 佳讯飞鸿2018年10月至2019年3月的K线走势图

从图中可以看到，该股从2018年10月开始进入上涨行情，但是该股上涨行情维持了一个月左右后于11月中旬运行到7.00元的价位线后阶段性见顶，随后步入回调整理的阶段。整个回调阶段持续了两个多月的时间，使得许多意志不坚定的筹码在这一阶段被清理出局。

观察这一时期的MACD指标，可以发现，从回调整理开始，DIF线和DEA线就开始向下运行，而且DIF线一度在2018年12月底跌破0轴，但是很快又上穿0轴运行到DEA线上方开始向上运行，标志着回调整理结束，行情继续开始表现上涨了。

我们再来观察MACD柱状线发现，2019年1月31日当天的MACD柱状线的参数值为-0.07，次日为-0.02，相比于上一个交易日有明显提高，即绿色柱状线明显收敛，表明市场中下跌动能逐渐转弱，结合DIF快线和DEA慢线都处于0轴上方，这是典型的多头市场“抽脚”，是较为可靠的买入信号。投资者可以在此时积极买入做多。

从后市走势来看，股价经历了一波良好的上涨行情，投资者若抓住MACD柱状线“抽脚”的机会进行买入，在后市定能获利颇丰。

TIPS *MACD柱状线“抽脚”应用补充说明*

从实战经验来看，0轴附近出现的MACD柱状线“抽脚”同样是具有可靠性的买入信号。

此外，当市场处于上涨行情时，投资者依据MACD柱状线“抽脚”进行买入后，可以继续观察行情趋势，当行情不断上涨，投资者可以不断加仓，尤其是在绿色柱状线转换为红色柱状线时，是最好的加仓机会。

2.3.2 MACD柱状线“缩头”，预示上涨动能逐渐转弱

MACD柱状线“缩头”是指在0轴上方，上涨动能不断增强，红色柱状线不断向上发散，上涨动能在红色柱状线最长时达到最大，如果下一个交易日出现短于前一个交易日的柱状线，则发生了“缩头”，如图2-29所示。此时表明市场中的上涨动能逐渐转弱，后市行情有反转的可能。

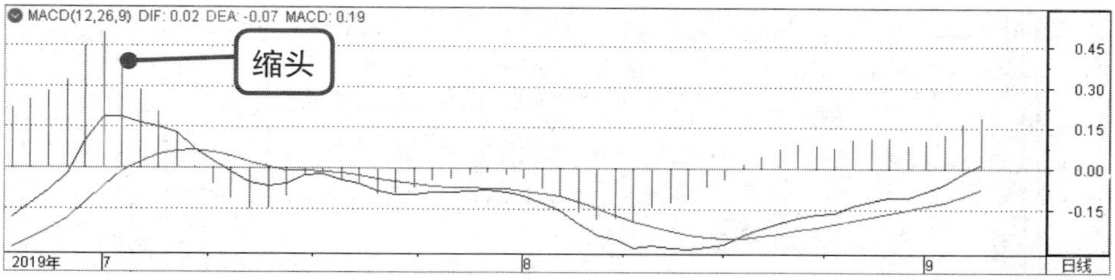

图2-29 MACD柱状线“缩头”

根据行情当前所处的市场可以将MACD柱状线“缩头”分为多头市场“缩头”和空头市场“缩头”，下面分别对其进行介绍。

◆ 多头市场“缩头”

多头市场“缩头”即DIF线与DEA线处于0轴上方，同时MACD柱状线在0轴上方发生“缩头”。

对于多头市场“缩头”，投资者应根据市场所处的不同位置进行不同的操作。例如在放量上涨的行情中出现“缩头”，股价没有明显的回调迹象，投资者可以继续持有；如果在缩量上涨的行情中出现“缩头”，投资者可卖出部分股票，待走势明朗后再进行操作。

◆ 空头市场“缩头”

空头市场“缩头”即DIF线与DEA线处于0轴下方，而MACD柱状线在0轴上方发生“缩头”。

对于空头市场“缩头”，预示着新一轮下跌行情的开始，投资者这时应果断清仓离场。

分析实例 华控赛格（000068）——多头市场MACD柱状线“缩头”分析

如图2-30所示为华控赛格2018年6月至11月的K线走势图。

从图中可以看到，该股大幅下跌，于2018年10月中旬创出2.18元的新低后止跌，随后股价出现缓慢上涨的过程，在整个阶段，成交量都表现极度缩量，说明此时主力高度控盘，市场中的空头力量在漫长的下跌过程中被充分释放。

在11月中旬，股价突然放量快速拉高股价，出现强势上涨行情，并在11月20日低开后大幅震荡变化创出5.39元的高价，但该股当日以8.74%的跌幅收出带长上影线的小阴线出现滞涨行情。

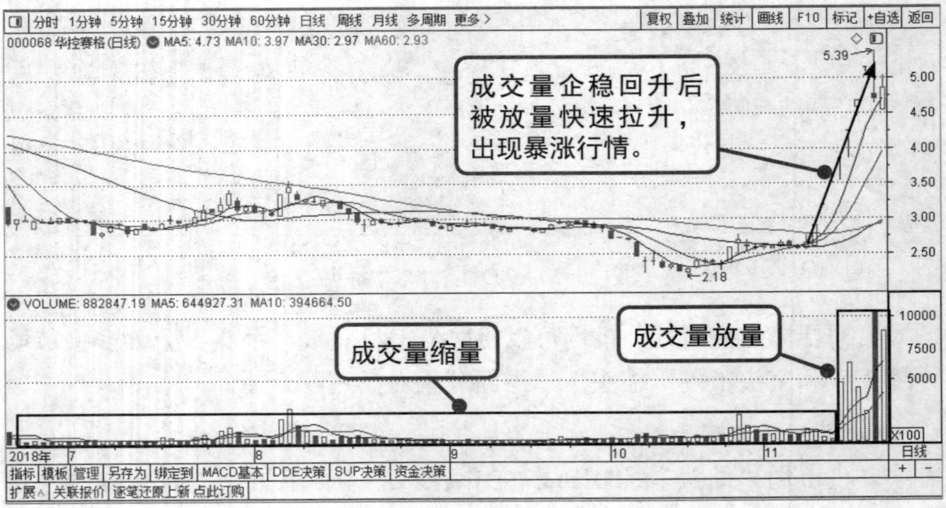

图2-30 华控赛格2018年6月至11月的K线走势图

下面再结合MACD指标来研判后市走势。如图2-31所示为华控赛格2018年10月至2019年3月的K线走势图。

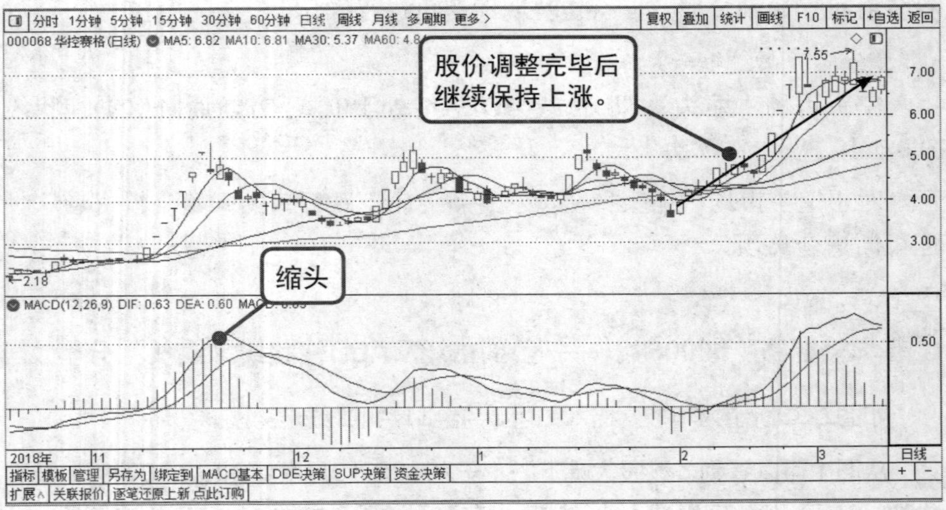

图2-31 华控赛格2018年10月至2019年3月的K线走势图

从图中可以看到，该股在11月20日当天的MACD参数值为0.53，相对于前一个交易日的0.54有所下跌，出现了“缩头”。同时期的DIF快线和DEA慢线都在0轴上方，可见是多头市场“缩头”。

在上涨初期放量拉升股价后出现MACD柱状线“缩头”，表明市场中上涨动能的减弱，股价将进入回调阶段，投资者可以变现一部分筹码，提高资金利用率，待回调结束后再买回。

从后市走势来看，多头市场“缩头”出现后，股价开始一轮新的回调，回调时间持续3个月左右的时间，但是之后继续保持良好的涨势继续上涨。这也说明多头市场“缩头”是继续持有或部分减仓的信号，不是卖出信号。

2.3.3 MACD柱状线在0轴上（下）变化的市场意义

我们已经知道在MACD指标显示图中，MACD柱状线通常默认为红色和绿色，分布在0轴的上方和下方。

在本节中将具体研究MACD柱状线在0轴上下变化时发出的市场交易信息。

1.MACD柱状线在0轴上方变化

MACD柱状线在0轴上方表现为红色柱状线，它有3种变化情况，分别是持续放大、持续缩小和徘徊，它们对应的市场意义如下。

◆红色柱状线持续放大

红色柱状线持续放大通常出现在上涨行情中，DIF线与DEA线向上运行，并不断拉开差距，反映在MACD柱状线上就是红色柱状线持续放大，表明市场中的上涨动能逐渐增强，后市看好。此时是可靠的买入信号，投资者应逐渐加仓。

如果在下降行情中出现红色柱状线持续放大，若此时DIF线在0轴下方带动DEA线向上运行，并不断拉大间距，表明当前市场仍为空头市场，后市股价将继续下跌。若此时DIF线上穿0轴，表明空头市场逐渐转化为多头市场，此时投资者可以少量介入，但是要设置好止损位，待走势明朗后再进行操作。

分析实例 特发信息（000070）——上涨行情中红色柱状线持续放大买入

如图2-32所示为特发信息2018年11月至2019年4月的K线走势图。

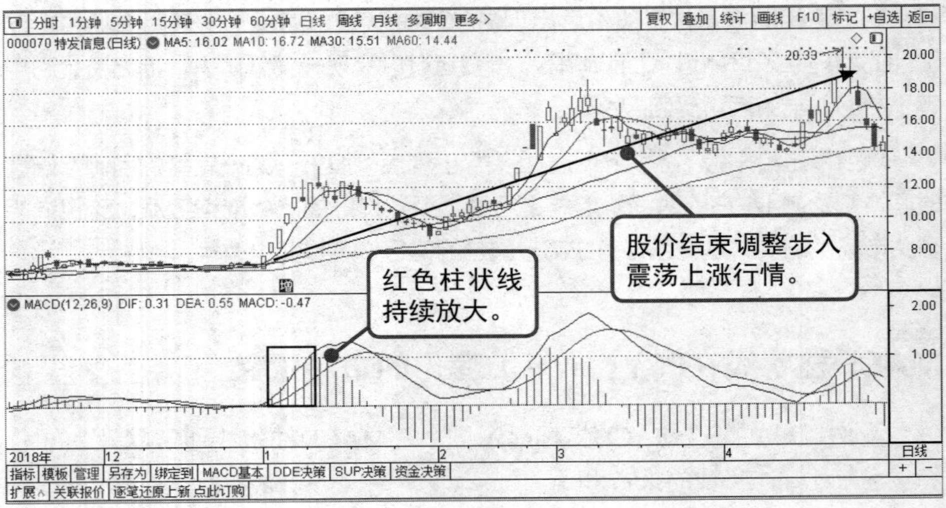

图2-32 特发信息2018年11月至2019年4月的K线走势图

从图中可以看到，该股在2019年1月之前，DIF线与DEA线相互缠绕，在0轴上方运行，带动股价始终窄幅波动变化。

2019年1月2日，DIF快线与DEA慢线逐渐分离，DIF线迅速上攻，与DEA慢线拉开差距，MACD红色柱状线因此持续放大。同时期的股价一改前期窄幅调整的行情，开始迅速上涨。

后市的涨势呈现阶梯震荡上涨走势，股价从最低的7.00元附近，最高上涨到20.33元的高价，涨幅超过190%，可谓大幅上涨。可见多头市场红色柱状线持续放大是可靠的买入信号，投资者应积极做多。

◆红色柱状线开始缩小

红色柱状线开始缩小表明市场中的上涨动能开始减弱，股价上涨幅度减小。

因为红色柱状线在缩小以前一定是经过放大的过程，所以红色柱状线在缩小时，DIF快线通常都处于0轴上方，所以对于多头市场出现的红色柱状线开始缩小的情况，更具有实战分析意义。

如果在上涨初期或途中出现红色柱状线缩小的情况，若此时DIF线仍带动DEA线向上运行，则表明市场中多方力量仍占据优势，此时股价的回调只是主力洗盘的一种手段，一旦调整结束行情将继续上行。

如果在上涨的高价位区出现红色柱状线缩小的情况，说明市场中上涨动力不足，多方力量逐渐衰减，此时投资者要引起重视，因为后市行情极有可能发生反转。

稳健的投资者应卖出部分股票，落袋为安，待走势明朗后再进行操作。而有经验的投资者在红色柱状线开始缩小时就已经完成清仓，保证收益最大化。

分析实例 国际实业（000159）——上涨末期红色柱状线开始缩小卖出

如图2-33所示为国际实业2018年11月至2019年5月的K线走势图。

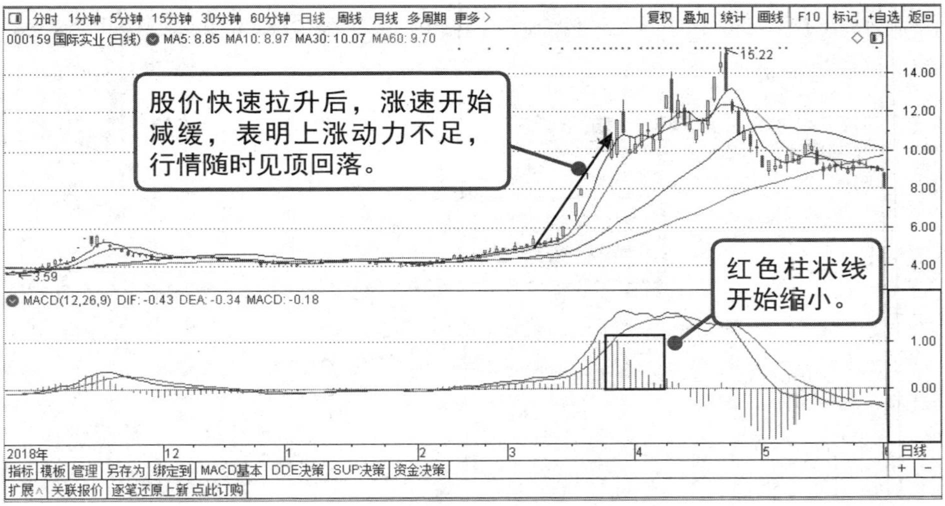

图2-33 国际实业2018年12月至2019年5月的K线走势图

从图中可以看到，该股2018年11月的3.59元止跌后步入上涨，股价短暂上升后在6元的价位线阶段性见顶后开始回落，随后步入长时间的横盘整理阶段，在整个横盘阶段中，MACD指标的DIF线和DEA线始终在0轴附近窄幅波动变化。

在2019年3月，该股整理完毕迎来新一轮的上涨行情，不到一个月的时间，股价就从4.00元附近上涨到12.00元附近后出现涨速减缓的迹象，此时新一轮上涨行情的涨幅已达200%。

观察此时的MACD柱状线发现，红色柱状线开始缩小，DIF线逐渐靠拢DEA线，并带动DEA线向下运行，明显表现出上涨动力不足的情况。

此时，稳健的投资者就应该逢高抛售，锁定利润。此时还未进场的投资者，切忌高位追涨。

从该股后市的走势来看，股价在短暂的疲软上涨后于15.22元的价格见顶，随后步入了一波深幅下跌的行情。可见处于上涨行情末期红色柱状线开始缩小是较为可靠的卖出信号，投资者应坚持持币策略。

◆红色柱状线在0轴上方徘徊

MACD柱状线在0轴上方徘徊是指一组极短的柱状线在0轴上方不规律排列构成的形态。

这种形态通常出现在横盘时期，是由股价波动小，走势不明确造成的。投资者在面对0轴之上徘徊形态时应采取持币观望的操作策略，如图2-34所示。

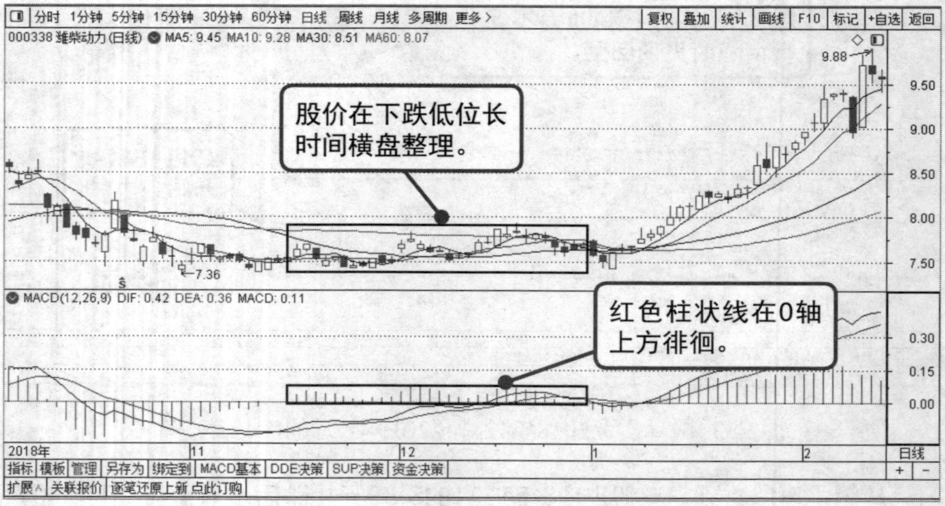

图2-34 红色柱状线在0轴上方徘徊，股价长时间横盘整理

当然，如果红色柱状线在0轴上方徘徊的同时，结合其他指标进行综合分析出行情有主力资金介入，且后市看好的话，投资者此时也可以少量资金买入，试探性建仓。

2.MACD柱状线在0轴下方变化

MACD柱状线在0轴下方表现为绿色柱状线，也有3种变化情况，分别是持续放大、持续缩小和徘徊，对应的市场意义如下。

◆绿色柱状线持续放大

绿色柱状线持续放大通常出现在下跌行情中，DIF线与DEA线向下运行，并不断拉开差距，反映在MACD柱状线上就是绿色柱状线持续放大，表明市场中的下跌动能不断增强，后市继续看跌。此时是可靠的卖出信号，投资者应果断斩仓。

如果在大幅上涨的后期股价出现回落，对应的绿色柱状线持续放大，若此时DIF线在0轴上方带动DEA线向下运行，并不断拉大间距，表明市场中下跌动能逐渐增强，后市继续看跌，投资者可卖出部分筹码，锁定利润。如果DIF线跌破0轴，则投资者应果断清仓。

分析实例 金融街（000402）——上涨末期绿色柱状线持续放大卖出

如图2-35所示为金融街在2018年10月至2019年4月的K线走势图。

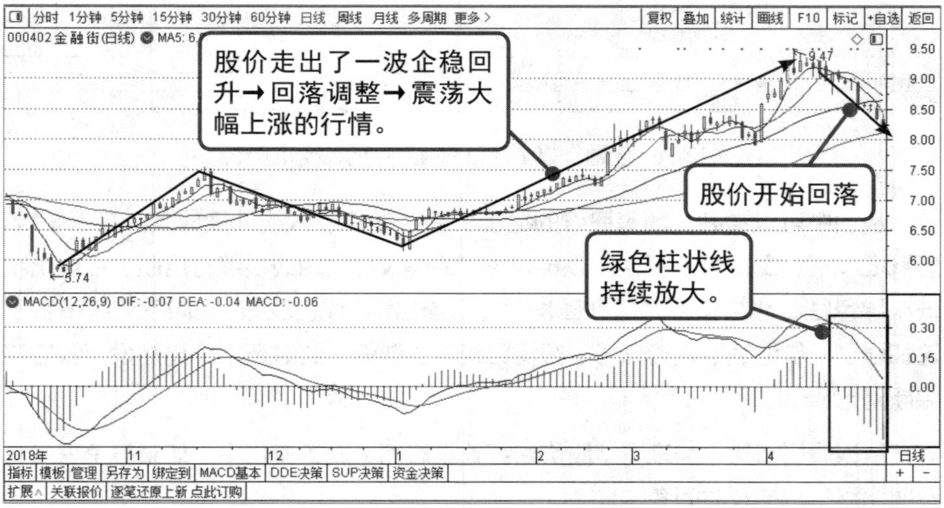

图2-35 金融街2018年10月至2019年4月的K线走势图

从图中可以看到，该股在这段时间内走出了一波企稳回升→回落调整→震荡大幅上涨的行情。

在2019年1月股价回落调整结束重新进入震荡上涨行情中时，观察对应的MACD指标，发现DIF线和DEA线始终在0轴上方震荡变化。

当股价在4月创出9.47元的高价后，股价有所回落，此时DIF线拐头向下，拉动DEA线同步向下运行，并且二者之间的间距逐渐加大。同期的绿色柱状线在

0轴下方也出现持续放大的情况，表明市场中的做多动力在减弱，而做空动能在逐步增强，后市看跌，投资者可以选择抛售一部分筹码，对于稳健的投资者，此时最好全部卖出，锁定利润。

如图2-36所示为金融街2019年3月至8月的K线走势图。

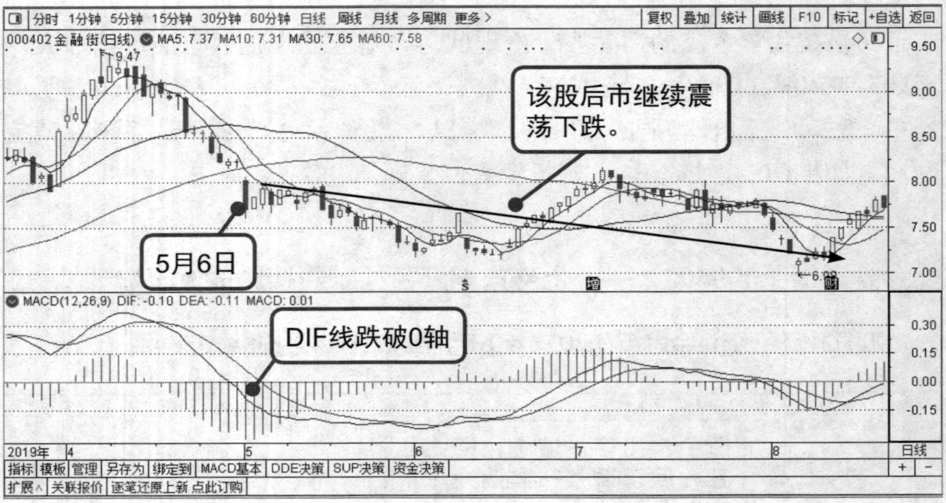

图2-36 金融街2019年3月至8月的K线走势图

从图中可以看到，随着股价的继续下跌，绿色柱状线继续放大。在2019年5月6日，股价跳空低开低走，以6.44%的跌幅收出大阴线快速打压股价，创出新低，绿色柱状线持续放大达到最长，并且当日DIF线也跌破0轴向下继续下行，这加强了股价继续下跌的信号，行情已经发生逆转，此时还未出局的投资者应该果断清仓。

从该股后市的走势来看，股价始终处于震荡下跌的变化中，如果投资者没有及时出局，将被长时间套牢。

◆绿色柱状线开始缩小

绿色柱状线开始缩小表明市场中的下跌动能开始减弱，股价跌势放缓，后市行情有反转可能。

在下跌行情末期，绿色柱状线开始缩小，股价逐渐形成底部，随着绿色柱状线向0轴靠近并转换为红色柱状线，股价开始回升。

可见绿色柱状线开始缩小是下跌趋势放缓的信号，此时投资者可以少量进行长期战略建仓，而不要轻易卖出投资品种。

但是对于稳健的投资者来说，最稳妥的操作方式还是要等待绿色柱状线转换为红色柱状线后再买入进场。

分析实例 振兴生化（000403）——下跌末期绿色柱状线开始缩小买入

如图2-37所示为振兴生化2018年9月至2019年3月的K线走势图。

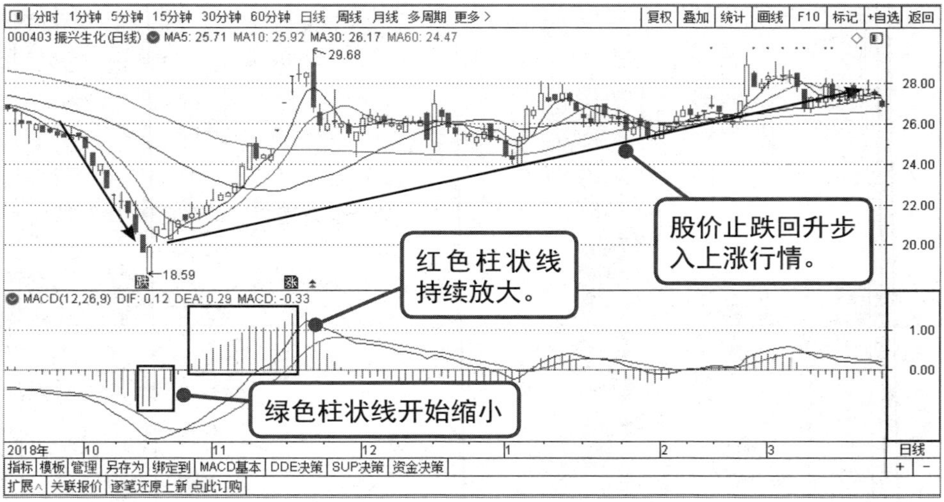

图2-37 振兴生化2018年9月至2019年3月的K线走势图

从图中可以看到，该股在2018年10月经历了一波快速下跌行情，股价被打压到18.59元后止跌，随后股价缓慢拉升。

观察同期的MACD指标，发现绿色柱状线开始缩小，表明股价的下跌动能开始衰减，行情有望回升，但是不建议投资者此时买入。对于深度套牢的投资者而言，此时不要轻易卖出股票，要密切关注该股的走势。

在2018年10月底，随着市场中的做多势能逐步聚集，MACD柱状线反转到0轴上方变为红色柱状线，并出现红色柱状线持续放大的情况，说明上升行情启动，投资者此时可逢低吸纳买入，持股待涨。

◆绿色柱状线在0轴下方徘徊

MACD柱状线在0轴下方徘徊是指一组极短的柱状线在0轴下方不规律排列构成的形态。这种形态通常出现在阴跌时期，是由股价波动小，走势不明确引起的。

投资者在面对0轴之下徘徊形态时应采取少量减仓或持币观望的操作方式，如图2-38所示。

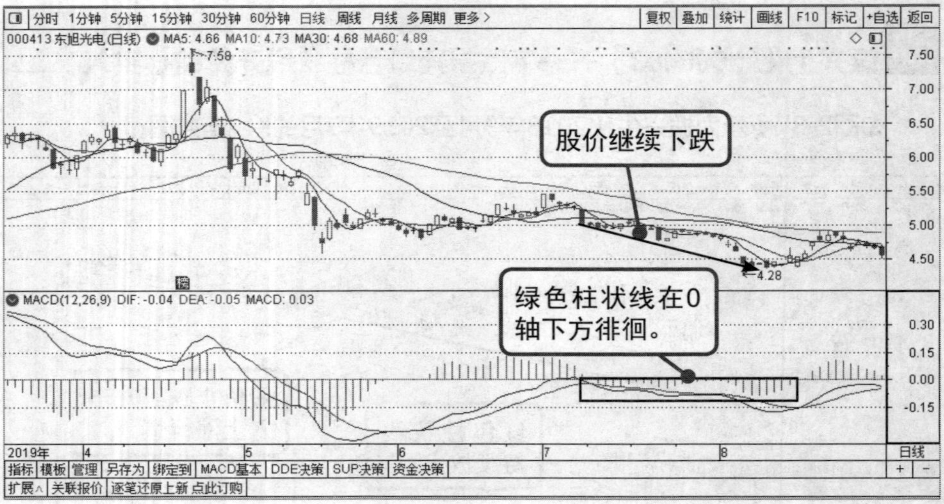

图2-38 绿色柱状线在0轴下方徘徊，股价继续下跌

MACD指标经典买卖形态

在上一章中分别对MACD指标中的DIF线、DEA线和MACD柱状线的应用进行了介绍，但是在实际操作中，单独指标发出的交易信号可能会出现误差。为了提高买卖操作的研判准确度，需要多指标进行综合分析。本章将针对MACD的各项指标线组合在一起形成的买卖形态进行讲解。

3.1 经典中的经典：金叉与死叉

在前面的介绍中了解了基础金叉与死叉形态，但是针对不同位置、不同次数的金叉和死叉发出的买卖信号存在巨大的差异。下面我们具体来看看。

3.1.1 DIF与DEA在0轴上方的金叉

0轴上方的金叉通常出现在上涨行情中，是比较可靠的买入信号。在上涨行情中，每一次在0轴上方形成的金叉都是投资者加仓的机会，因为在金叉之前，股价肯定经过一轮调整，形成金叉之后股价定然会有较大幅度的回升。

投资者在金叉出现后的加仓过程中，应避免在同一价格区域密集加仓；加仓时应遵循“价格不断上涨的同时加仓数量要逐步减小”的原则，因为当金叉出现股价大幅上涨的高价位区时，可能是上涨行情的最后一浪，后市行情极有可能见顶反转，投资者应谨慎操作。

分析实例 中集集团（000039）——0轴上方金叉的买卖分析

如图3-1所示为中集集团2018年10月至2019年2月的K线走势图。

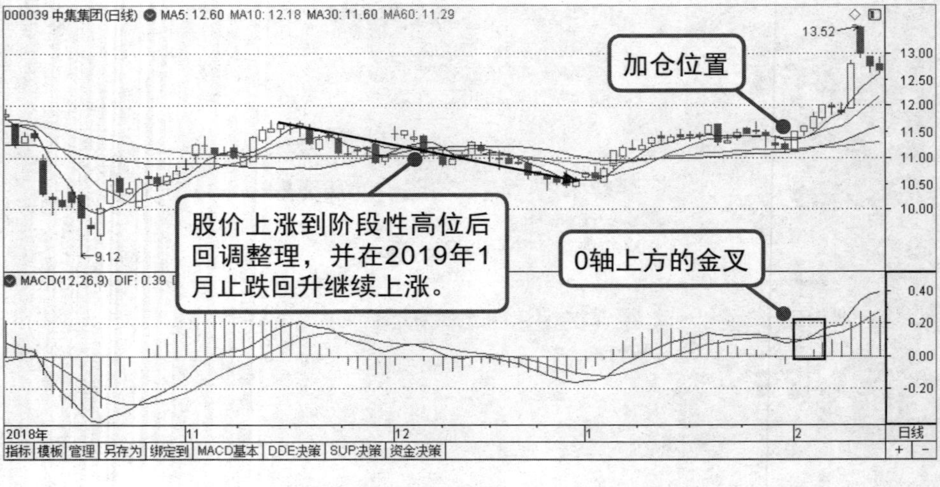

图3-1 中集集团2018年10月至2019年2月的K线走势图

从图中可以看到，该股在2018年10月中旬创出9.12元的新低后企稳回升步入上涨。股价在11月中旬第一次到达阶段性的高位后开始回落，MACD指标的DIF线和DEA线也拐头向下运行并在12月中旬下穿0轴并运行到0轴下方。

随着调整行情的继续，市场中的空方势力被逐步清理出局，做多动能逐步加强，在2019年1月股价调整结束重新步入上涨，DIF线和DEA线也随即上穿0轴运行到0轴上方，并于2月初形成金叉，形成波段买点。投资者可在此开始逐渐加仓买入该股，持股待涨。

如图3-2所示为中集集团2019年1月至7月的K线走势图。

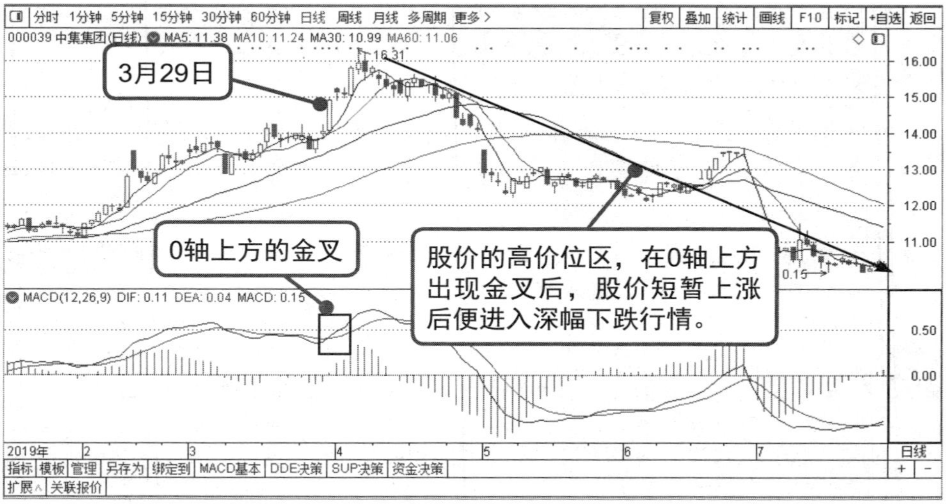

图3-2 中集集团2019年1月至7月的K线走势图

从图中可以看到，该股在2月初形成金叉之后迅速上涨，但是在14.00元价位线附近出现了短暂的回调，DIF线带动DEA线向下运行，随后在3月29日，DIF线上穿DEA线形成金叉，似乎是很可靠的买入信号。

但结合股价已经处于高位，此次金叉可能是上涨行情的最后一浪，后市上涨空间有限，且下跌风险大。从后市走势来看，在金叉形成后没过几个交易日股价便见顶回落，跌幅巨大。

3.1.2 DIF与DEA在0轴下方的金叉

对于出现在0轴上方的黄金交叉，通常而言是较为可靠的买入信号，但是如果金叉出现在0轴下方，此时投资者就要具体问题具体分析，不能一概而论。

在下跌行情中，0轴下方的金叉表示当前市场仍由空头主导，金叉只是一次短期反弹，反弹结束后股价将继续下跌。

在下跌行情末期，0轴下方的金叉也可能是市场中上涨动能逐渐集聚，空方力量转弱，行情即将反转的信号。

所以当投资者在面对0轴下方的金叉时，要依据如下的策略来进行操作。

- ◆**设置止损位并严格执行：**投资者若在0轴下方的金叉出现时进行买入，应设置止损位。如果在金叉出现后股价没有明显上涨甚至下跌，投资者应严格执行买入时设置的止损位。
- ◆**合理分配仓位：**当0轴下方出现金叉时，风险偏好型投资者可以进行买入，但仓位不宜过重，应买入少量仓位进行试探，如果后市下跌就应及时止损。
- ◆**分辨清楚两大机会：**这两大机会分别是下跌行情最后一浪的黄金交叉与长期上涨后第一次进入空头市场后的黄金交叉。

分析实例 方大集团（000055）——0轴下方金叉的卖出分析

如图3-3所示为方大集团2019年3月至8月的K线走势图。

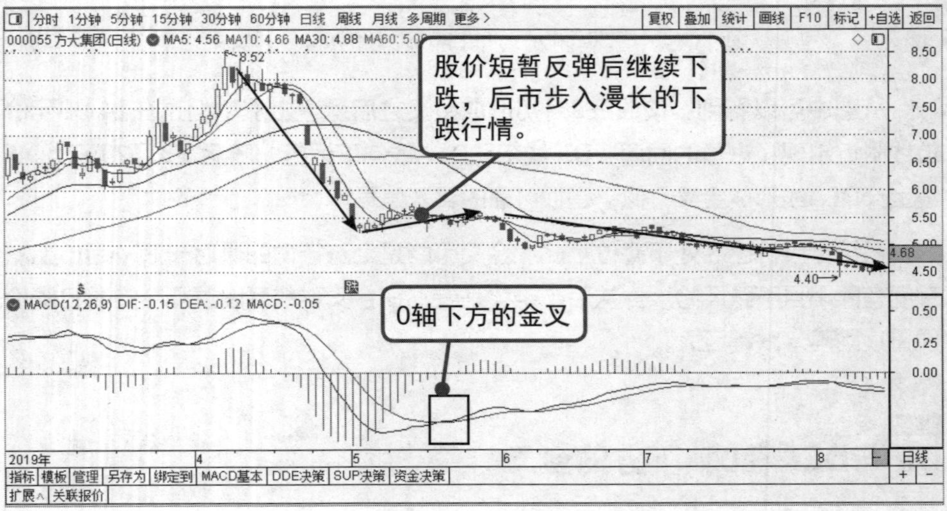

图3-3 方大集团2019年3月至8月的K线走势图

从图中可以看到，该股大幅上涨后于2019年4月上旬创出8.52元的新高后出现滞涨，随后股价开始回落。观察同期的MACD指标，DIF线与DEA线均拐头向下运行，逐步拉低股价步入下跌行情。

随后，该股在5月初出现止跌，DIF线在DEA线在0轴下方开始向上运行，并在5月中旬出现金叉，股价开始反弹行情。但DIF线与DEA线都没能向上突破0轴，表明此次反弹行情较为弱势，更不可能是行情反转向上的信号，所以投资者应谨慎操作。

随着反弹行情的结束，后市股价继续下跌。可见在0轴下方的金叉并不是可靠的买入信号，投资者在实战中应分辨清楚，避免错误操作。

3.1.3

DIF与DEA在0轴上方二次金叉

DIF与DEA在0轴上方二次金叉是指DIF线与DEA线在0轴之上的低位连续发生两次黄金交叉。0轴上方二次金叉表明在多方市场中经过一轮调整，为后市行情的继续上涨积蓄力量，股价将延续前期的涨势。

分析实例 冀东水泥（000401）——0轴上方二次金叉的买入分析

如图3-4所示为冀东水泥2018年11月至2019年6月的K线走势图。

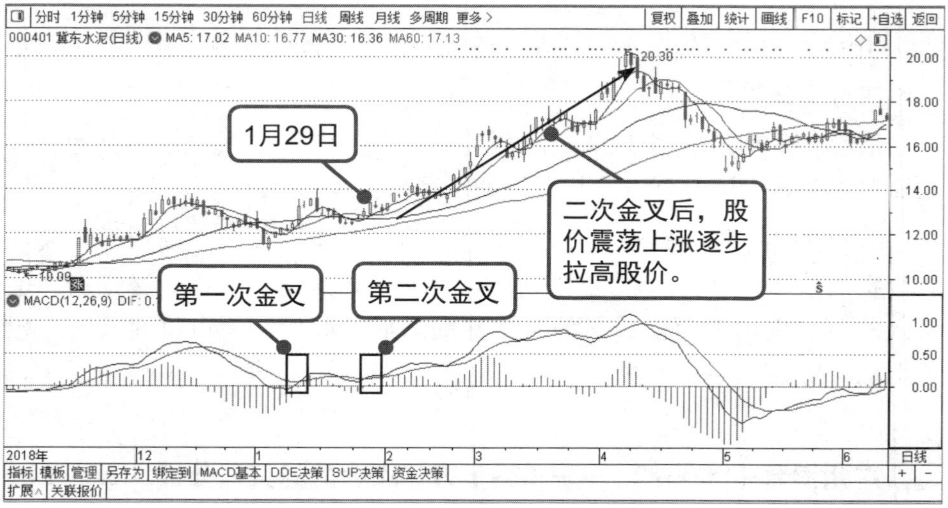

图3-4 冀东水泥2018年11月至2019年6月的K线走势图

从图中可以看到，该股在10.00元止跌企稳后步入上涨行情，但是在14.00元的价位线位置出现了阶段性见顶后回落调整。观察同期的MACD指标，发现DIF线和DEA线也出现了拐头向下的走势。但是最终在0轴附近止跌向上运行，出现第一个金叉，标志着股价可能回调结束，投资者可在此时进行试探操作，少量买入。

在第一次金叉出现后不久，股价又开始回调，DEA线在DIF线的带动下向下运行，但股价回调后不久，DIF线在2019年1月29日再次上穿DEA线形成第二次金叉。表明市场中的上涨动能经过一轮调整后积蓄了足够的力量，后市将延续前期的涨势。投资者此时可加仓买入该股，持股待涨。

从该股后市的涨势来看，该股走出一波可观的震荡拉升的上涨行情，投资者在二次金叉出现后买入该股持股一段时间后，在任意时段卖出都可获得收益。

TIPS *有效的0轴上方的二次金叉*

在实战中，有效的0轴上方的二次金叉应出现在0轴上方附近，是经过调整后的连续两次金叉，且第二次金叉出现的位置应在第一次金叉的上方，即DIF形成的波谷是逐渐提高的。另外，出现在高位区域的金叉是无效的。

3.1.4

DIF与DEA在0轴下方二次金叉

DIF与DEA在0轴下方二次金叉是指DIF线与DEA线在0轴之下连续发生两次黄金交叉。

相对于在0轴下方出现的一次金叉而言，在0轴下方的二次金叉的操作则简单很多，投资者可以将其看作是可靠的买入信号。

因为在0轴下方第一次出现金叉时，可能是下跌行情中的反弹阶段，后市将继续下跌，买入风险大；而在0轴下方出现的第二次金叉则提高了买入的可靠性，在两次金叉的两次探底之后，股价在后市将迎来新一轮的上涨行情。

分析实例 广州浪奇（000523）——0轴下方二次金叉的买入分析

如图3-5所示为广州浪奇2018年11月至2019年4月的K线走势图。

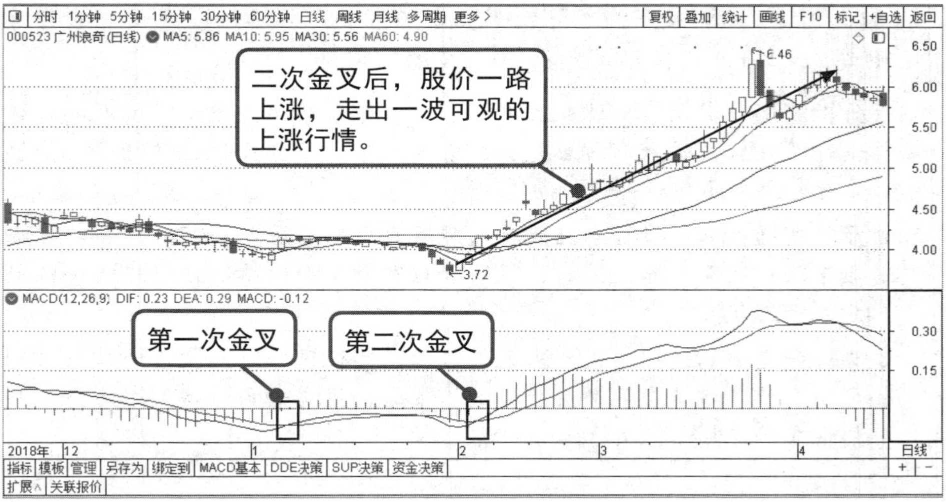

图3-5 广州浪奇2018年11月至2019年4月的K线走势图

从图中可以看到，该股在2019年1月之前，股价呈现下跌行情，此时DIF线和DEA线从0轴上方向下运行并下穿0轴。股价在1月出现企稳，同期的DIF线和DEA线拐头向上，随后出现第一次金叉，反弹的结束表明股价逐渐见底，后市下跌空间不大。

虽然在反弹结束后，股价又经历了一波下跌，但是整体下跌幅度不大，最终在1月31日创出3.72元的最低价后企稳回升，随后DIF线与DEA线在0轴下方第二次形成金叉。两次金叉的出现表明股价已见底，后市将迎来一轮新的上涨行情。

从后市的走势来看，在0轴下方的二次金叉出现后，股价一路上涨走出一波可观的上涨行情。

投资者若在第一次金叉出现时进行买入，意味着更大的风险和更高的成本。第二次金叉出现时往往表明股价将见底回升，此时买入是最稳妥的操作方式。

3.1.5 DIF与DEA在0轴上方的死叉

0轴上方的死叉通常出现在上涨行情中调整阶段的初期，是股价短期内见顶的信号，表示一轮上涨趋势的结束，为卖出信号。

投资者在实战中需要注意的是，在市场中上涨动能极为强劲时，股价在死叉出现之后仍可能重返涨势，这种情况通常出现在上升五浪的第四浪中。

总而言之，0轴上方的死叉表明仍是多方主导市场，后市有上涨的可能。所以建议投资者在面对0轴上方死叉时采取如下策略。

- ◆**分批卖出**：当死叉出现在上涨行情，不管该信号是预示行情短期调整或行情反转，投资者都应先卖出部分股票，将部分收益拿到手，待后市走势逐渐明朗后再进行操作。
- ◆**及时买回**：如果投资者在死叉出现时卖出部分股票，而股价并没有明显下跌，甚至开始上涨时，投资者应及时买回股票，但买回的仓位不应大于已有持仓。
- ◆**高位死叉更有效**：当死叉出现在股价的高位区域时，预示的卖出信号更为有效，尤其在死叉后股价继续下跌，投资者更应该果断清仓，否则将在后市大幅下跌的行情中损失惨重。

分析实例 广宇发展（000537）——0轴上方死叉的卖出分析

如图3-6所示为广宇发展2018年9月至2019年1月的K线走势图。

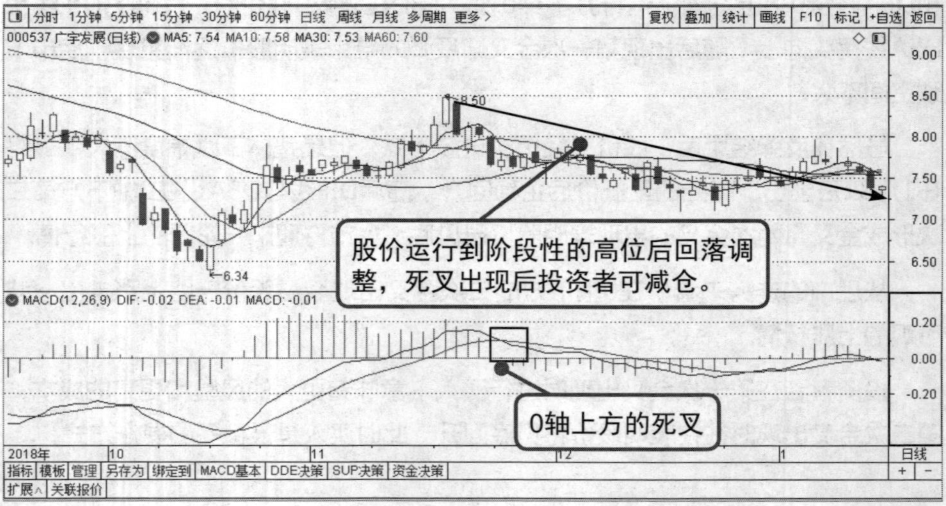

图3-6 广宇发展2018年9月至2019年1月的K线走势图

从图中可以看到，该股下跌到2018年10月中旬创出6.34元的最低价，随后股价企稳回升，步入上涨行情，DIF线与DEA线也拐头向上运行并上穿0轴在0轴上方运行。

在股价上涨到8.50元后，次日股价低开低走，以5.42%的跌幅大阴线报收拉低股价，股价开始回调，DIF线也从DEA线上方拐头向下运行，并下穿DEA线形成死叉，投资者应卖出部分股票，待后市走势明朗之后再进行操作。

观察后市的走势，发现死叉出现后股价并没有出现明显的下跌走势，红色MACD柱状线与绿色MACD柱状线在0轴附近徘徊，DIF线和DEA线也出现长时间的缠绕。说明多空双方力量均衡，表明这次出现的死叉并不是行情反转的信号，只是股价的短期调整。投资者在此时应将卖出的股票买回，随着股价上涨可以适当加仓。

如图3-7所示为广宇发展2018年12月至2019年6月的K线走势图。

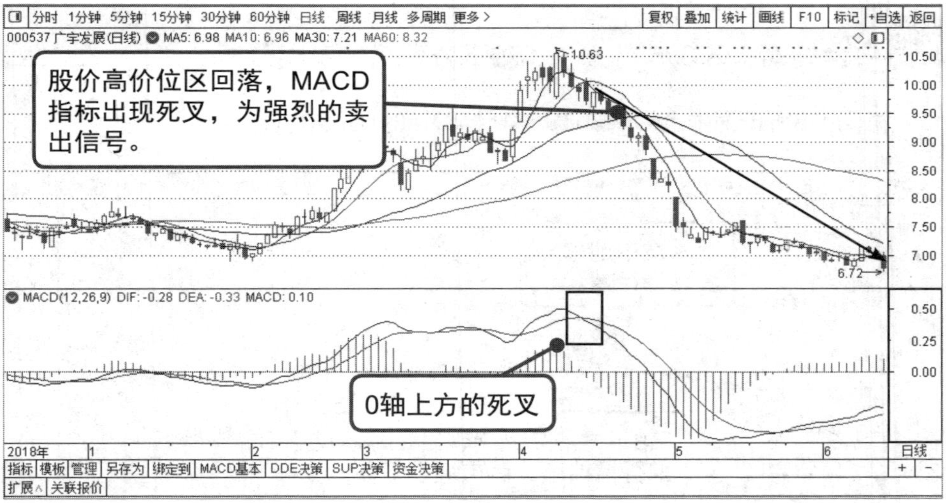

图3-7　广宇发展2018年12月至2019年6月的K线走势图

从图中可以看到，此轮调整在2019年2月初结束，随后股价出现了一波震荡拉高的行情，DIF线和DEA线始终在0轴上方波动变化。

4月9日，该股低开高走大阳线报收，股价创出10.63元的高价，随后连续4根阴线逐步拉低股价出现回落，此时DIF线也拐头向下下穿DEA线，在0轴上方形成死叉。结合此时的股价已处于高位区域，说明此时市场中的多方动力不足，行情可能已经见顶下跌。

此时投资者要果断清仓出局。从后市走势来看，投资者若在死叉附近没有完成清仓，在后市将面临巨大损失。

3.1.6
DIF与DEA在0轴下方的死叉

0轴下方的死叉通常出现在下跌行情中，表明当前市场中空方势力占据主导，预示后市将继续下跌，是卖出信号，投资者此时应采取持币观望的策略。

如果DIF线与DEA线在0轴下方的低位形成金叉后，股价迎来一轮反弹，DIF线未能带动DEA线向上突破0轴，而是在0轴下方形成死叉，这种情况下，投资者应及时清仓出场。

分析实例 中金岭南（000060）——0轴下方死叉的卖出分析

如图3-8所示为中金岭南2019年4月至9月的K线走势图。

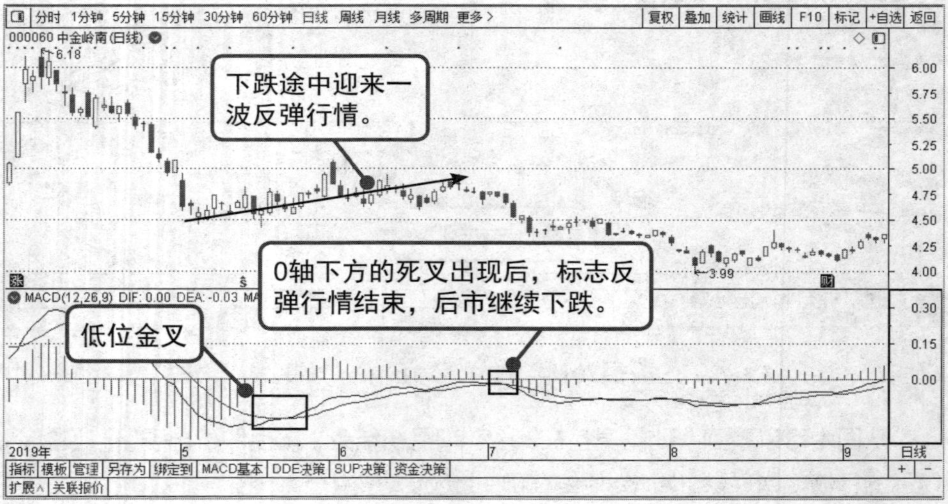

图3-8 中金岭南2019年4月至9月的K线走势图

从图中可以看到，该股股价在6.18元见顶后反转步入下跌行情，DIF线和DEA线快速下行跌破0轴。在5月上旬，股价在4.50元的价位线止跌迎来一波反弹，DIF线在低位上穿DEA线形成金叉，虽然股价出现回升，但DIF线和DEA线均未能上穿0轴，始终在0轴下方运行。

在7月初，DIF线开始掉头向下，随后跌破DEA慢线，在0轴下方形成死叉。死叉的出现表明反弹行情的结束，后市将继续下跌。

投资者在遇见低位金叉之后又出现0轴下方的死叉时应进行清仓，避免在后市遭遇重大损失。

从后市的走势来看，该股随后经历了一波长期的缓慢下跌行情，如果投资者在死叉出现后未及时清仓出局，将被长期套牢。

TIPS *0轴下方的死叉与波浪理论的结合*

0轴下方的死叉通常出现在下跌行情中第二浪（反弹浪）的末期，作为反弹结束的标志；同时也是第三浪（下跌浪）开始的标志，第三浪是下跌行情的主跌浪，跌幅最大，所以投资者在实战中遇见这种情况应及时清仓。

3.1.7
DIF与DEA在0轴上方二次死叉

DIF与DEA在0轴上方二次死叉是指DIF线在0轴上方连续两次跌破DEA线形成的两次死叉。

在实战中，第二次死叉的交叉点低于第一次死叉，表明市场中多方力量逐渐减弱，股价在后市可能面临下跌风险。第二次死叉的出现提高了第一次死叉下跌的可靠性，所以在0轴上方二次死叉是可靠的卖出信号。

投资者在实战中遇见0轴上方二次死叉时应采取如下策略。

- **将死叉与背离结合进行研判：**0轴上方出现二次死叉的同时DIF线与股价发生背离，提高死叉卖出信号的可靠性。
- **将死叉与趋势结合进行研判：**通常情况下，一轮上涨行情总是终止于突破趋势线后的死叉，这样就能判断出上涨行情的顶部，有利于投资者及时离场。
- **及时清仓：**二次死叉出现后可能就是股价大跌的开始，所以投资者在发现0轴上方的二次死叉，同时还存在其他卖出信号时，就应该及时清仓离场。

分析实例 海王生物（000078）——0轴上方二次死叉的卖出分析

如图3-9所示为海王生物2018年12月至2019年7月的K线走势图。

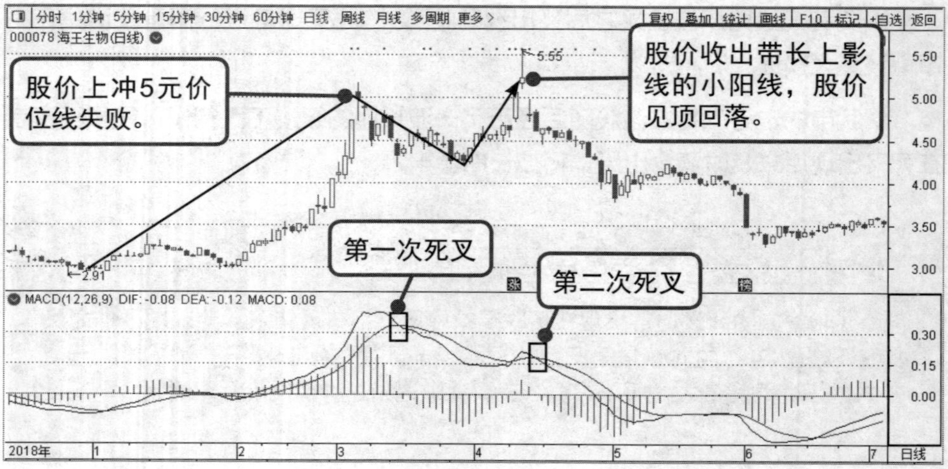

图3-9 海王生物2018年12月至2019年7月的K线走势图

从图中可以看到，该股在2018年12月下旬创出2.91元的低价后，股价止跌表现上涨，短短两个月的时间，股价上冲到5.00元的价位线后开始回落。

观察同期的MACD指标发现，在拉升上涨的过程中，DIF线与DEA线先后上穿0轴后都在0轴上方保持上升趋势，而且二者的间距逐渐拉大。

但是在股价上冲5.00元的价位线失败后，DIF线也同步拐头向下，并在随后下穿DEA线形成第一次死叉。

随着第四浪调整行情的结束，股价开始迅速回升，但是DIF线和DEA线却没有同步上升，反而向下运行，与股价形成背离形态。随后股价在2019年4月11日收出带长上影线的小阳线创出新高5.55元。股价没能在高位企稳，创出新高的第二个交易日股价便开始向下跳空拉低股价进入下跌。

随后在短短的两个交易日后，DIF线再次下穿DEA线，形成第二次死叉，表明股价下跌已成定局，投资者应在此时进行清仓，锁定利润，落袋为安，否则在后市的主跌行情中将可能损失惨重。

TIPS *0轴上方二次死叉与波浪理论的结合*

0轴上方二次死叉通常出现在上涨行情中，与波浪理论上涨五浪非常契合。0轴上方第一次出现死叉往往是在第三浪（主升浪）的末期，预示一轮上涨的结束，股价在后市将回调进入第四浪（调整浪）。0轴上方第二次出现死叉往往是在第五浪的末期，伴随着股价新高，预示上涨行情的结束。

3.1.8

DIF与DEA在0轴下方二次死叉

DIF与DEA在0轴下方二次死叉是指DIF线在0轴下方连续两次下穿DEA线形成的两次交叉。

二次死叉都应出现在0轴下方，是股价在下跌过程中小幅反弹后连续形成的两次死叉。当DIF线与DEA线同时运行在0轴下方，本就表明当前市场为空头市场又出现二次死叉，更加说明此时市场普遍不被看好，因此投资者没有理由在此时买入。

所以DIF与DEA在0轴下方二次死叉发出的是强烈的卖出信号，股价后市将继续下跌。

分析实例 红太阳（000525）——0轴下方二次死叉的卖出分析

如图3-10所示为红太阳2018年3月至9月的K线走势图。

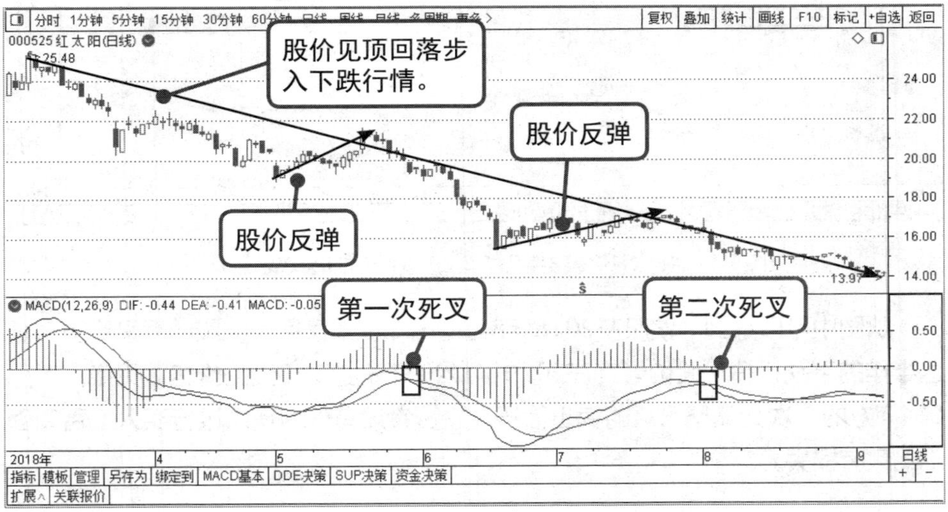

图3-10 红太阳2018年3月至9月的K线走势图

从图中可以看到，该股在2018年3月创出25.48元的高价后见顶回落步入下跌行情，同时期的DIF线和DEA线也拐头向下运行并下穿0轴在0轴下方继续向下运行。

随后股价在5月有过一波反弹行情，DIF线和DEA线向上运行，但是好景不长，股价反弹很快受阻后继续向下运行，DIF线与DEA线也未能在反弹过程中突破0轴，并第一次在0轴下方形成死叉。

随着股价的下跌，DIF线与DEA线的间距也越来越大。在6月中旬，股价再一次企稳，虽然反弹行情的涨幅不大，但是DIF线和DEA线却出现了明显的拐头向上运行，但是由于市场中的空方势力强大，此轮反弹最终在持续一个月后回落，DIF线和DEA线在0轴下方于8月初出现二次死叉，说明此时市场中仍然普遍看跌，预示后市将继续下跌，场外投资者此时要坚决持币观望。

如图3-11所示为红太阳2018年7月至2019年3月的K线走势图。

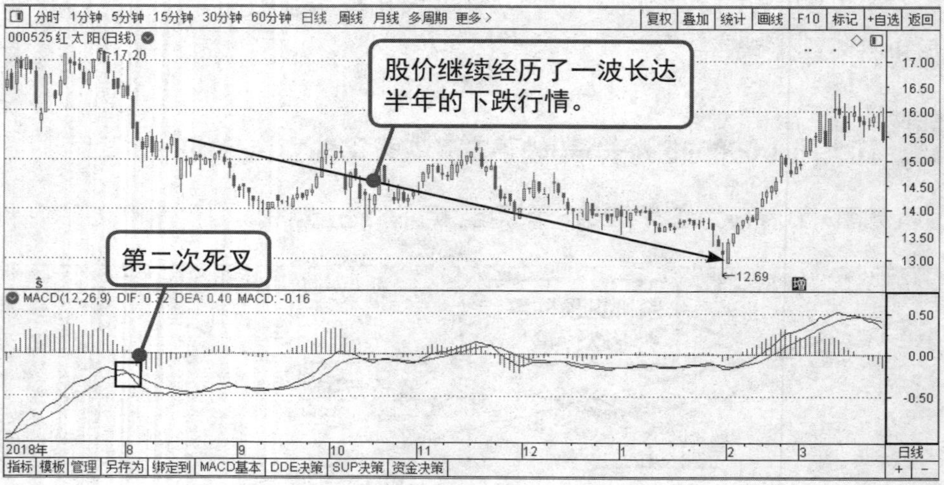

图3-11 红太阳2018年7月至2019年3月的K线走势图

从图中可以看到，该股在2018年8月的第二次死叉后，该股随后又经历了长达半年的下跌行情，股价最终在2019年1月31日的12.69元的价格才见底。可见0轴下方的二次死叉是可靠的卖出信号，投资者没有任何理由进行买入，否则面临的只有损失。

3.2 经典中的强点：与股价的背离形态

通过第1章内容的介绍，我们已经知道，MACD指标的背离是指技术指标与股价走势相反的形态。在本节中将针对背离的多种情况进行介绍，主要包括顶背离和底背离这两种形态，讲解MACD指标中与股价发生的顶背离和底背离的操作策略。

3.2.1

MACD指标与股价的顶背离

MACD指标与股价的顶背离有3种情况，分别是DIF线与股价顶背离、DEA线与股价顶背离和MACD柱状线与股价的顶背离。

由于DEA线是DIF线的移动平均线，所以DIF线与股价顶背离的意义与DEA线与股价顶背离的意义基本一致。因此本节将具体针对DIF线与股价顶背离和MACD柱状线与股价顶背离进行讲解。

1.DIF线与股价顶背离

股价与DIF线的顶背离是指在上涨趋势中，股价连创新高，DIF线却没有创出新高。它表明市场中的下跌动能不断集聚，空方力量变强，后市看空，是卖出信号。

投资者在实战中运用顶背离来寻找卖点时，应注意以下几个方面。

- ◆ 当出现两次甚至多次顶背离时，说明市场下跌动能强劲，后市很快就会迎来一轮凶猛的下跌。
- ◆ 当出现顶背离时，投资者就应尽早卖出离场。
- ◆ 多周期配合，顶背离卖出信号的确定，需要配合其他多个周期走势图进行确认。
- ◆ 当DIF线与股价发生顶背离时，成交量随着股价上涨而放大，这表明市场中的上涨动能得到释放，下跌动能将在后市占据优势。
- ◆ 当DIF线与股价发生背离时，DIF线会向下运动靠近0轴，如果离0轴越近，说明下跌动能越强劲，卖出信号就越可靠。

分析实例 万向钱潮（000559）——DIF线与股价顶背离，行情见顶

如图3-12所示为万向钱潮2018年10月至2019年6月的K线走势图。

从图中可以看到，该股在2018年10月中旬开始止跌回升，股价上涨一段时间后在11月中旬阶段性见顶，随后进入一波回调整理阶段，该整理形态是为了后市更好的上涨。在调整了一个月左右的时间之后，股价被大幅拉升。

上涨行情延续至2019年3月，在创出7.75元的高价后，股价短暂进行了一波调整，旨在修正指标，随后股价继续保持上涨。

但仔细观察同时期的MACD指标发现，DIF线并没有随股价的上涨而继续上

涨。说明此时股价在高位与DIF线发生顶背离，多方力量减弱而空方力量增强，后市看空。

随后股价上涨为突破前期的7.75元高价便在连续阴线的作用下急速下跌，行情见顶逆转步入下跌行情。

由此可见，在股价的高价位区，一旦发现股价与DIF线发生顶背离后，投资者就要及时出局，锁定利润。

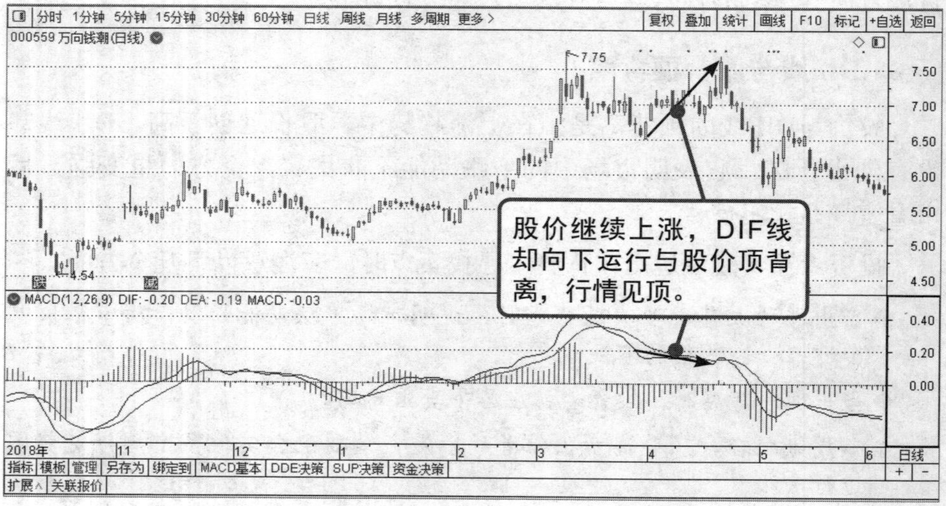

图3-12 万向钱潮2018年10月至2019年6月的K线走势图

2.MACD柱状线与股价的顶背离

MACD柱状线与股价的顶背离是指当股价处于持续上涨中，股价连创新高，同时期MACD柱状线形成的波峰峰值却逐渐降低。

当MACD柱状线与股价发生顶背离，表明市场中的上涨动能开始减弱，在顶背离结束后行情有反转的可能。

在顶背离结束的最后一个波峰出现的“缩头”，是第一卖点，投资者应进行减仓操作；当红色柱状线转换为绿色柱状线时，是第二卖点，投资者应果断清仓离场，避免在后市遭受更大损失。

分析实例 全通教育（300359）——MACD柱状线与股价顶背离卖出股票

如图3-13所示为全通教育2019年1月至5月的K线走势图。

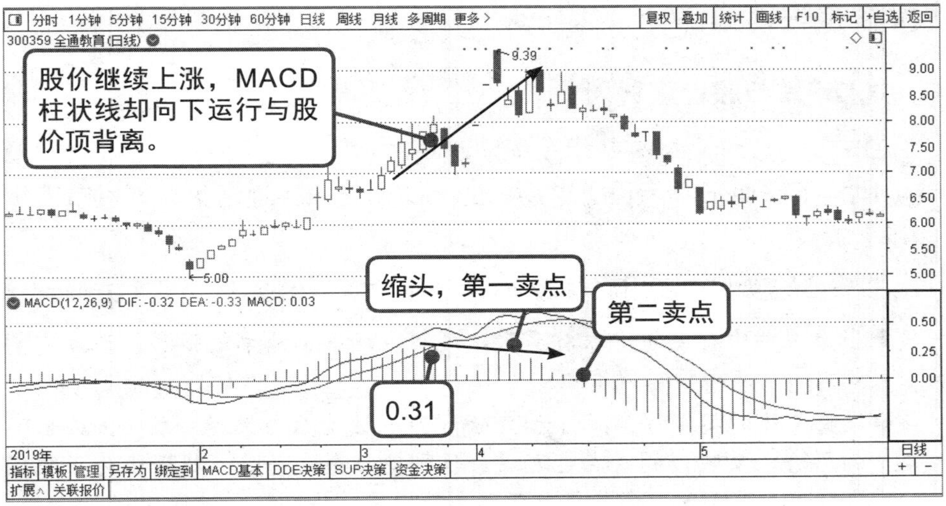

图3-13 全通教育2019年1月至5月的K线走势图

从图中可以看到，该股在2019年1月底创出5.00元的低价后开始进入上涨行情，随后股价一路平稳上涨，观察同时期的MACD柱状线，也在2月上旬变红后一直保持在0轴上方运行。

股价在2月底有过短暂的整理，进入3月后，股价持续上涨，红色柱状线再次向上发散，在3月12日时达到最长，对应的参数值为0.31。随后该股连续收出两根中阴线逐步拉低股价进入回调阶段，红色柱状线开始收敛，在第三个交易日，股价止跌再次攀升，红色柱状线也再次开始发散。

当红色柱状线在第二波峰中达到最长时的参数值为0.26，低于前一峰值，与股价发生顶背离。表明市场中的上涨动能开始减弱，在MACD参数值为0.27的下一个交易日里发生“缩头”，是第一卖点；随后股价下跌，当红色柱状线转换为绿色柱状线时，是第二卖点，此时投资者应及时清仓。从后市的走势来看，股价果然进入下跌行情。

3.2.2
MACD指标与股价的底背离

同样，MACD指标与股价的底背离也有3种情况，分别是DIF线与股价底背离、DEA线与股价底背离和MACD柱状线与股价的底背离。

由于DIF线与股价底背离的意义与DEA线与股价底背离的意义基本一致。因此本节也将具体针对DIF线与股价底背离以及MACD柱状线与股价底背离进行讲解。

1.DIF线与股价底背离

DIF线与股价底背离是指在下跌趋势中，股价连创新低，DIF线却没有随股价下跌而下跌，说明市场中的上涨动能正在逐渐集聚，后市上涨的概率极大。

投资者在实战中运用底背离来寻找买点时，应注意以下几个方面。

- ◆当出现两次甚至多次底背离时，说明市场中上涨动能强劲，多方力量强大，后市行情极为乐观。
- ◆没有具体的买入时机，因为DIF线与股价发生底背离是一段时间内出现的形态，反映出的买点也无法具体到某一个交易日。投资者为了把握住良好的买入时机，应将底背离与其他技术指标配合进行研判。
- ◆为了提高DIF线与股价底背离发出的买入信号的准确性，投资者需要多个技术指标配合研判。

分析实例 博济医药（300404）——DIF线与股价底背离，行情见底

如图3-14所示为博济医药2018年11月至2019年5月的K线走势图。

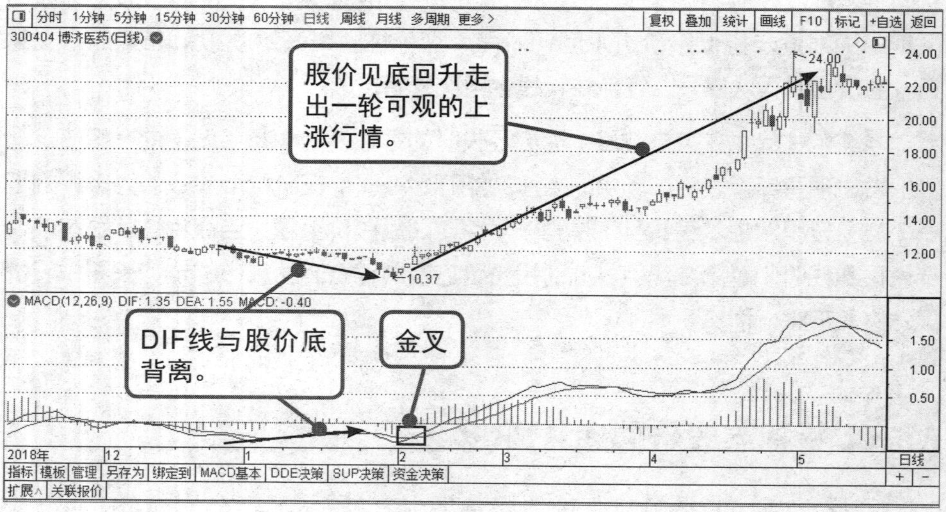

图3-14 博济医药2018年11月至2019年5月的K线走势图

从图中可以看到，该股在2019年2月之前，股价始终处于震荡下跌的行情

中，但是观察同期的DIF线，却发现其在2019年1月后没有随着股价的继续下跌而下跌，在整个1月，DIF线逆势出现止跌并向上运行的走势，与股价在低位形成明显的底背离形态。表示市场中上涨动能正在集聚，股价在后市可能迎来一轮上涨。

此时再观察这一阶段的MACD柱状线，发现其在0轴附近徘徊，说明多空双方力量在斗争，一旦某一方获胜，后市将随着进行相应的变化。

随后，该股在1月31日创出10.37元的低价后，股价以多根阳线拉升止跌，对应的DIF线从下向上穿破DEA线出现金叉，并逐步拉大间距，且MACD柱状线也变红，多个指标综合判断，行情已经见底，上升行情已经启动。果然后市在DIF线与股价发生底背离后不久，迎来一轮凶猛的上涨行情。

TIPS *DEA线与股价背离的操作说明*

虽然DEA线与股价背离的意义与DIF线与股价背离的意义基本一致。但投资者在运用DEA线与股价的背离来寻找买卖点时，应注意它与DIF线的两个不同之处，具体如下。

①背离形成周期较长，过程较慢。这也是由于DEA线是DIF线的移动平均线决定的，所以对于风险偏好型投资者，DIF线是更好的选择。对于风险厌恶型投资者，DEA线则是更好的选择。

②背离形成相对较少。在实战中经常出现DIF线与股价发生背离，同期的DEA线却很少与股价发生背离，这种情况多数是由市场中原趋势动能仍然强劲引起的。如果此时风险偏好型投资者进行了买卖，那么很可能会遭受损失。可见DEA线与股价的背离所发出的买卖信号更为可靠。

2.MACD柱状线与股价的底背离

MACD柱状线与股价的底背离是指当股价处于持续下跌中，股价连创新低，同时期MACD柱状线形成的波谷低谷值却逐渐升高。

当MACD柱状线与股价发生底背离，表明市场中的下跌动能开始减弱，在底背离结束后行情有反转的可能。

所以在底背离结束的最后一个波谷出现的“抽脚”，是第一买点，投资者可试探性少量买入；当绿色柱状线转换为红色柱状线时，是第二买点，投资者可进行加仓操作。

分析实例 景嘉微（300474）——MACD柱状线与股价底背离买入股票

如图3-15所示为景嘉微2018年11月至2019年3月的K线走势图。

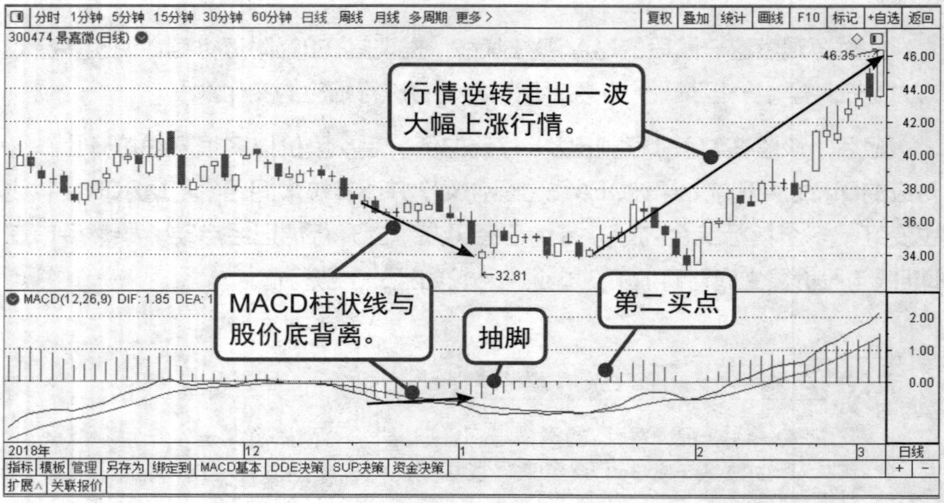

图3-15 景嘉微2018年11月至2019年3月的K线走势图

从图中可以看到，该股在2019年1月创出32.81元的最低价前，股价始终处于向下运行的趋势中。并且随着股价的持续下跌，MACD柱状线也不断缩小，最终在2018年12月上旬跌破0轴运行到0轴下方。

随后股价继续下跌，绿色柱状线则向下发散，在2018年12月20日形成第一波谷，低谷值为-0.55；随后股价短短几日的横向整理，绿柱状线向上收敛，但未能突破0轴便再次向下发散，在2019年1月4日形成第二波谷，低谷值为-0.52。

波谷值的逐渐升高与股价持续下跌形成底背离，表明市场中下跌动能开始衰弱，在波谷值为-0.52的下一个交易日里，发生了“抽脚”，是第一买点，投资者可少量建仓；当绿色柱状线在1月21日转换为红色柱状线时，是第二买点，投资者可进行加仓。

从后市的走势来看，虽然有过5连阴的回落调整，但是股价并未跌破前期的最低价，随后股价大幅拉升，短短一个月左右的时间，股价被快速拉升创出46.35元的高价，股价上涨了13.54元，涨幅超过41%。

3.3 经典的组合：七大形态

除了前面讲解的MACD指标的形态以外，在实战操作中，MACD指标还有许多形态，有些形态也具有非常重要的指导意义。下面就来介绍七种经典的MACD组合形态，供大家深入学习。

3.3.1 佛手向上形态

佛手向上是指DIF线上穿DEA线形成金叉后，随着股价的上涨继续向上运行并突破0轴，当股价遭到主力洗盘开始回调时，DIF线也向下靠拢DEA线，但最终都在0轴上方得到DEA线的支撑后继续向上运行。

佛手向上形态中的金叉既可能出现在0轴上方，也可能出现在0轴下方，不同位置的市场意义不同。

- 当佛手向上的金叉出现在0轴上方，表明当前市场是多头市场，佛手的出现表明回调行情的结束，后市继续上涨，投资者可以在DIF线拐头向上运行时买入该股，对于股价高位在0轴上方出现的佛手向上形态，投资者买入后只能短期持有，一旦行情发生见顶的形态，就要立即出局，切勿盲目追涨。
- 当佛手向上的金叉出现在0轴下方，表明当前市场虽然是空头市场，但空头市场开始转化为多头市场，即行情正处于上涨初期，投资者买入进场，风险大，但是回报也大，适用于风险投资者操作。

分析实例 中航善达（000043）——上涨途中佛手向上形态买入分析

如图3-16所示为中航善达2018年8月至2019年3月的K线走势图。

从图中可以看到，该股在2018年10月中旬创出5.68元的价格后企稳回升步入稳定的拉升行情，为了后市更好地进行拉升操作，主力在股价上涨到8.50元的价位线时开始洗盘计划，股价上涨受阻步入回调。在回调过程中，股价多次在7.50元的价位线受到支撑，说明该位置是重要的支撑位。

观察同时期的MACD指标，发现DIF线和DEA线均出现拐头向下运行，并在2019年1月两条曲线黏合在一起运行。

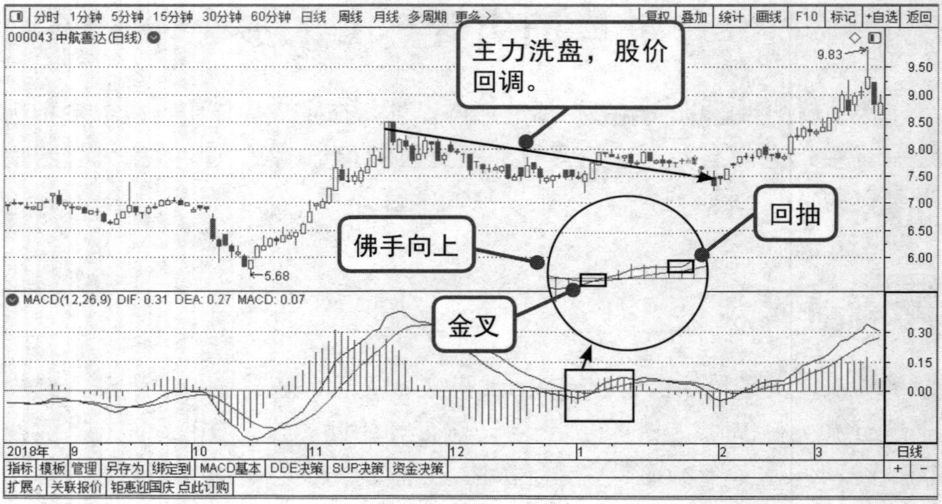

图3-16 中航善达2018年8月至2019年3月的K线走势图

在2月，DIF线下穿0轴但是很快拐头向上，在0轴附近与DEA线形成金叉后继续向上运行。随后股价短暂回抽，DIF线短暂向下靠拢DEA线，在回抽确认过程中，DIF线在0轴上方得到DEA线的支撑，然后DIF线再次向上运行，带动股价回升，此时形成典型的佛手向上形态，标志着股价回调结束，并继续上涨行情，发出的是可靠的买入信号，投资者此时可以逢低吸纳买入该股，持股待涨。

下面来看看该股后市的走势。

如图3-17所示为中航善达2019年1月至9月的K线走势图。

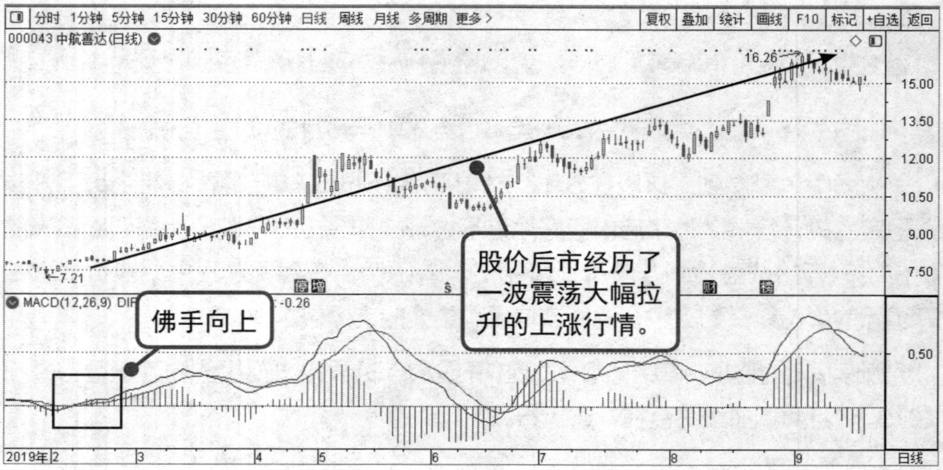

图3-17 中航善达2019年1月至9月的K线走势图

从图中可以看到，该股随后经历了一波大幅拉升的上涨行情，股价从最低的7.21元上涨到最高的16.26元，涨幅超过125%。如果投资者在佛手向上形态出现后及时逢低吸纳买入该股，持股一段时间后抛售，就可以获得不错的收益。

3.3.2

小鸭出水形态

小鸭出水形态是指DIF线在0轴下方向上穿DEA线形成金叉后，受到0轴的阻碍，没有上穿0轴或上穿0轴一点后又转头向下突破DEA线形成死叉，几个交易日后，DIF线再次上穿DEA线形成金叉。

小鸭出水的形态表明股价经过下跌之后已经处于底部，空方无力打压股价继续向下，股价接下来将出现一波上涨走势，投资者应将其看作见底回升的信号，在第二个交叉出现之后，积极买入。

需要说明的是，在小鸭出水形态中的第二个金叉出现前后，如果股价再次创下新低时，该形态甚至会演变为DIF线与股价的底背离形态，由此判断是加强了股价上涨动能的强度。

分析实例 泛海控股（000046）——下跌末期小鸭出水形态买入分析

如图3-18所示为泛海控股2018年12月至2019年4月的K线走势图。

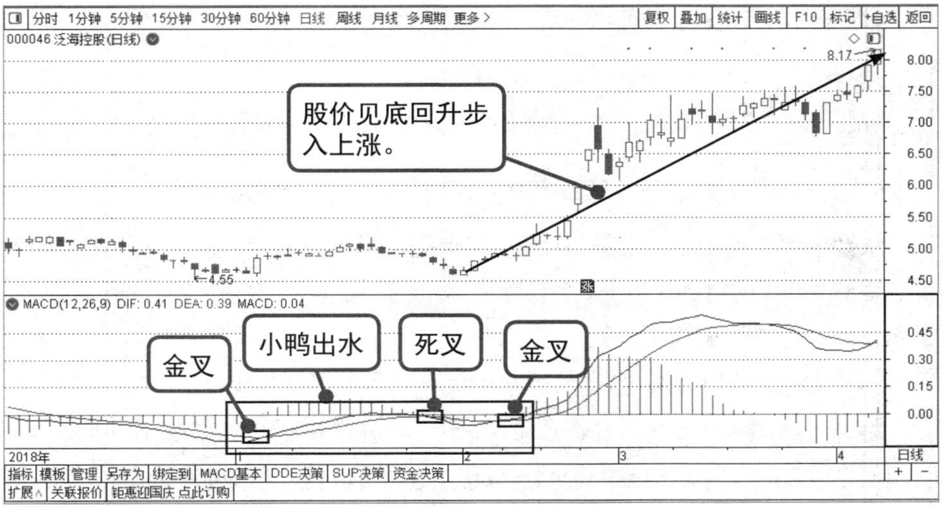

图3-18 泛海控股2018年12月至2019年4月的K线走势图

从图中可以看到，该股在2018年12月运行到大幅下跌的低价位区，创出4.55元的最低价，随后股价出现反弹行情，但是股价反弹在5.00元价位线受阻，于1月中旬继续下跌行情。

观察同期的MACD指标可以发现，随着反弹行情的出现，DIF线从下向上穿过DEA线形成金叉，随后DIF线和DEA线也持续向上运行，但是最终未穿破0轴，便在反弹结束继续下跌的同时拐头向下，并且DIF线从上向下穿破DEA线形成死叉。

死叉形成后，股价又进行了几个交易日的下跌后触底，此时股价已经跌无可跌，多方开始拉升股价，DIF线再次上穿DEA线形成金叉，形成典型的小鸭出水形态，而且此时的MACD柱状线也由绿色转变为红色，更加表明市场中的下跌动能已经衰弱，上涨动能重新集聚，后市股价将在多方的推动下不断上涨。

3.3.3 漫步青云形态

漫步青云形态是指DIF线在0轴上方与DEA线形成死叉后下穿0轴，随后在0轴或0轴上方与DEA线形成金叉。该形态通常出现在股价探底回升的上涨途中的盘整期，是主力利用震仓洗盘的手法清理浮筹，偶尔也会出现在股价的筑底期。

当出现该形态后呈现的都是股价上涨的趋势，发出的是买入信号，投资者见到这种形态可积极做多。

分析实例 欣旺达（300207）——上涨回调漫步青云形态买入分析

如图3-19所示为欣旺达2018年9月至2019年3月的K线走势图。

从图中可以看到，该股在2018年10月的6.94元见底后开启上涨行情，股价震荡上涨，DIF线与DEA线形成金叉后也逐步向上运行到0轴上方。股价第一波上涨在9.00元的价位线运行到阶段性的高位后受阻回落，DIF线向下跌破DEA线形成死叉，随着股价的向下调整，DIF线也跌破0轴并在其下方运行。

市场中的多方并不甘心股价继续下跌，在DIF下穿轴后的短短几个交易日就发起反击，DIF线拐头向上在0轴上穿DEA线形成金叉，形成明显的漫步青云形态，表明空头市场已经转化为多头市场，后市股价将在多方的拉升下快速上涨。

可见漫步青云形态是较为可靠的买入信号，投资者在实战中遇见该形态应果断地买入进场，等待股价上涨。

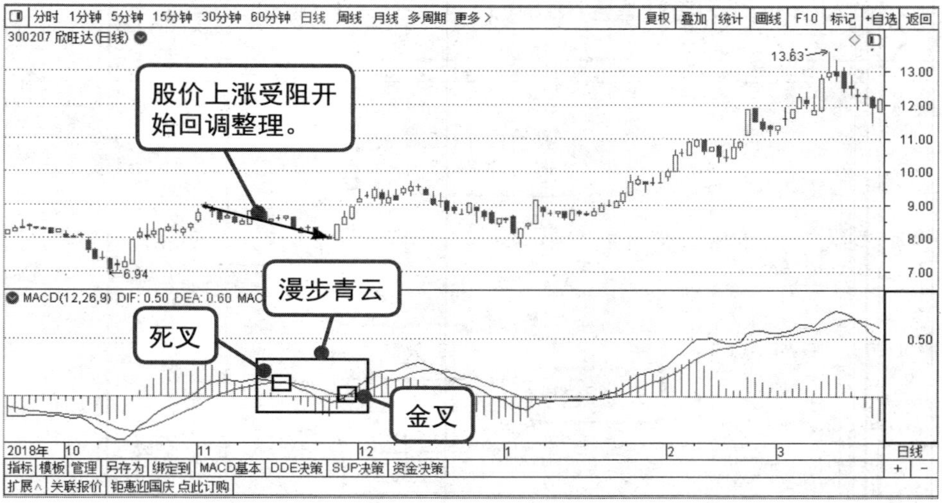

图3-19 欣旺达2018年9月至2019年3月的K线走势图

3.3.4 天鹅展翅形态

天鹅展翅形态是指DIF线在0轴下方与DEA线形成金叉，没有继续向上突破0轴，而是直接回调靠拢DEA线，同时MACD柱状线缩短，但DIF线没有跌破DEA线，而是再次反转向上，伴随着MACD柱状线的加长。

天鹅展翅形态通常出现在股价下跌至底部区域，空方手中筹码已经抛完，多方主力开始吸纳筹码进行建仓，当MACD红色MACD柱状线缩短后，出现再次加长时为较好的进场机会。而且当MACD两线靠拢的位置离0轴越近，发出的买入信号越可靠。

由于该形态多为底部形态，是价格下跌探底之后的主力建仓区，筹码相对比较集中，当主力拉升一波后，继续回调的概率较大，所以这种形态适合做波段，快进快出。

需要说明的是，天鹅展翅形态与金叉在0轴下方的佛手向上形态很相似，二者的明显区别是天鹅展翅是在0轴下方DIF线靠拢DEA线未破时拐头向上运行。而佛手向上是在0轴上方DIF线靠拢DEA线未破时拐头向上运行。

分析实例 首旅酒店（600258）——下跌底部天鹅展翅形态买入分析

如图3-20所示为首旅酒店2018年11月至2019年3月的K线走势图。

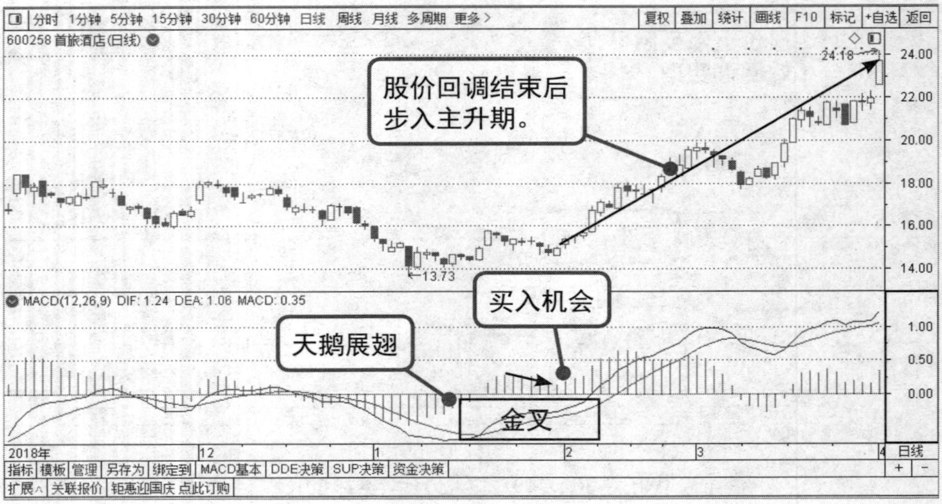

图3-20 首旅酒店2018年11月至2019年3月的K线走势图

从图中可以看到，该股大幅下跌后在2019年1月初运行到股价的低价位区，在创出13.73元的最低价后企稳。随着股价短暂的横向发展，DIF线在低位上穿DEA线形成金叉。

在1月中旬，股价在16.00元的价位线上涨受阻，DIF线没有继续与DEA拉开间距，而是向下靠拢DEA线，但仍未跌破，同时MACD红色柱状线也逐渐缩短，表明股价正处于回调阶段。

在2月初，DIF线得到DEA线支撑后继续向上运动形成天鹅展翅形态，表明短期回调的结束，MACD红色柱状线也逐渐发散变长，推动股价迅猛上涨，此时就是一个很好的买入机会，投资者可逢低吸纳，进入该股。

TIPS *天鹅展翅形态操作提示*

天鹅展翅形态是较为可靠的买入信号，但信号强度弱于小鸭出水形态。作为中线选股的MACD组合形态，天鹅展翅体现的是当天股票所处的位置，如果要爆发上涨，则必须要有成交量的配合。所以投资者运用天鹅展翅在实战中选股后，应耐心等到成交量放大之后再进行操作。

3.3.5
空中缆绳形态

空中缆绳形态是指DIF线先在0轴下方与DEA线形成金叉，然后随着股价的上涨在0轴上方运行一段时间，之后随着股价回调，DIF线也向下运行并与DEA线黏合，随后DIF线急速向上运行与向上的DEA线拉开间距。

当DIF线与DEA线分离时，也是多头发力的时候，意味股价后市将有一波强劲的上涨行情。

空中缆绳形态的出现多为股价在低档盘整和主力洗盘所为，股价在运行途中做短暂盘整后，仍然呈现强势上攻形态，因此投资者在看见该形态后，要积极做多。尤其在DIF线与DEA线黏合后的分离位置就是投资者逢低吸纳介入的好机会。

需要特别说明的是，在同一趋势下多次出现空中缆绳，此时发出的买入信号更为可靠。

分析实例 瀚蓝环境（600323）——低档盘整空中缆绳形态买入分析

如图3-21所示为瀚蓝环境2018年9月至2019年2月的K线走势图。

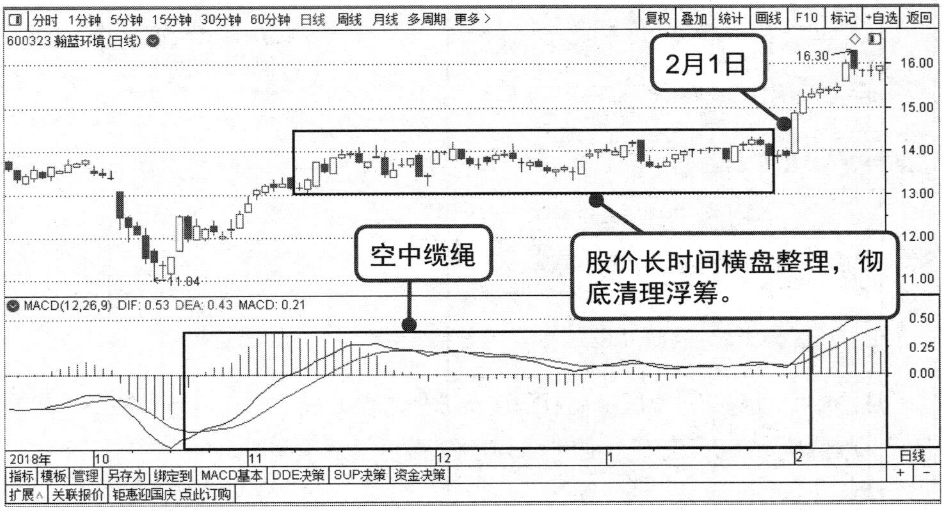

图3-21 瀚蓝环境2018年9月至2019年2月的K线走势图

从图中可以看到，该股在2018年10月初经历了一波快速下跌行情，股价被快速打压创出11.04元的新低。DIF线在0轴下方也同步快速向下运行并下穿DEA线形成死叉，随着股价的下跌，二者的间距越来越大。

随后股价企稳回升，DIF线拐头向上上穿DEA线形成金叉。金叉的形成表明市场中的空方力量得到充分释放，多方力量开始增强，并在后市逐渐占据上风。

金叉之后，股价开始回升，DIF线继续向上运行，并突破0轴，在0轴上方运行一段时间后与DEA线相互黏合在一起运行，整个黏合时间持续了两个多月的时间，表现在K线图中就是股价经历持续上涨后开始横盘发展，在长时间的横盘整理过程中充分释放浮筹。

在2019年2月1日，股价当日高开高走，以7.36%的涨幅大阳线报收拉高股价，DIF线快速向上运行与DEA线分离，形成空中缆绳形态。随着DIF线与DEA线重新分离，将开始新一轮上涨行情，此时为投资者买入的最佳时机。

如图3-22所示为瀚蓝环境2018年10月至2019年4月的K线走势图。

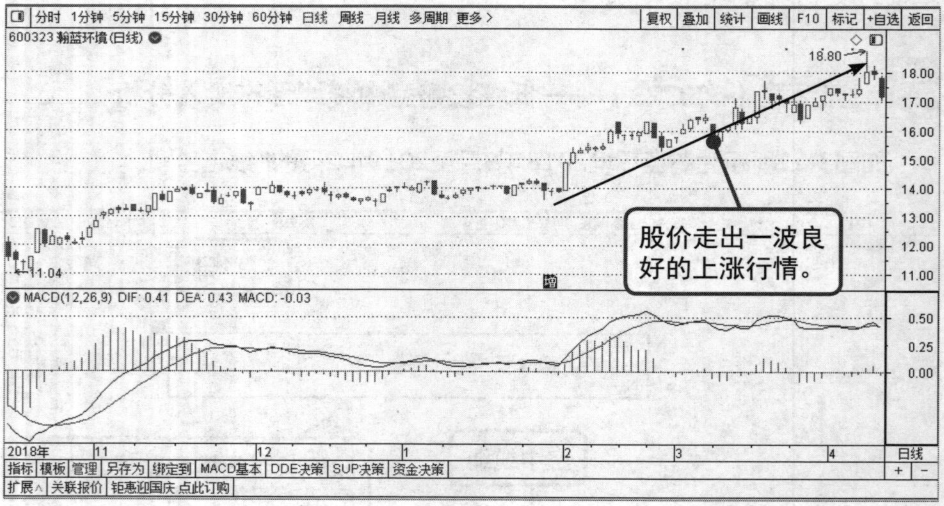

图3-22 瀚蓝环境2018年10月至2019年4月的K线走势图

从图中可以看到，该股随后经历了一波形态良好的上涨行情，短短两个月的时间，股价从14.00元左右上涨到18.80元的高价，涨幅超过34%。

3.3.6 空中缆车形态

空中缆车形态是指DIF线在0轴上方与DEA线形成死叉，随后两条曲线在0轴上方走势平缓，在几个交易日后DIF线上穿DEA线形成金叉。

空中缆车形态多出现在股价上涨过程中的盘整期，是主力洗盘提高控盘度的表现，为的是在后市能够更轻松地拉升股价。

但需要注意的是，在金叉形成时，一定要伴随成交量的放大，只有这样才是动力强劲的表现，预示着上升通道被打开，投资者此时才可以择机进入。

分析实例 粤泰股份（600393）——上涨途中空中缆车形态买入分析

如图3-23所示为粤泰股份2019年1月至6月的K线走势图。

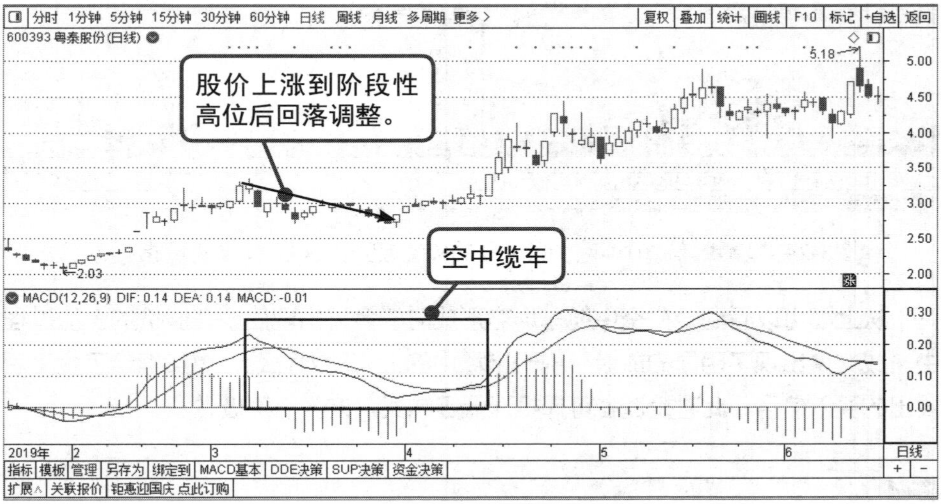

图3-23 粤泰股份2019年1月至6月的K线走势图

从图中可以看到，该股在2019年1月31日以2.03元探底，随后股价开始上涨行情。DIF线在0轴下方与DEA线形成金叉后双双运行到0轴上方，在上涨行情的第一次回调过程中，DIF线在3月上旬下穿DEA线形成死叉，带动股价继续向下调整。

在回调过程中，DIF线与DEA线跌势减缓，并且始终在0轴上方运行，在3月底，DIF线拐头向DEA线靠拢，并在4月上旬上穿DEA线形成金叉，形成明显的空中缆车形态。MACD绿色柱状线也缩短到极致转为红色柱状线。表明市场中的上涨动能强劲，股价后市的上涨也是顺理成章。

为了确认金叉出现后发出买入信号的准确度，下面加入对应的成交量进行综合判断，如图3-24所示。

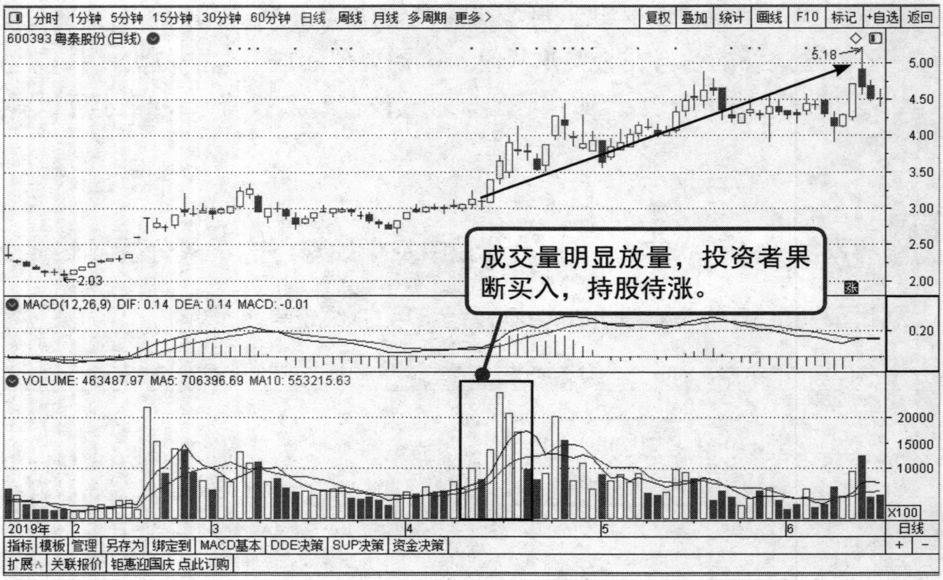

图3-24 粤泰股份2019年1月至6月的K线走势图（加入成交量指标）

从上图可以看到，在空中缆车形态形成时的金叉出现后，在股价的上涨过程中，成交量出现了明显的放量，说明市场中的上涨动力强劲，更加确定了金叉后发出的买入信号，此时投资者可择机逢低吸纳买入该股，积极做多。

3.3.7 海底电缆形态

海底电缆形态是指DIF线在0轴下方长时间运行（一个月以上），当DIF线在0轴下方与DEA线形成金叉后，两条线并没有表现强劲的向上运行的趋势，而是黏合在一起（也有的在金叉出现后两条线直接黏合在一起）。一旦DIF线与DEA线开始发散分离时，预示着股价将迎来一轮新的上涨行情。

海底电缆形态多出现在股价探底完成后的横盘时期或者较大幅度的调整期，它是空方手中筹码卖尽，多方开始介入的表现，发出股价见底回升，行情反转的信号，投资者此时应采取伺机进场的操作策略。

在实战操作中，为了提高海底电缆形态操作的可靠性，还需要注意以下几个技术特征。

- ◆股价出现较大幅度或长时间的调整之前，已经经历了一波反弹上涨行情，这是主力资金在低价位逐步建仓引发的股价上涨。
- ◆股价在调整的过程中，成交量最好是呈现持续萎缩状态，并且5日均线一直在30日均线下方运行。
- ◆MACD指标的DIF线与DEA线经过较长时间在0轴下方运行后开始慢慢黏合，形成“双线合一”的形态。黏合时间越长，表明主力的建仓越充分，后市快速拉升的可能性就越大。
- ◆MACD指标的DIF线与DEA线在0轴下方分离时，当日放量就是一个最佳买入机会。

分析实例 ST慧球（600556）——下跌末期海底电缆形态买入分析

如图3-25所示为ST慧球2018年5月至11月的K线走势图。

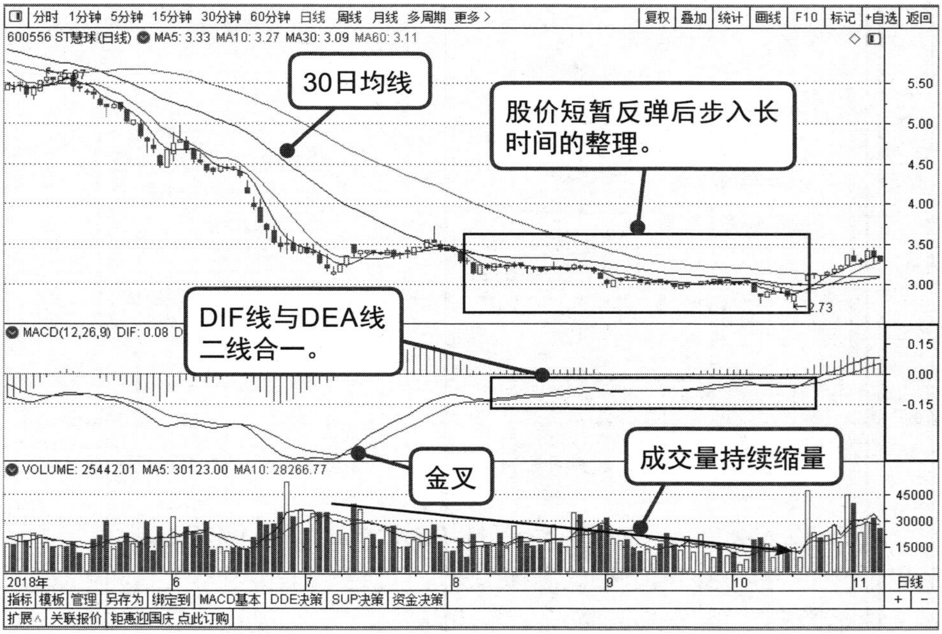

图3-25 ST慧球2018年5月至11月的K线走势图

从图中可以看到，该股在2018年7月前都是经历了一波大幅度的快速下跌行情，在7月初时跌速减缓，出现一段时间的反弹，但是反弹力度不大，很快又继续下跌，但是从跌速来看明显减缓，有横向整理的趋势。

观察同时期的MACD指标发现，在7月初，DIF线从在0轴下方与DEA线形成金叉，随后伴随反弹行情，DIF线和DEA线出现温和向上运行的趋势，但是随着反弹结束继续步入大幅度的调整时期，两条线聚合在一起，形成一条直线，整个聚合持续了近3个月的时间，非常符合海底电缆的形态。

再结合金叉位置出现后的成交量来看，无论是反弹行情还是后来的大幅度调整，整个成交量都出现持续的缩量形态，而且股价与5日均线交错在一起，始终在30日均线下方运行，这更加说明主力吸筹充分，后市可期。投资者可逢低吸纳跟庄入市。

在2018年10月底，股价创出2.73元的低价后出现上涨，此时DIF线也快速上穿到0轴上方，与DEA线分离，说明上涨行情已经启动。

如图3-26所示为ST慧球2018年10月至2019年4月的K线走势图。

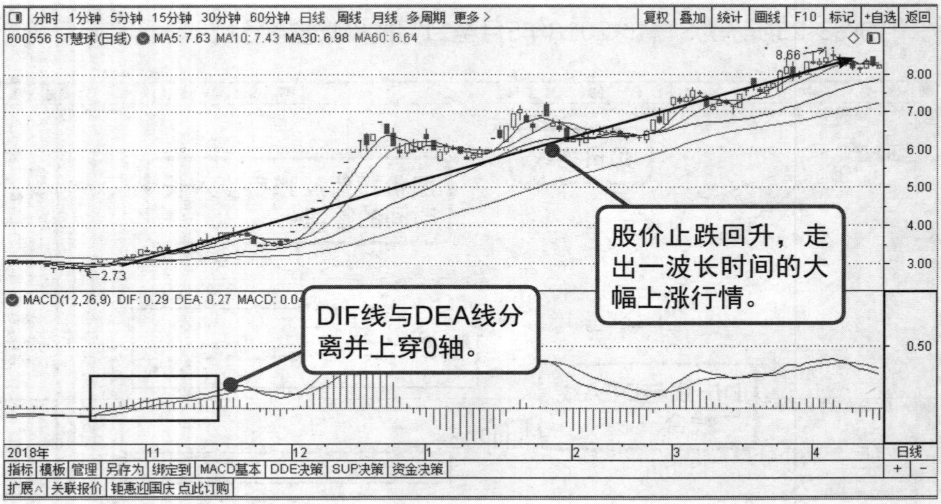

图3-26 ST慧球2018年10月至2019年4月的K线走势图

从图中可以看到，该股在DIF线与DEA线分离后，DEA线也紧跟DIF线上穿到0轴上方，随后始终在0轴上方波动变化，而且整个股价也经历了一波长时间的大幅上涨行情，从最低的2.73元上涨到最高的8.66元，股价上涨了5.93元，涨幅超过217%。

投资者在实战分析中一旦判定海底电缆的形成，并进行买入之后，一定要耐心持有，因为海底电缆从形成到DIF线与DEA线分离是长期的过程，尤其是二线合一长时间的持续后，长期持有后带来的往往是高回报。

由MACD主导的实战技巧

MACD指标作为“指标之王”，它的应用范围不仅仅是单个指标的背离、交叉等。还有一些由MACD指标主导的实战技巧，例如用MACD识别股价趋势顶部或底部，用MACD指标的三离三靠分析买卖点等。

4.1 用MACD识别趋势顶部或底部

任何投资者投资股市都希望在顶部及时出货，在底部早早入场，从而实现投资收益的最大化。因此，判断顶部和底部是每个股市投资者都希望掌握的技巧。虽然MACD也无法准确地研判出顶部和底部的具体时间点，但是如果运用得当，可以研判出最接近顶部和底部的最佳位置。

4.1.1 巧用MACD识别股价顶部

顶部意味着上涨行情即将结束，下跌行情即将来临，如果投资者不及时在顶部出货，那么就将失去前期的投资收益，严重的还会被套牢。下面就来介绍如何用MACD巧妙识别股价顶部的方法。

1. 日周期和3日周期的MACD柱状线萎缩共振

K线图中有不同的周期，默认情况下是日周期，即日K线图。而3日周期K线图则是以连续3个交易日的第一日的开盘作为开盘价，第三日的收盘为收盘价，3天的最高价和最低价来绘制的K线图（有关K线图的详细内容将在本书的第6章进行详细介绍）。

了解了日K线图和3日K线图后，如何运用这两个周期的MACD柱状线来识别股价的顶部呢？其具体的操作必须满足如下两个要点。

- ◆在日K线图中，股价在大幅上涨后，MACD柱状线在0轴上方不断发散远离0轴，随后出现萎缩。
- ◆在3日K线图中，同期的MACD柱状线也出现萎缩。

当某段走势同时满足如上两个条件后，就表示日周期和3日周期的MACD柱状线萎缩共振，说明股价顶部已经形成，此时投资者就应该及时卖出股票，落袋为安。

分析实例 中集集团（000039）——日线和3日线MACD柱状线萎缩共振卖出

如图4-1所示为中集集团2018年12月至2019年4月的日K线走势图。

从图中可以看到，该股前期表现大幅上涨的行情，在2019年4月4日创出16.31元的高价后连续几个交易日出现下降走势。

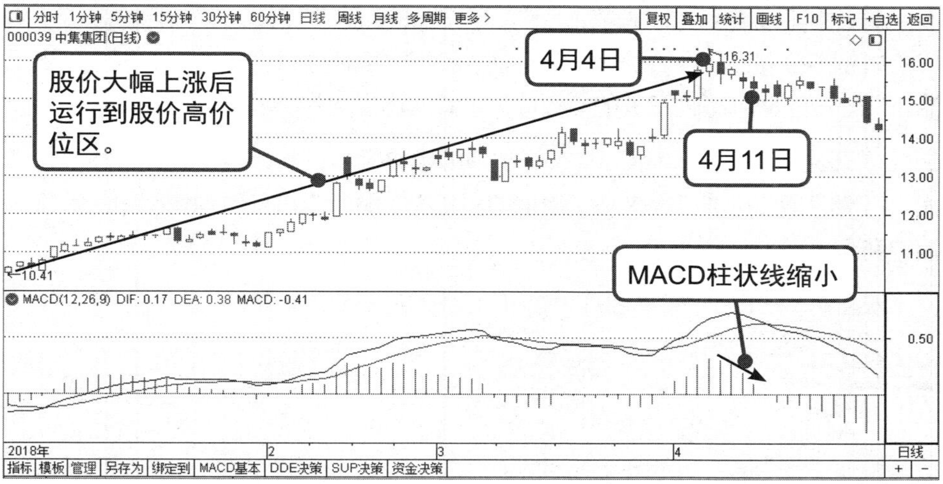

图4-1　中集集团2018年12月至2019年4月的日K线走势图

观察同期的MACD指标可以发现，DIF线和DEA线在2018年12月底上穿0轴后，始终在0轴上方波动变化，在4月初股价快速拉高创出16.31元高价的过程中，MACD柱状线在0轴上方不断发散放大远离0轴，但是随后MACD柱状线却出现了明显的缩小，并在4月11日缩小到与0轴很接近的地方。

投资者在面对这种走势时要保持高度警惕，同时调出3日K线图来分析同时期的MACD柱状线的变化。如图4-2所示为中集集团2018年12月至2019年5月的3日K线走势图。

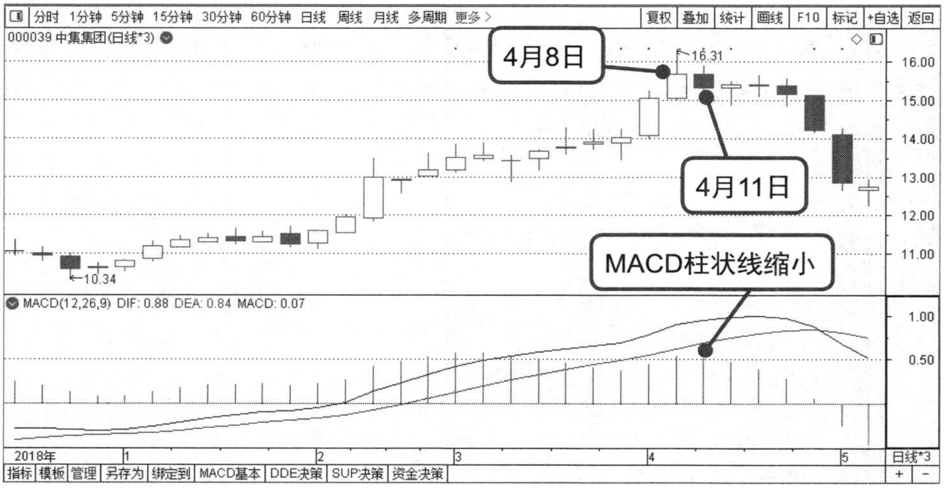

图4-2　中集集团2018年12月至2019年5月的3日K线走势图

从图中可以看到，该股在2019年4月8日的3日K线创出16.31元的高价，对应的MACD柱状线的参数值为0.56，次3日K线（即4月11日）为阴线报收，出现滞涨，对应的MACD柱状线的参数值为0.52，出现相对的缩小。

与同期日K线图的MACD柱状线出现缩小共振，说明该股走弱的可能性非常大，行情的顶部可能已经来临，谨慎的投资者此时就应该及时抛售手中的筹码，锁定利润。

如图4-3所示为中集集团2019年4月至9月的日K线走势图。

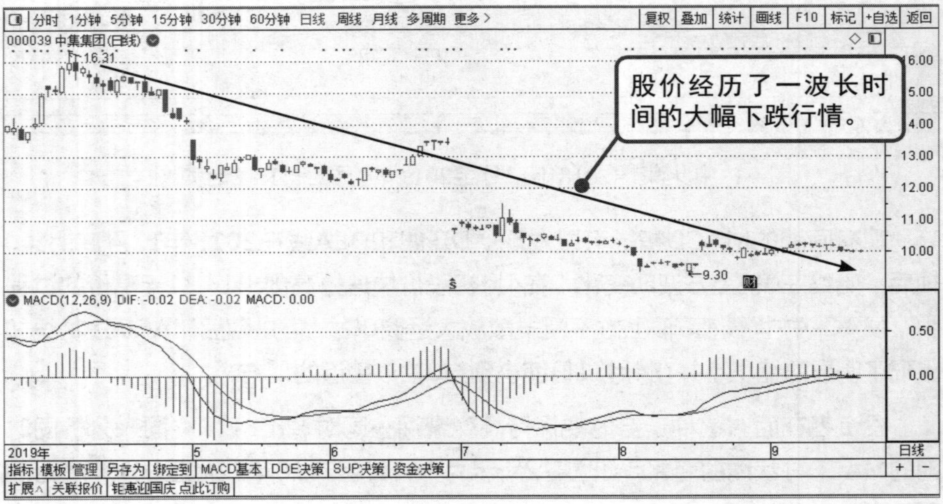

图4-3 中集集团2019年4月至9月的日K线走势图

从图中可以看到，该股随后果然步入下跌，而且整个下跌周期非常长，整整持续了近半年，从最高的16.31元下跌到最低的9.30元，股价跌幅超过42%。如果投资者没有识别出顶部，没有及时清仓，将遭受损失。

TIPS *如何添加并切换到3日K线图*

默认情况下没有3日周期的K线图，需要用户自行设置。一般的炒股软件，软件周期的设置都可以通过系统设置来完成。例如在通达信炒股软件中，在窗口顶部的周期更换栏中单击“更多”标签按钮，在弹出的下拉列表中选择“周期设置”命令（或者直接按【Ctrl+D】组合键），在打开的“系统设置”对话框的“周期”选项卡中保持“基本分析周期”为“日线”，在“分析周期倍数”文本框中输入“3”，在“分析周期名称”文本框中设置创建的周期名称，单击“增加周期”按钮和“确定”按钮即可，如图4-4所示。

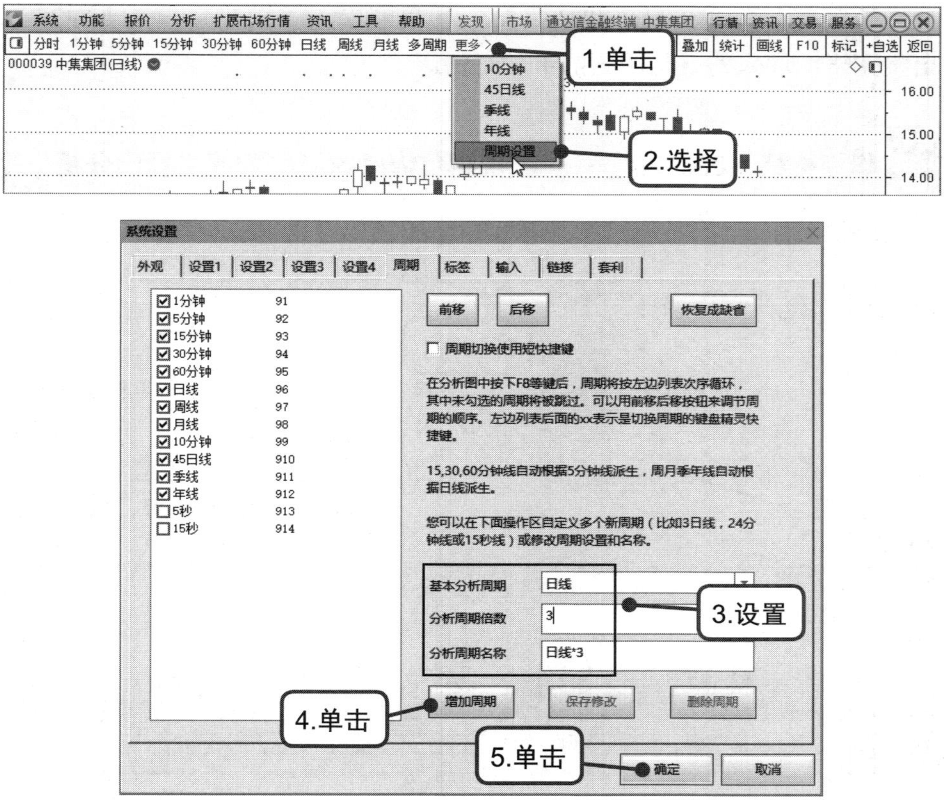

图4-4　创建周期

2.股价高位滞涨，MACD死叉

“股价高位滞涨，MACD死叉”从字面意思可以发现该操作策略要注意两点，一是股价高位滞涨，二是MACD指标出现死叉。这两个操作要点的具体说明如下。

◆ 股价大幅上涨到高价位区后在高价位区出现横盘整理的滞涨行情，在整个整理过程中，股价都没有有效跌破重要支撑位。

◆ 同时期的MACD指标，DIF线拐头向下运行，并且在0轴上方下穿DEA线形成死叉。

当投资者遇到这种情形时应该保持高度警惕，并做好随时撤离该股的准备。

尤其在整个横盘期间，当成交量没有明显的放大或者缩小，呈现出一种相对均匀的变化，这更加说明了主力在边控制股价边高位出货，是一种比较隐蔽的出货手段，投资者都应该果断卖出。因为一旦主力在高位出货完毕，迎来的就是凶猛的下跌行情。

分析实例 华控赛格（000068）——股价高位横盘时MACD死叉卖出分析

如图4-5所示为华控赛格2018年10月至2019年4月的K线走势图。

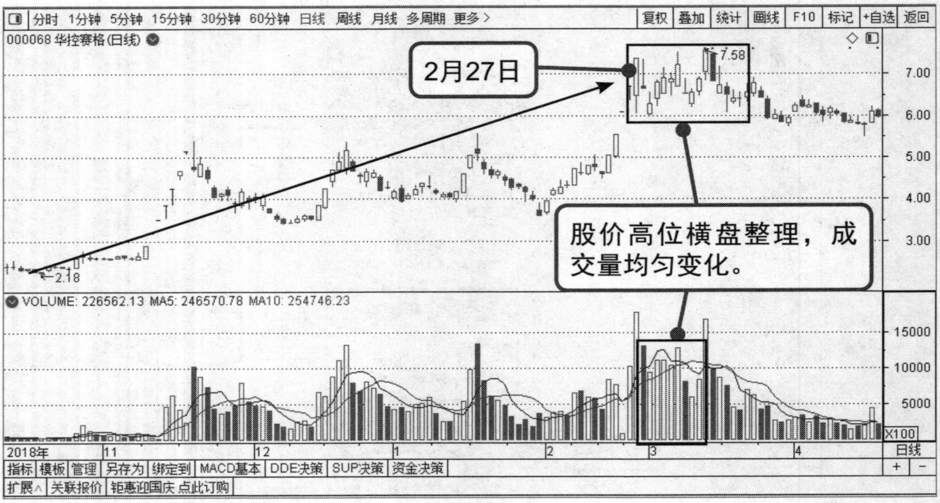

图4-5 华控赛格2018年10月至2019年4月的K线走势图

从图中可以看到，该股2018年10月下旬在2.18元的价位止跌后开始出现上涨，从11月中旬开始，股价的走势呈现拉升回调的震荡行情，成交量整体也呈现均匀变化，拉升时均匀放大，回调时均匀缩小，且放大的高位和缩小的低位都基本相同。

在2019年2月27日，股价低开后大幅度震荡变化，在尾盘放巨量拉高股价打到涨停，当日以涨停板收出带长下影线的大阳线，成交量达到有史以来的最大，但是随后股价却出现涨势减缓的形态，并始终受到6.00元价位线的有效支撑，而成交量也相对前期的拉升阶段来说没有明显的放大和缩小，始终保持在一定的高度均匀变化。

而且股价也创出有史以来的最高价7.58元。相对于上涨初期的2.18元而言，上涨了5.40元，涨幅接近250%，可谓巨大的上涨幅度。此时股价在高位横盘滞涨，行情可能见顶。

下面观察同时期的MACD指标，如图4-6所示为华控赛格2018年12月至2019年9月的K线走势图。

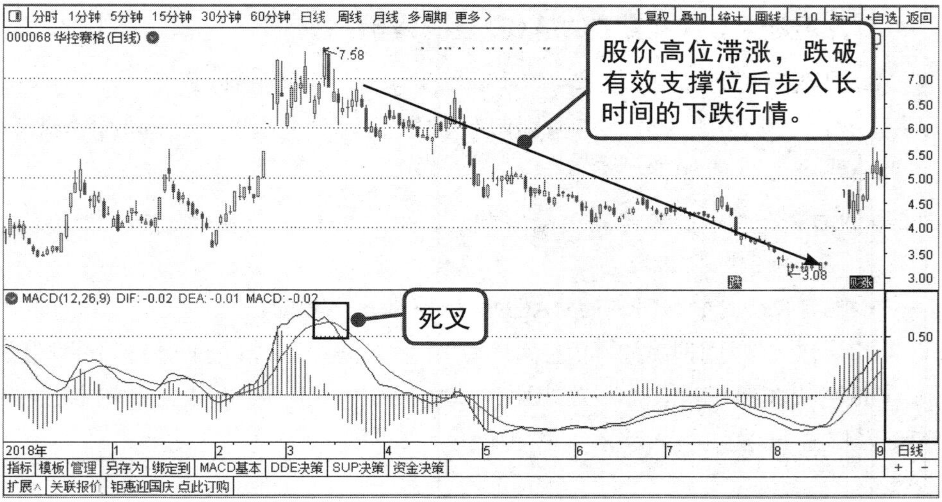

图4-6 华控赛格2018年12月至2019年9月的K线走势图

从图中可以看到，该股在2019年2月拉升的过程中，MACD柱状线持续发散，并在2月27日达到最大值，DIF线也在DEA线上方快速上升，并且与DEA之间的距离越来越大。

但是随着股价在高位出现滞涨后，MACD柱状线呈现明显的缩小状态，尤其在该股创出7.58元的最高价后，MACD柱状线几乎缩小到0轴位置，并且DIF线也从上方向下下穿DEA线在0轴上方形成死叉，更加说明了此时行情的弱势，主力正在高位隐蔽出货，此时投资者要及时出货。

从后市的走势来看，股价在高位并没有横盘多久便跌破有效支撑位，步入长期的下跌行情中。可见，高位股价横盘滞涨，MACD死叉发出的卖出信号可靠性很高，投资者一定要准确识别并在高位谨慎操作，否则投资将损失惨重。

4.1.2

巧用MACD识别股价底部

底部意味着下跌行情结束，上涨行情即将来临，如果投资者没有找准底部，则会出现过早买入担心买入后股价没有到底，过迟买入又担心投入成本高的情况。所以识别股价底部对投资者而言，非常重要，它直接关系到此次投资收益的问题。下面就来介绍如何用MACD巧妙识别股价底部的方法。

1.日周期和3日周期的MACD柱状线萎缩共振

与识别股价顶部相同，我们也可以利用日周期和3日周期K线图中的MACD柱状线萎缩共振来判识别股价的底部，其具体的操作同样需要满足两个要点，具体如下。

- ◆在日K线图中，股价在大幅下跌后，MACD柱状线在0轴下方不断发散远离0轴，随后出现萎缩。
- ◆在3日K线图中，同期的MACD柱状线也出现萎缩。

当某段走势同时满足如上两个条件后，就表示日周期和3日周期的MACD柱状线萎缩在0轴下方共振，说明股价底部已经形成，此时投资者应该及时逢低吸纳买入该股，积极做多。

分析实例 **华侨城A（000069）——日线和3日线MACD柱状线萎缩共振买入**

如图4-7所示为华侨城A在2018年6月至11月的K线走势图。

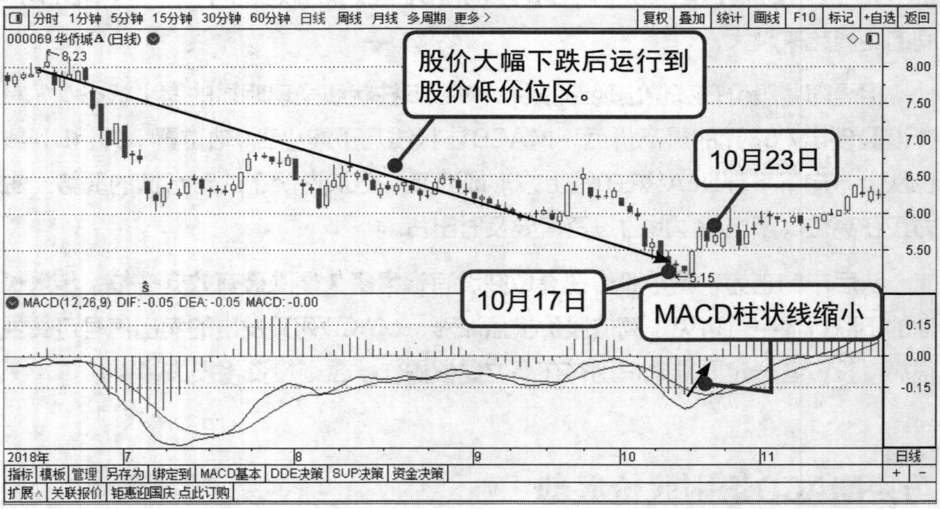

图4-7 华侨城A在2018年6月至11月的K线走势图

从图中可以看到，该股前期大幅下跌，并在2018年10月17日创出5.15元的低价后止跌，在低位短短停留了两个交易日后便开始反转上涨。

观察同期的MACD指标可以发现，DIF线和DEA线在股价创出最低价的之前这段时间内容，始终在0轴下方波动变化。

随着股价在10月初快速下跌后，MACD柱状线在0轴下方不断发散放大远离0轴，并在10月17日创出最低价当天达到最长。随后MACD柱状线出现了明显的缩小，并在10月23日缩小到与0轴很接近的地方。

投资者在面对这种走势时要密切关注，并调出3日K线图来分析同时期的MACD柱状线的变化。如图4-8所示为华侨城A在2018年7月至2019年2月的3日K线走势图。

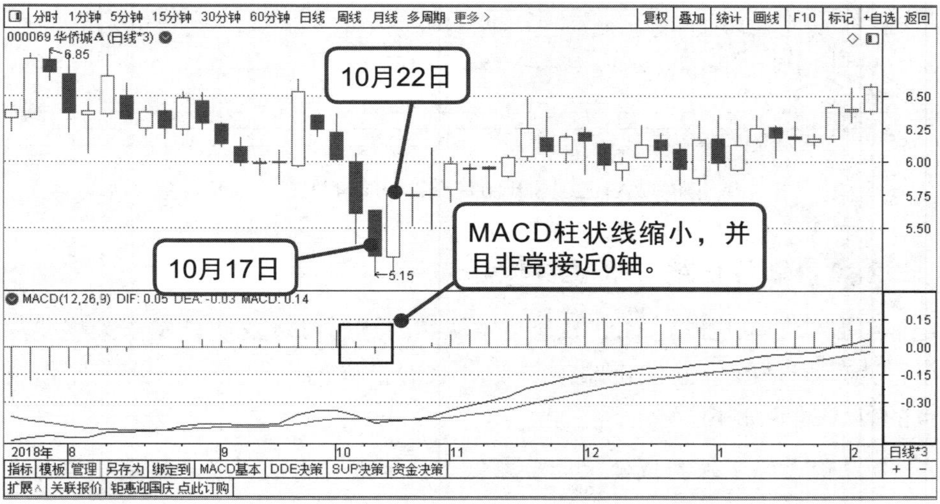

图4-8 华侨城A在2018年7月至2019年2月的3日K线走势图

从图中可以看到，该股在2018年10月17日的3日K线创出5.15元的最低价时，对应的MACD柱状线的参数值为0.04，次3日K线（即10月22日）为大阳线报收，股价出现止跌，对应的MACD柱状线的参数值为0.02，出现相对的缩小。

与同期日K线图的MACD柱状线出现缩小共振，而且3日K线对应的MACD绿色柱状线几乎都接近0轴，说明该市场中做空势能衰竭，后市上涨的可能性非常大，行情的底部可能已经来临，投资者此时就应该及时逢低吸纳，跟庄买入。

如图4-9所示为华侨城A在2018年10月至2019年4月的K线走势图。

从图中可以看到，该股随后果然反转上涨，而且整个上涨行情持续了近半年的时间，从最低的5.15元上涨到最高的9.14元，股价涨幅超过77%。

如果投资者准确识别出了底部，就可以在最低价买入，最大限度地降低成本，让投资收益最大化。

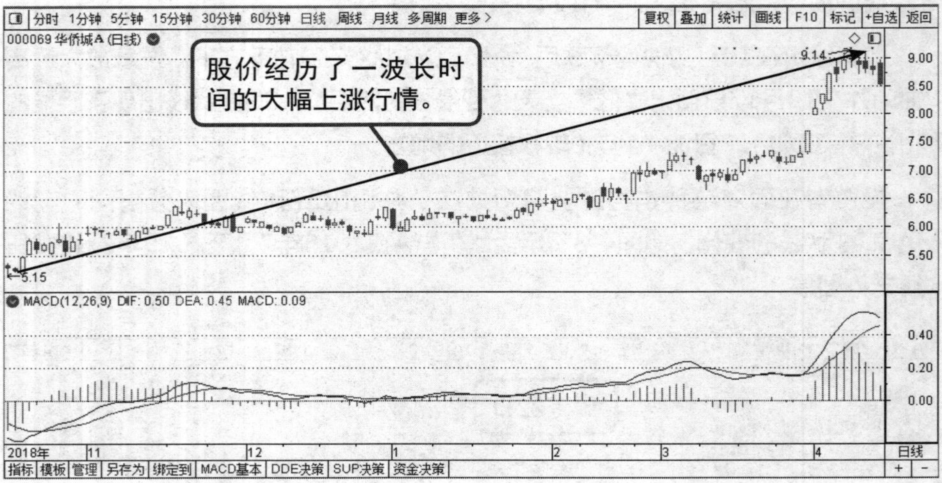

图4-9 华侨城A在2018年10月至2019年4月的K线走势图

2.股价低位止跌，MACD金叉

“股价低位止跌，MACD金叉”从字面意思可以发现该操作策略要注意两点，一是股价低位止跌，二是MACD指标出现金叉。这两个操作要点的具体说明如下。

- ◆股价大幅下跌到低价位区后在低价位区出现止跌，股价横盘整理，在整个整理过程中，股价都没有有效突破重要阻力位。
- ◆同时期的MACD指标，DIF线拐头向上运行，并且在0轴下方上穿DEA线形成金叉。

当投资者遇到这种情形时都应该引起注意，并密切关注该股随后的走势，做好买入的准备。

尤其在整个横盘期间，当成交量出现逐渐温和的放量，这更加说明主力在边控制股价边吸收筹码，是一种比较隐蔽的建仓手段，投资者此时也应积极做多，跟庄买进，以免错过最佳买入时机。虽然后面也会有买入机会，但是投资成本相对而言就会高一些了。

分析实例 中联重科（000157）——股价低位横盘时MACD金叉买入分析

如图4-10所示为中联重科2018年6月至10月的K线走势图。

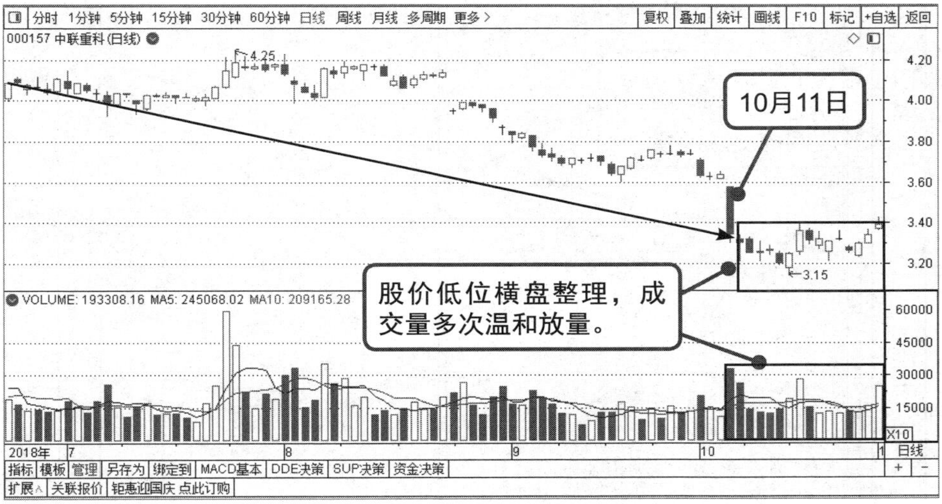

图4-10 中联重科2018年6月至10月的K线走势图

从图中可以看到，该股大幅下跌后在2018年9月运行到低价位区域，在10月11日股价跳空低开低走，当日以8.24%的跌幅收出大阴线对股价进行凶猛的打压，让场外资金误认为后市还会继续下跌。

随后该股跌势减缓，并在3~3.5元的价格区间窄幅横盘整理，在整个横盘整理过程中，大部分时间的成交量表现相对均匀的变化，只是偶尔的几次出现温和的放量。

在大幅下跌的低价位区出现横盘整理温和放量的行情，说明股价跌势已尽，行情可能见底。

下面观察同时期的MACD指标，如图4-11所示为中联重科2018年10月至2019年8月的K线走势图。

从图中可以看到，该股在2018年10月11日收出大阴线后，MACD柱状线也由红色变为绿色，并在随后的走势中持续发散，DIF线下穿DEA线形成死叉，并在其下方逐渐远离DEA线。

但是在10月19日创出3.15元的低价后，MACD柱状线开始逐步缩小，DIF线也拐头向DEA线靠拢，并上穿DEA线形成金叉，此时的MACD柱状线已经从0轴下方运行到0轴上方变为红色，更加说明了此时市场中的做空势能衰竭，而做多势能正在逐步加强，主力正在低位隐蔽建仓，此时投资者要及时逢低吸纳，买入该股持股待涨。

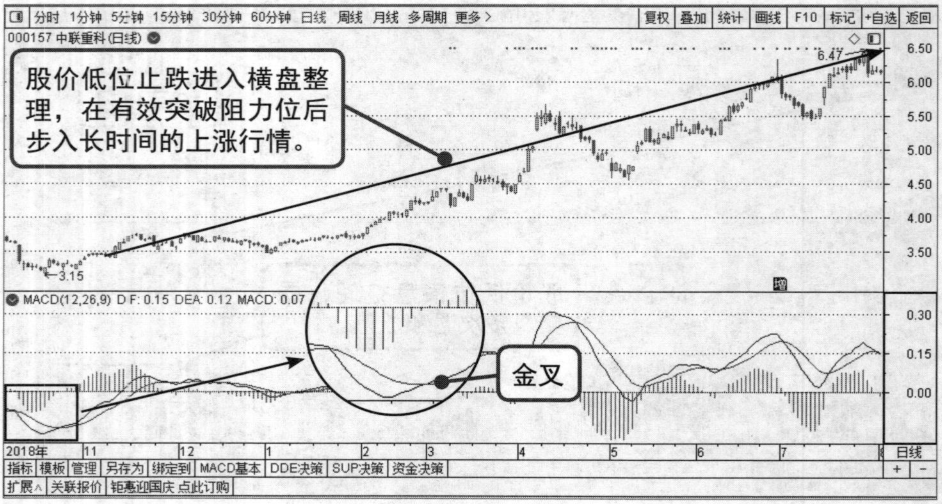

图4-11 中联重科2018年10月至2019年8月的K线走势图

从后市的走势来看，股价在低位区域并没有横盘多久便突破有效阻力位，步入长期的上涨行情中。可见，低位股价横盘止跌，MACD金叉发出的买入信号的可靠性很高，投资者一定要准确识别并积极跟庄介入，在最低价买入。

4.2 三离三靠组合的应用

三离三靠组合是指在MACD指标中的DIF线在一段行情内3次离开3次靠近DEA线的一种组合形态。这种形态又分为DIF线在DEA线下方的三离三靠、DIF线在DEA线上方的三离三靠和股价与DIF线相背离的三离三靠。这3种形态都能给投资者提供可靠的买卖信号，投资者据此进行操作，一般都能获利。

4.2.1 DIF线在DEA线下方的三离三靠

DIF线处在DEA下方的三离三靠从字面意思理解，就是DIF线在下，DEA线在上，两者同时由上向下运行，在运行过程中，DIF线三次离开又三次靠拢DEA线。该形态的特征如下。

- DIF线应始终保持在DEA线下方，只有当DIF线在三靠的某一次靠拢中才能上穿DEA线，到达DEA线上方，且停留时间不应过长。

◆ 因为DIF线处在DEA线下方的三离三靠多出现于下跌行情中，所以三靠三离应呈下降排列，即第2离和第2靠应低于第1离和第1靠，第3离和第3靠应低于第2离和第2靠。在特殊情况下，第3离和第3靠有时会与第2离和第2靠处在同一水平线上，甚至略高于第2离和第2靠。

DIF线在DEA线下方的三离三靠组合应用法则如表4-1所示。

表 4-1

应用法则	解释
第 1 离和第 2 离出现时，应观望，不进行买卖操作	在下降行情中，第 1 离和第 2 离调整之后，股价仍处在相对高位，后市反弹幅度不会太大，所以没有买入做差价的必要。不卖出是因为在第 1 离和第 2 离调整后多会出现反弹行情，在反弹中卖出能增加收益
第 1 靠和第 2 靠出现时，应进行卖出操作	DIF 线第 1 次和第 2 次靠拢 DEA 线，都是反弹行情结束的信号，此时股价已经处于相对高位，应及时卖出获利，以避免后市下跌的风险
第 3 离和第 3 靠出现时，应进行买入操作	经过三轮下跌之后，股价已经处于相对低位，持币者认为做多时机成熟，开始吸纳筹码，带动股价回升。而第 3 靠是空方市场向多方市场转化的拐点，所以在第 3 离和第 3 靠买入是风险较小的操作

分析实例 建投能源（000600）——DIF线在DEA线下方三离三靠买卖分析

如图4-12所示为建投能源2018年5月至11月的K线走势图。

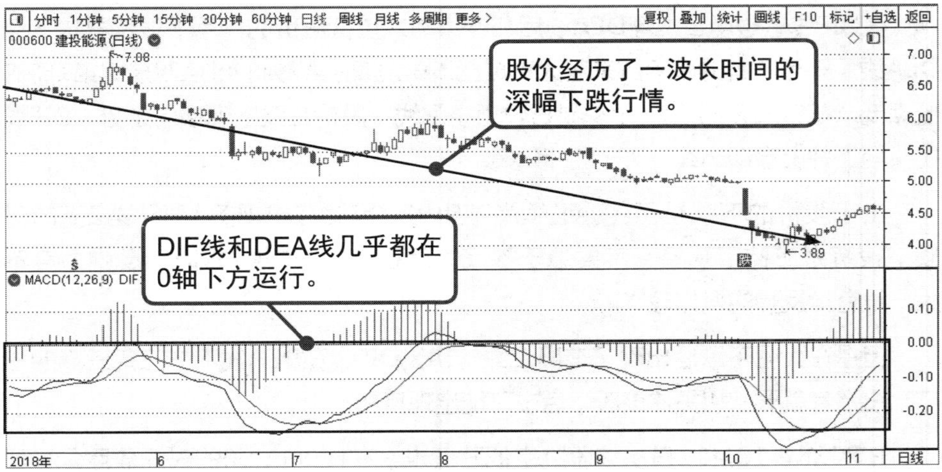

图4-12 建投能源2018年5月至11月的K线走势图

从图中可以看到，该股在大幅下跌行情中，DIF线和DEA线几乎都在0轴下方运行，表明市场中的做空气氛浓厚。但是在下跌过程中，DIF线走出波谷一波比一波低的形态，与DEA线形成明显的三离三靠形态。下面具体来分析。

如图4-13所示为建投能源2018年8月至11月的K线走势图。

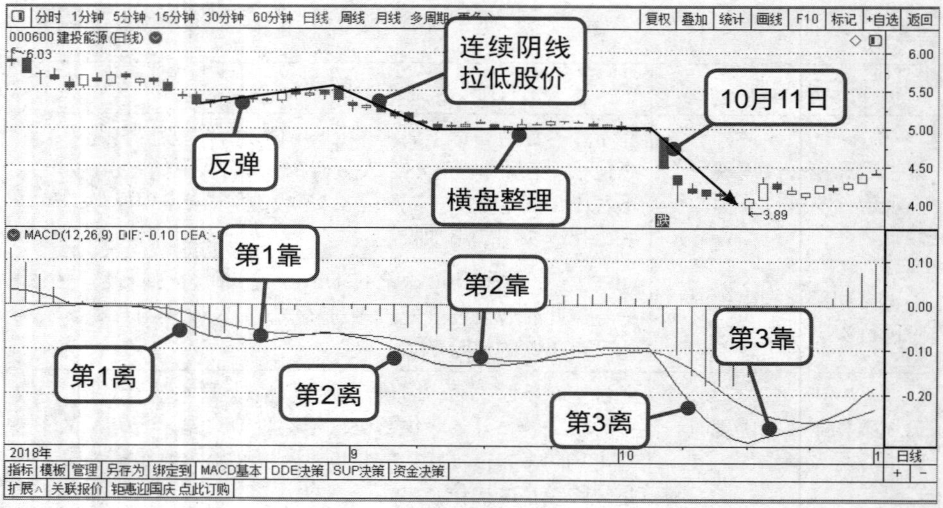

图4-13 建投能源2018年8月至11月的K线走势图

从图中可以看到，在2018年7月出现一波反弹，随着反弹行情的结束，DIF线在8月份拐头向下下穿DEA线并发散，形成了第1离。随后股价在8月20日左右企稳反弹，DIF线拐头向上靠拢DEA线形成第1靠。

在DIF线短短两日上穿DEA线后在连续阴线拉低股价的作用下很快再次下穿DEA线，并且二者的距离越来越大形成第2离，此时第2离的低点明显比第1离的低点低。在9月12日连续3个交易日收出小阳线，股价止跌出现横向走势，DIF线拐头向上并上穿DEA线 ，形成了第2靠。

由于股价的下跌是否还会继续尚不明确，因此在出现第1离和第2离的时候，投资者应持币观望，不要急于抄底。而在第1靠和第2靠时，反弹力度不大，没有抢反弹的操作意义。

但是在大幅下跌后出现了二离二靠，初见DIF线在DEA线下方三离三靠的形态，投资者就要密切关注该股，后市可能出现反转。

在2018年10月11日，该股跳空低开低走，在接近11:00的时间放巨量拉低股价创出跌停价，当日股价以跌停盘收出大阴线，DIF线快速跌破DEA线，并在随后的连续阴线作用下发散与DEA线拉开距离，形成第3离，此时为股价的最后一跌，激进的投资者可以在此时逢低吸纳买入该股。

在2018年10月19日，股价创出3.89元的最低价后止跌，随后股价开始回升，DIF线也拐头向上靠拢DEA线，形成第3靠。伴随股价的上升，DIF线继续上穿DEA线形成金叉，且MACD柱状线也在0轴上方不断发散，说明行情见底，在第3靠时，稳健的投资者也可以逢低吸纳，积极买入做多。

如图4-14所示为建投能源2018年7月至2019年4月的K线走势图。

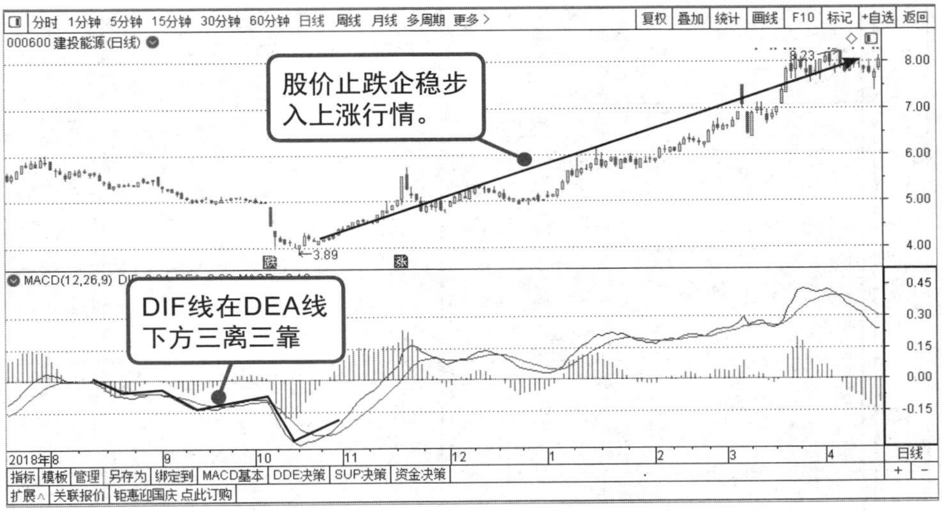

图4-14　建投能源2018年7月至2019年4月的K线走势图

从图中可以看到，在下跌行情中，DIF线在DEA线下方三离三靠后，该股企稳回升，走出一波可观的上涨行情，由此可以判断此时的三离三靠的第3离和第3靠均是最佳的买入时机。

但是需要注意的是，投资者在运用DIF线处于DEA线下方的三离三靠组合判断买卖点时，应注意不能跨趋势使用三离三靠，即三离三靠只能出现在一个下跌趋势中。

4.2.2 DIF线在DEA线上方的三离三靠

DIF线处在DEA线上方的三离三靠是指在上升行情中，DIF线三次离开和三次靠拢DEA线的组合形态。该组合的特征如下。

◆DIF线始终处于DEA线的上方，即使在靠拢时，DIF线跌破DEA线在其下方运行，停留时间也不应过长。

◆DIF离开和靠拢DEA线的位置，应根据MACD红色柱状线的长短进行确定。红色柱状线最长的第二个交易日就是离开的位置；红色柱状线最短的第二个交易日就是靠拢的位置。

◆DIF线处在DEA线上方的三离三靠多出现在上涨行情中，所以三离三靠应呈上升排列。

DIF线处在DEA线上方的三离三靠应用法则如表4-2所示。

表 4-2

应用法则	解释
第 1 离、第 2 离、第 3 离出现时应卖出股票	在上涨行情中，第 1 离、第 2 离和第 3 离对应第一主升浪、第二主升浪和第三主升浪的波峰位置，意味着股价已经处于波段峰值区域，紧接着行情便会回调。所以在波峰处卖出股票获取收益是最安全的做法
第 1 靠和第 2 靠出现时应买进股票	在上涨行情，DIF 线靠拢 DEA 线时，表明向下回调行情的结束，股价紧接着便会继续上涨，所以在此波谷区域买入股票，是降低持有成本的有效做法
第 3 靠出现时应卖出股票	经过三轮上涨之后，股价已经处于近期高位，不久之后就会重新选择方向，下跌的可能极大。所以在第 3 靠时，应在高位将股票卖出，如若不然，后市定会损失惨重

需要特别说明的是，在一段上升行情中，有时候会出现两组或两组以上的DIF线在DEA线上方的三离三靠形态，即使这样，投资者也只能一组一组的操作三离三靠形态，不能把多组三离三靠形态进行跨波段操作，否则会打乱节奏，错判买卖时机，从而很难获利。

分析实例 阳光城（000671）——DIF线在DEA线上方三离三靠买卖分析

如图4-15所示为阳光城2018年12月至2019年3月的K线走势图。

从图中可以看到，该股在2019年1月2日创出5.09元的低价后，股价开始止跌回升，此时DIF线也在DEA线下方拐头向上穿过DEA线运行到DEA线上方。

随着股价1月21日第一次运行到阶段性的高位后回调，红色柱状线出现缩头，形态第1离。此时股价正处于第一主升浪的波峰位置，擅于短线操作的投资者可以先卖出股票，待第1靠完成后，股价回调至低位再买回，赚取其差价。

在随后的回调过程中，股价仅仅下跌了3个交易日，完成第1靠，随后反弹结束重新步入上涨。

在2月初，股价逐步拉升，并且在2月11日MACD柱状线达到最长，次日MACD柱状线缩短，形成第2离，短线投资者可以在此时卖出股票，回避将要展开的回调。

此后股价进行回调，但是从回调的幅度来看，DIE线始终在DEA线上方缓慢靠拢，表明此时市场中做多动能强劲。在2月22日MACD柱状线达到最短，次日MACD柱状线开始继续发散，形成第2靠，说明股价回调结束，并且后市将有一波快速拉升的行情，此时投资者可以逢低吸纳积极买入做多。

在3月6日，股价在红色柱状线最长的当日创出新高，随后MACD柱状线开始缩小，形成第3离，经过三轮上涨，股价已经处于高位，行情的大调整在即，投资者应及时卖出股票。若未能及时操作者，也应在随后的第3靠抓住卖出时机，进行卖出操作。

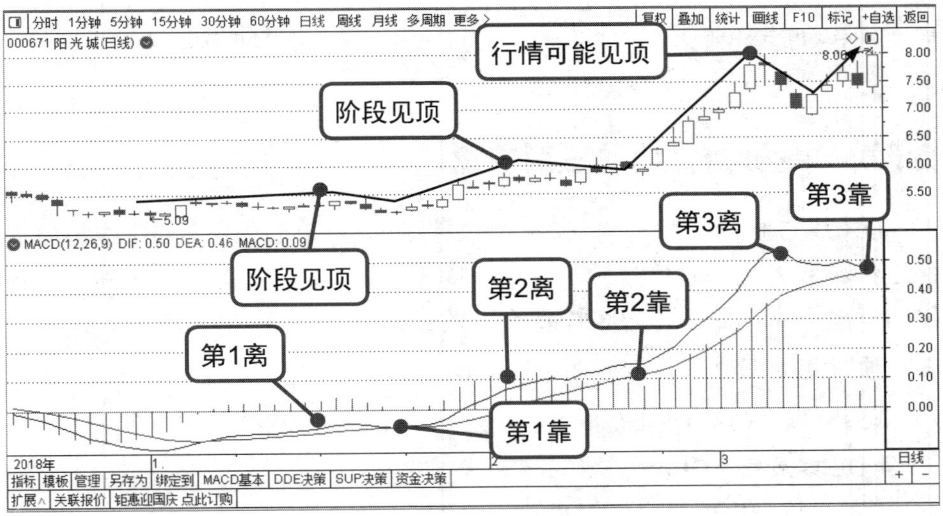

图4-15 阳光城2018年12月至2019年3月的K线走势图

如图4-16所示为阳光城2018年12月至2019年5月的K线走势图。

从图中可以看到，该股在三离三靠形态后，股价还出现了一波短暂的上涨，但是这轮上涨只维持了3个交易日便开始见顶回落步入下跌行情。所以在本例中，在股价创出9.18元的高价，随后在连续阴线拉低股价的行情中，是投资者最后的出逃机会。

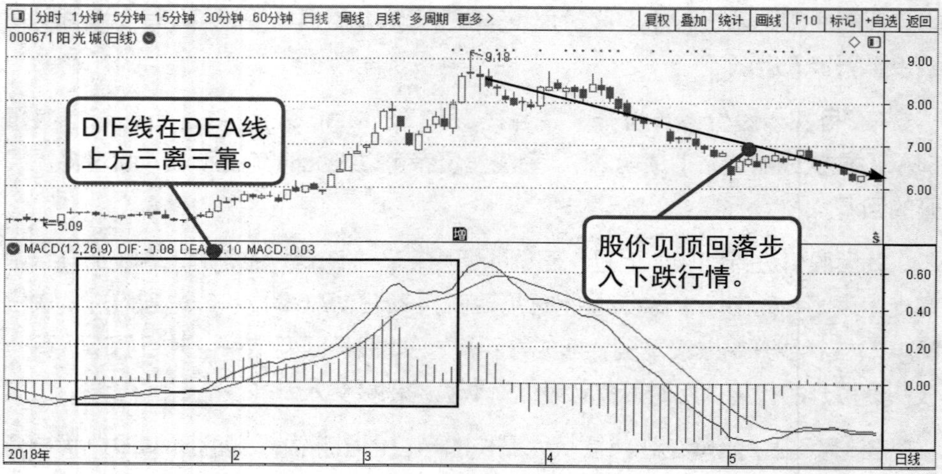

图4-16 阳光城2018年12月至2019年5月的K线走势图

但是在大多数情况下，在大幅上涨的后期，DIF线在DEA线上方出现三离三靠形态后，在第3离就是股价的见顶价格，所以稳健的投资者都应该第3离和第3靠的时候果断卖出股票，不要期望还有最后一波上涨，这种风险太大了。

4.2.3 DIF线与股价相背离的三离三靠

DIF线与股价相背离的三离三靠是指股价处于上涨中，DIF线却呈下降趋势。或者是，股价处于下跌中，DIF线却呈上涨趋势。前者称为顶背离的三离三靠，后者称为底背离的三离三靠。

顶背离的三离三靠特征如下。

◆ 顶背离中的第3离出现时，股价应处在较高的位置。

◆ DIF线应处于DEA线下方，且两者都在0轴上方。

DIF线与股价顶背离的三离三靠操作法则如表4-3所示。

表 4-3

应用法则	解释
第1离、第2离和第3离均应买入	顶背离通常出现在上涨行情的最后一个主升浪中，此时股价已经处于高位，波动较为剧烈，离靠之间的涨跌幅度大，所以在离时买入，靠时卖出，赚取其中差价
第1靠、第2靠和第3靠均应卖出	

底背离的三离三靠特征与顶背离则相反，具体如下。

◆底背离中的第3离出现时，股价应处于下跌后的低位。

◆DIF线应处于DEA线的上方，且都处于0轴下方。

DIF线与股价底背离的三离三靠操作法则如表4-4所示。

表 4-4

应用法则	解释
第 1 离、第 2 离和第 3 离均应卖出	底背离通常出现在下跌行情的最后一个主跌浪中，第 1 离、第 2 离和第 3 离出现的价位离下跌行情的底部仍有下跌空间，所以只有卖出才能减少损失
第 1 靠应买入	第 1 靠出现在波段调整的低位，后市有一定反弹空间，可以低买高卖赚取差价
第 2 靠和第 3 靠卖出	当第 2 靠和第 3 靠出现时，下跌行情已经处于深跌期，反弹力度较小，不宜做差价，只能继续卖出

分析实例 中原传媒（000719）——DIF线与股价顶背离的三离三靠分析

如图4-17所示为中原传媒2018年12月至2019年4月的K线走势图。

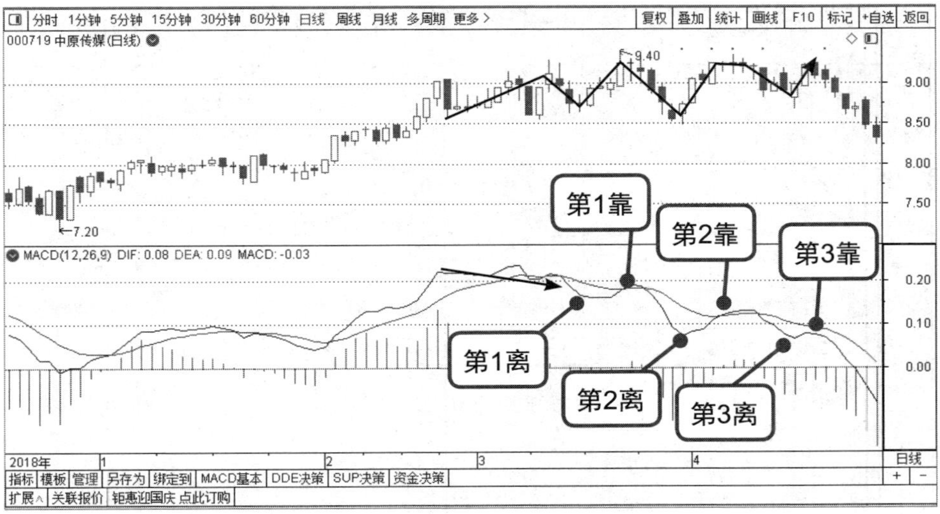

图4-17 中原传媒2018年12月至2019年4月的K线走势图

从图中可以看到，该股在2019年2月底运行到股价的高价位区后，股价上涨缓慢，对应的DIF线与股价形成了明显的顶背离形态，说明股价涨势变弱，投资者应该认真分析股价走势，把握买卖时机，逃顶。

随着股价继续缓慢上涨，DIF线从下穿DEA线在3月15日形成第1离，技术派高位追涨者此时可以短线买入。

随后股价反弹，并在3月21日创出9.40元的高价，DIF线继续与股价背离运行，形成第1靠。此时前期获利盘在此就是一个很好的卖出机会，投资者要把握时机，积极卖出。

稍后，股价连续多日阴线节节拉低股价，DIF线继续在DEA线下方发散，并在3月29日形成第2离，同样，对于技术派高位追涨者此时可以短线买入。

股价随后进入了一波短暂的反弹行情，DIF线快速靠拢DEA线，在4月3日形成第2靠，而且随后股价高位横盘出现滞涨，是一个卖点。

在短短几个交易日的横盘整理后股价继续下跌后于4月16日形成第3离，股价在后市还有一定上涨空间，但是由于股价已经处在第3离的位置，再结合前面二离二靠的走势来看，股价上涨幅度都不大，因此第3离后期的上涨幅度也非常有限，只能短线谨慎买入操作。

在第3离后，股价反弹两个交易日后滞涨，DIF线在DEA线下方形成第3靠，此时无论是短期追涨投资者还是前期获利盘，此时都要果断清仓出局。

如图4-18所示为中原传媒2019年2月至8月的K线走势图。

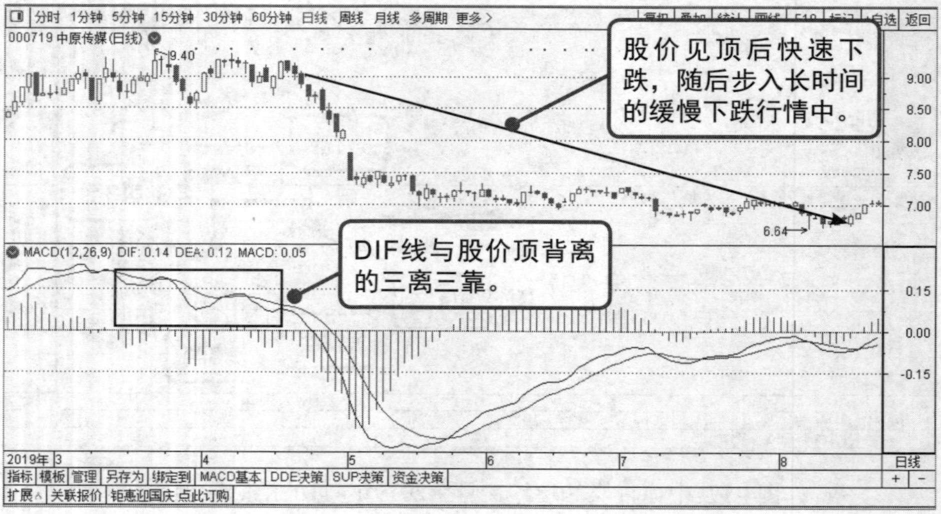

图4-18 中原传媒2019年2月至8月的K线走势图

从图中可以看到，该股股价与DIF线顶背离的三离三靠后，股价随即见顶回落步入长时间的大幅下跌行情中，如果投资者在第3靠没有果断清仓出局，将损失惨重。

从这个案例也可以总结出：由于是股价大幅上涨且股价与DIF线出现背离形态，说明市场中的做多动能不足，在第1离、第2离和第3离买入的投资者一定是非常善于技术投资，且一定要短线持有，一旦第1靠、第2靠和第3靠就应该卖出，尤其在第3靠出现时，更应该毫不犹豫地果断抛售，落袋为安。

分析实例 广发证券（000776）——DIF线与股价底背离的三离三靠分析

如图4-19所示为广发证券2018年4月至9月的K线走势图。

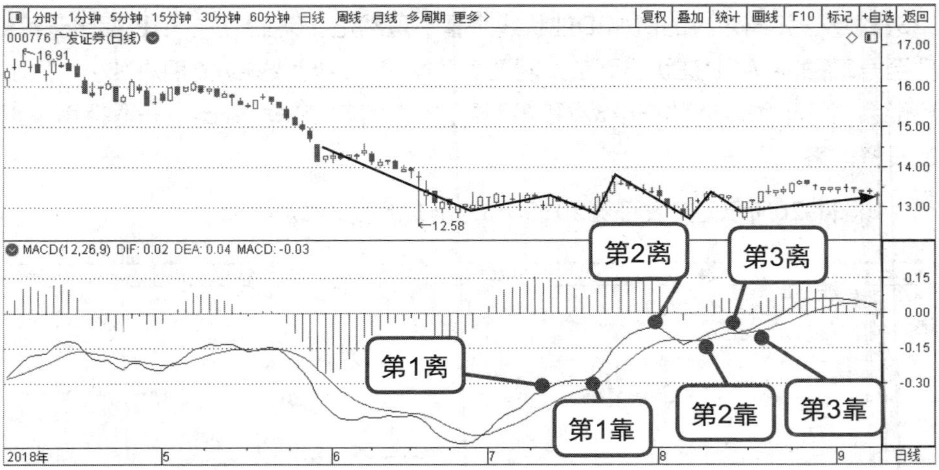

图4-19　广发证券2018年4月至9月的K线走势图

从图中可以看到，该股大幅下跌后在2018年6月19日创出12.58元的低价后于8月底止跌，随后股价出现震荡走势。观察同期的MACD指标，DIF线在8月底拐头向上金叉DEA线后继续向上运行，与股价形成明显的背离形态。说明股价多方势力在逐步聚集，但是具体什么时候行情见底还需要具体分析。

从后市走势来看，在金叉后，DIF线随着股价反弹的继续在DEA线上方发散，并在7月12日结束反弹形成第1离，如果投资者在6月19日止跌时买入了该股进行短线投资，此时就是一个卖出机会，因为随着第1离的形成，股价将再次进行下跌。

经过连续4日阴线报收拉低股价后，股价止跌，DIF线在DEA线上方形成第1靠，对应的MACD柱状线仍然在0轴上方，说明此轮反弹可期，投资者可以在第1靠形成时逢低吸纳买入，短期持有抢反弹。

随后该股连续3日中阳线步步拉高股价突破第1离的高点，随后反弹结束迎来第2离，在第1靠买入强反弹的投资者，此时应该果断抛售，因为整个行情现状仍然处于下跌行情中，后市继续下跌的幅度到底有多大，下跌时间到底有多长无法准确估量。

随着反弹行情的结束，股价在8月7日再次止跌，形成第2靠，此时股价处于下跌行情的末期，股价反弹力度逐渐衰减，投资者此时抢反弹意义不大，因此最好持币观望。

随后股价又经历了短暂小幅度的回升后继续下跌，形成三离三靠的第3离和第3靠。从第3离对应的MACD柱状线来看，虽然是在0轴上方，但是相比于第1离至第2靠的MACD柱状线而言，明显小了很多，说明做多动能相对减小，后市可能会继续下跌，因此在第3离和第3靠，投资者都应采取卖出，采取持币观望的投资策略。

如图4-20所示为广发证券2018年6月至11月的K线走势图。

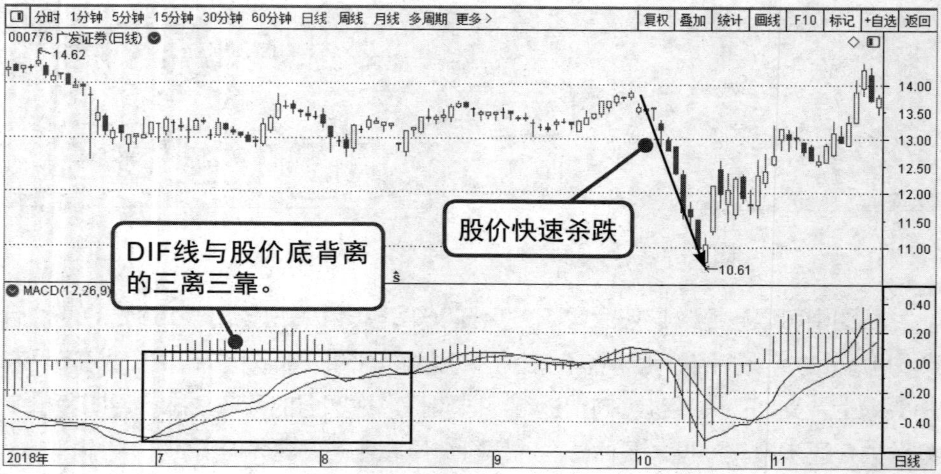

图4-20 广发证券2018年6月至11月的K线走势图

从图中可以看到，该股股价与DIF线底背离的三离三靠后，股价又经历了一波快速的杀跌行情，随即创出10.61元的低价后，股价才企稳回升步入上涨。因此在底背离的三离三靠后，最好等股价企稳后再介入比较安全。

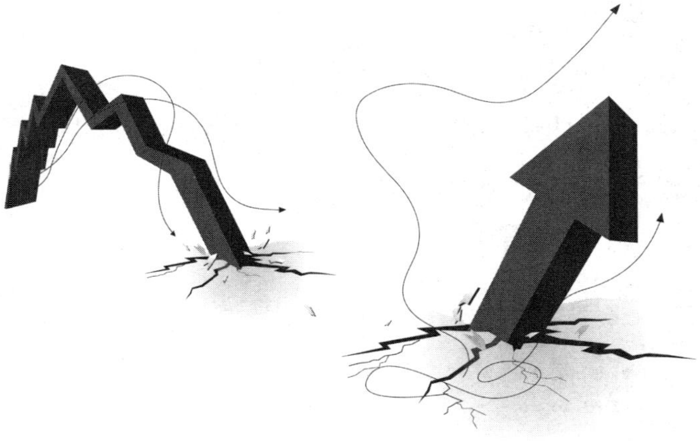

MACD与趋势理论相结合

MACD指标本身就是一个研究股价趋势性变化的技术指标，运用该指标分析得出的趋势预测也较为可靠。因此，MACD指标在行情趋势的分析上有着非常重要的作用和地位。本章将介绍MACD指标如何与趋势理论结合使用来进行股票的买卖操作。

5.1 趋势理论基础必知

趋势是指事物未来的发展动向，由于是由现状来推测未来，因此也表示一种尚不明确的，或只是模糊的远期目标持续发展的总体运动方向。趋势理论中指出一旦市场形成上升（下跌）的趋势后，后市将保持上升（下跌）的趋势继续运行。

5.1.1 股价总在趋势中发展

在股市中，趋势就是股票价格市场运动的方向，本书中谈及的趋势都是指股价或整体市场的趋势。

趋势是对市场进行技术分析的基础之一，金融交易大师通常都主张交易者追随趋势，也就是大家经常听到的“顺势而为”。

我们知道，股价始终是呈波动形势运行的，但在一轮大周期性的波段行情中，从总体上来看，总会有一个大方向，如总体上涨或总体下跌。

如果股价处于整体上升态势，虽然股价有波动，但均价总是向上发展的，即使出现回调也不影响其总体涨势，如图5-1所示为中航善达（000043）在2019年1月至9月的K线图走势，股价在右上方的趋势方向上持续发展。

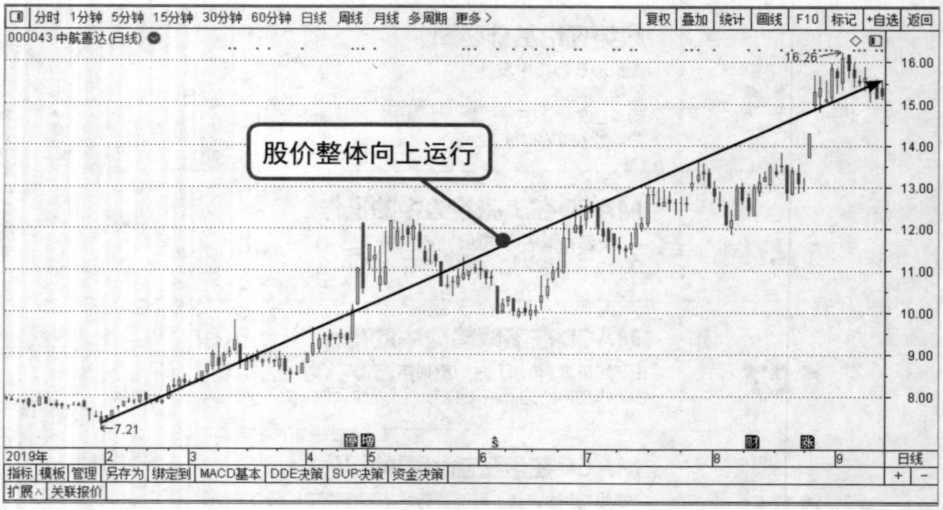

图5-1 股价呈上升趋势发展

相反，如果股价整体处于下降态势，虽然股价有波动，但总体是向下发展的，即使中间出现多个反弹也不影响其总体跌势，如图5-2所示为粤高速A（000429）在2019年4月至9月的K线图走势，股价在右下方的趋势方向上持续发展。

图5-2 股价呈下降趋势发展

5.1.2
趋势的类型

按不同的分类标准，可以将趋势分成不同的类型，常见的分类标准是按方向分类和按时间分类。

1.按方向分类

按方向分类可以将趋势分为上升趋势、下降趋势和震荡趋势（即横向整理）3种类型。

- **上升趋势**：在一段行情中，如果下一个波段包含的顶部和底部都高于前一个波段的顶部和底部，该趋势就称为上升趋势，如图5-3所示。在实际中，上升趋势并不一定要求每个波段的顶部和底部都高于前一个波段的顶部和底部。有时候相距较近的波段会出现后一波段的顶部或底部低于前一波段的顶部和底部，只要整体上股价重心在不断上移，就可以称为上升趋势。

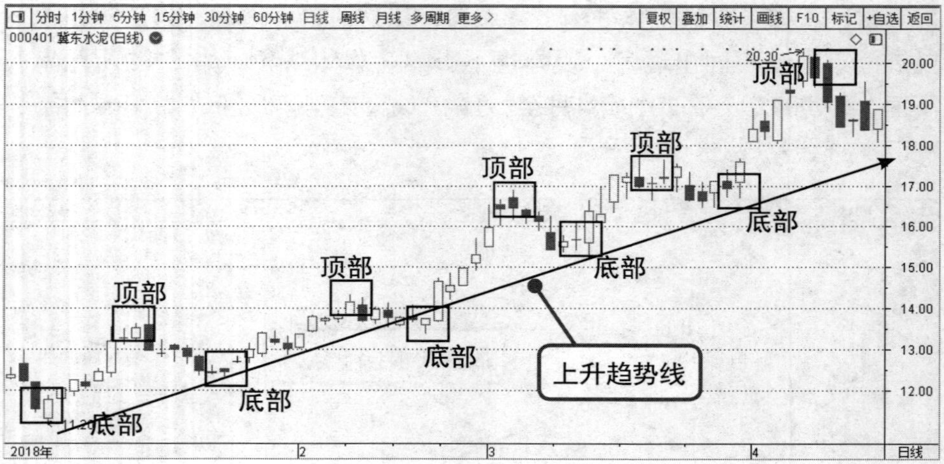

图5-3 上升趋势

◆**下降趋势：**在价格运动的过程中，如果下一个波段包含的顶部和底部都低于前一个波段的顶部和底部，该趋势就称为下降趋势，如图5-4所示。同样，下降趋势并不一定要求每个波段的顶部和底部都低于前一个波段的顶部和底部，有时候相距较近的波段会出现后一波段的顶部或底部高于前一波段的顶部和底部，只要整体上股价重心在不断下移，就可以称为下降趋势。

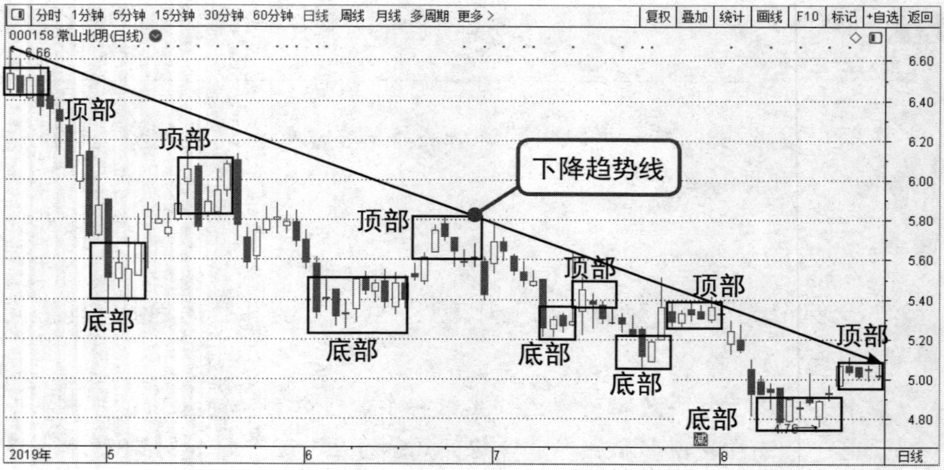

图5-4 下降趋势

◆**震荡趋势：**震荡趋势也称横盘整理，它表示在一个价格运动过程中，在相当长一段时间里，后面的波段顶部和底部与前面的波段顶部和底部基本持平，股价未创新高和新低，如图5-5所示。

图5-5　震荡趋势

TIPS *特殊的连续涨停板上升趋势或连续跌停板下降趋势*

在股市中，还有非常特殊的连续涨停板上升趋势或连续跌停板下降趋势，这种情况比较少见，通常是突发利好或利空消息，或者长期停牌后再复牌造成的，甚至出现连续多个一字涨停板或一字跌停板，通常这种情况发生在ST股身上的概率比较大。如图5-6所示为启迪古汉（000590）在2019年3月下旬出现连续的一字涨停板。

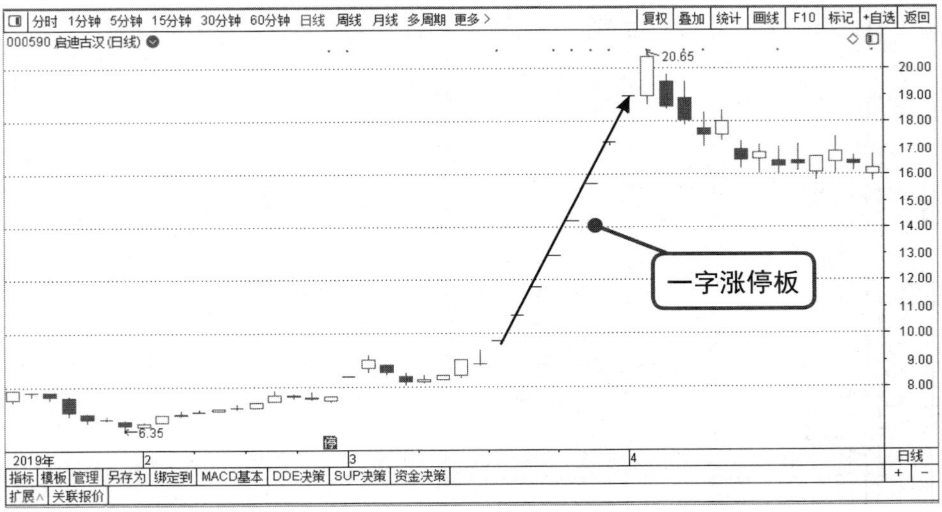

图5-6　一字涨停板上升趋势

2.按时间分类

按波动的时间长短可以将趋势分为长期趋势、中期趋势和短期趋势3种类型。

◆长期趋势在道氏理论中被称为基本趋势，即常说的主要趋势或大趋势，它是从大角度来看股价的上涨和下跌。长期趋势是长期投资者在3种趋势中唯一考虑的趋势，其操作策略是：确认多头市场的长期趋势后，长期投资者买入后会一直持股到空头市场已经形成时才卖出股票，对于在整个大趋势中的所有中级波动与短期变动均不予理会。

◆中期趋势在道氏理论中被称为次级趋势，即常说的次要趋势和修正趋势。对于那些经常交易的人来说，次级变动是非常重要的机会。中期趋势是与长期趋势运动方向相反的一种逆动行情，在多头市场里，中期趋势就是中级下跌或调整行情；在空头市场里，中期趋势就是中级上升或反弹行情。

◆短期趋势是股价的短暂波动，很少超过3个星期，通常不超过6天。尽管对于中线投资者或波段操作者来说，它们本身没有什么意义，但它们的存在给主要趋势发展的全过程赋予了变幻莫测的色彩。

不同的投资者，对趋势的时间周期划分也有所差异，但无论如何划分，必须牢记“短期趋势服从中期趋势，中期趋势服从长期趋势”这一原则。比如短期见底，但中期趋势还没确认见底，就不要认为行情会大涨；如果中期见底，但长期趋势还没见底，就不要认为会反转。

如图5-7所示为按时间周期划分的3种趋势的具体显示。

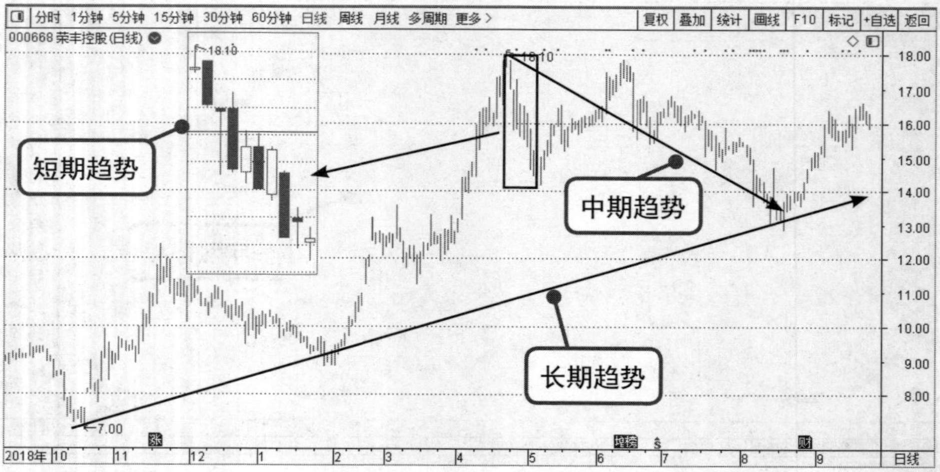

图5-7 按时间划分的3种趋势

5.1.3
趋势线的绘制方法

在实战的股市趋势分析中，使用最多的还是上升趋势线和下跌趋势线。投资者可以在炒股软件中使用画线工具来绘制趋势线，但是在绘制趋势线时，需要注意以下两点。

- ◆选择的高点或低点应处于同一级别的行情趋势中，而且都是较为重要的支撑点或压力点。
- ◆在画趋势线过程中，应使趋势线经过尽可能多的高点或低点。

下面具体介绍在炒股软件中绘制趋势线的方法。

分析实例 在中兴商业（000715）中绘制上升趋势线

首先，进入中兴商业个股的K线图，调整好要分析的时间段，如这里为中兴商业2018年12月至2019年9月的K线走势图，在菜单栏中单击“工具”菜单项，在弹出的快捷菜单栏中选择“画线工具”命令，如图5-8所示。

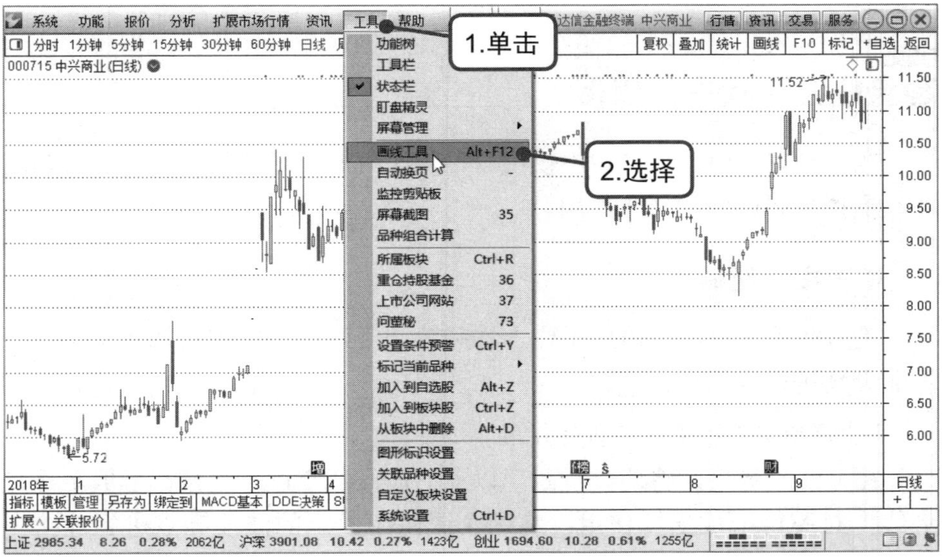

图5-8 执行“画线工具”命令

程序自动打开画线工具的工具箱，在其中选择“直线”工具选项，将鼠标光标移动到第一个低点位置，按下鼠标左键不放，拖动鼠标调整直线的方向和位置，使其经过尽可能多的低点，确定好后释放鼠标左键即可完成上升趋势线的绘制，如图5-9所示。

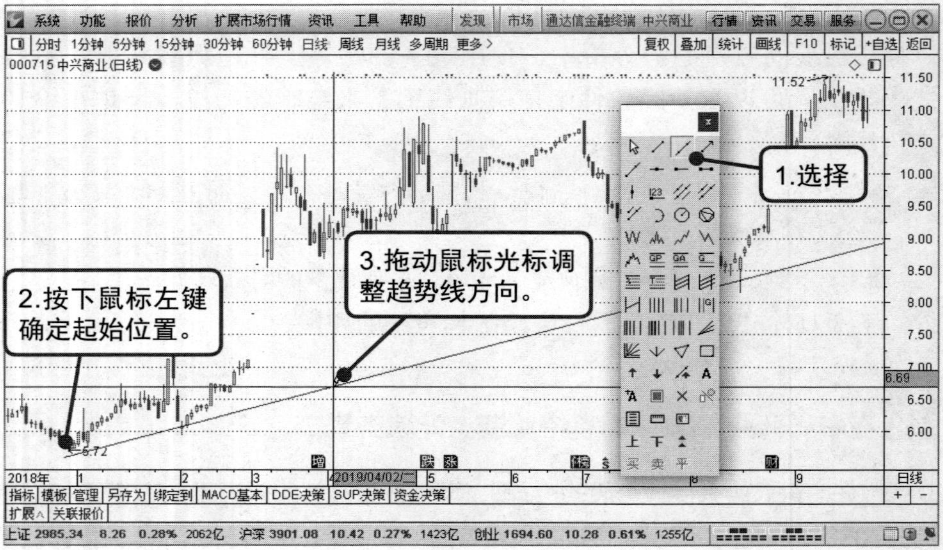

图5-9 使用直线工具绘制上升趋势线

5.1.4
趋势线在实战中的应用

在趋势理论中，趋势线不仅仅可以用来判断市场趋势，还有支撑与阻碍、支撑与阻碍间的转化作用。

1.支撑与阻碍

趋势线的支撑与阻碍作用在上涨趋势和下跌趋势中的实战应用不同，下面分别进行介绍。

◆上涨趋势中的支撑与阻碍作用

在上涨趋势中，将两个或两个以上的波段低点进行连接，形成上涨趋势线，对股价形成支撑作用；将两个或两个以上的波段高点进行连接，形成上涨压力线，对股价形成阻碍作用。

因此在上涨趋势中，股价在上涨趋势线与上涨压力线形成的不规则通道内运行。

当股价回调至上涨趋势线附近，因为受到上涨趋势线的支撑作用，所以预测股价将结束回调开始回升，投资者可以买入。当股价上涨至上涨压力线附近，因为受到上涨压力线的阻碍作用，所以预测股价将结束上涨开始回调，投资者应及时卖出。

分析实例 华能水电（600025）——上涨趋势中的支撑与阻碍作用分析

如图5-10所示为华能水电2018年9月至2019年9月的K线走势图。

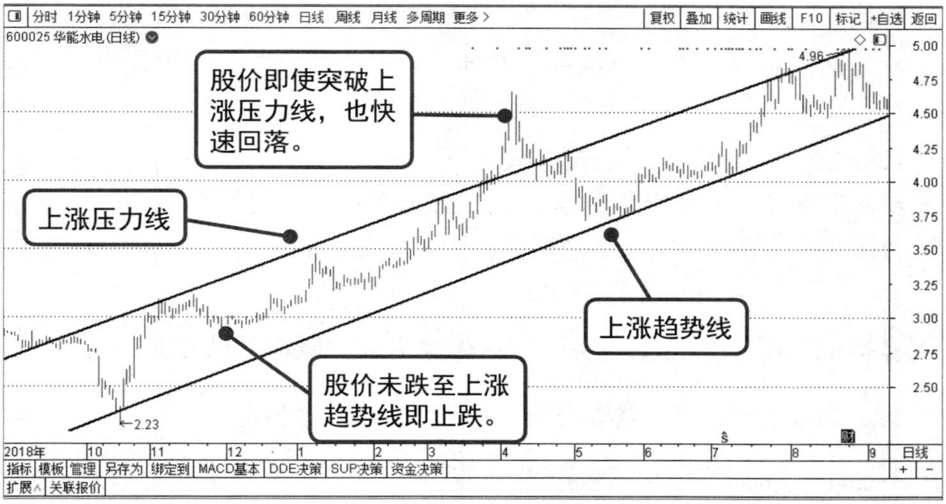

图5-10 华能水电2018年9月至2019年9月的K线走势图

从图中可以看到，该股在2018年10月中旬创出2.23元的新低后股价止跌回升步入上涨行情，对应绘制相应的上涨趋势线和上涨压力线可以发现，在此轮上涨行情中，每次股价在回调至上涨趋势线的位置时均出现止跌回升的行情，尤其在2018年12月至2019年3月这段时间内，股价回落未及上涨趋势线便止跌回升重新上涨，说明了股价均有效受到上涨趋势线的支撑，该上涨趋势线支撑作用的可靠性很高。如果后期股价有效跌破上涨趋势线，则行情反转的可能性非常大。

在此轮上涨行情中，股价几乎上涨到上涨压力线的位置时，均受到阻碍后出现回落，即使在2019年3月底突破上涨压力线，但是也在该压力线上方没有持续多久就快速阶段性见顶回落。由此说明了该上涨压力线是一条有效的压力线，投资者在后市操作过程中，但凡遇到该上涨压力线时，都可以卖出回避回调，尤其在大幅上涨后，股价上涨到该位置时，投资者更要果断卖出，因为股价见顶的可能性很高。

◆下跌趋势中的支撑与阻碍作用

在下跌趋势中，将两个或两个以上的波段高点进行连接，形成下跌趋势线，对股价形成阻碍作用；将两个或两个以上的波段低点进行连接，形成下跌支撑线，对股价形成支撑作用。

因此在下跌趋势中，股价在下跌趋势线与下跌支撑线形成的不规则通道内运行。短线投资者可以在股价跌至下跌支撑线附近买入，待股价反弹到下跌趋势线附近再卖出抢反弹操作。

但是由于整体行情均处于下跌行情中，市场中仍然以空头势力占据主力，因此，对于技术不熟练和稳健的投资者，最好不要在下降趋势中进行买卖操作。

如果是在大幅下跌的末期，股价下跌至下跌支撑线位置时，投资者就可以密切关注该股了，因为股价随时可能见底，一旦股价有效突破下跌压力线，就说明行情发生了逆转，上涨行情来临了。

分析实例 四川路桥（600039）——下跌趋势中的支撑与阻碍作用分析

如图5-11所示为四川路桥2019年3月至9月的K线走势图。

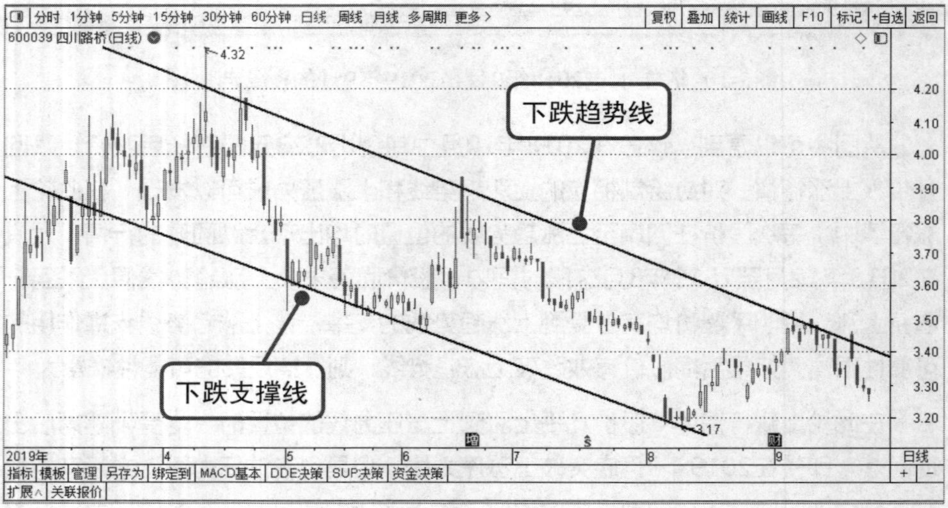

图5-11 四川路桥2019年3月至9月的K线走势图

从图中可以看到，该股在2019年3月上涨到4.00元的价位线附近后出现滞涨行情，随后在创出4.32元的高价后股价开始回落步入下跌行情，对应绘制出相应的下跌支撑线和下跌趋势线可以发现，在此轮上涨行情中，每次股价反弹到下跌趋势线的位置，均出现阻碍，每次下跌到下跌支撑线的位置，均受到下跌支撑下的支撑，说明绘制的下跌支撑线和下跌趋势线的可靠性很高。

技术派投资者可以在股价回落至下跌支撑线的位置逢低买入，当股价反弹至下跌支撑线位置时及时卖出，进行波段操作可以获得收益。

但是由于股价整体重心是下移，所以在抢反弹的波段操作过程中一定要谨慎操作，要有风险意识，一旦股价触及下跌趋势线时就要果断清仓出局，锁定利润，切忌迷恋“上涨”。

2.支撑与阻碍的转化

所谓支撑与阻碍的转化是指支撑作用变为阻碍作用，阻碍作用变为支撑作用。

在上涨行情中，如果股价向上有效突破压力线之后，原有的上涨压力线就会转化为上涨趋势线，该线对股价的作用就由阻碍转化为支撑。

如图5-12所示，根据古越龙山（600059）2018年10月至2019年2月的上涨趋势绘制的上涨压力线，在2019年3月被有效突破后，该压力线变为一条支撑线，支撑股价2019年3月至8月在压力线上方经历了一波整体向上的大幅震荡行情。

图5-12 上涨压力线被有效突破后转为上涨趋势线

在下跌行情中，如果股价向下有效跌破支撑线后，原有的下跌支撑线就会转化为下跌趋势线，该线对股价的作用就由支撑转化为阻碍了。

如图5-13所示，根据澄星股份（600078）2018年2月至5月的下跌趋势绘制的下跌支撑线，在2018年6月被有效跌破后，该支撑线变为一条压力线，压制股价在2018年6月至2019年1月在下跌压力线下方经历了一波整体向下的下跌行情。

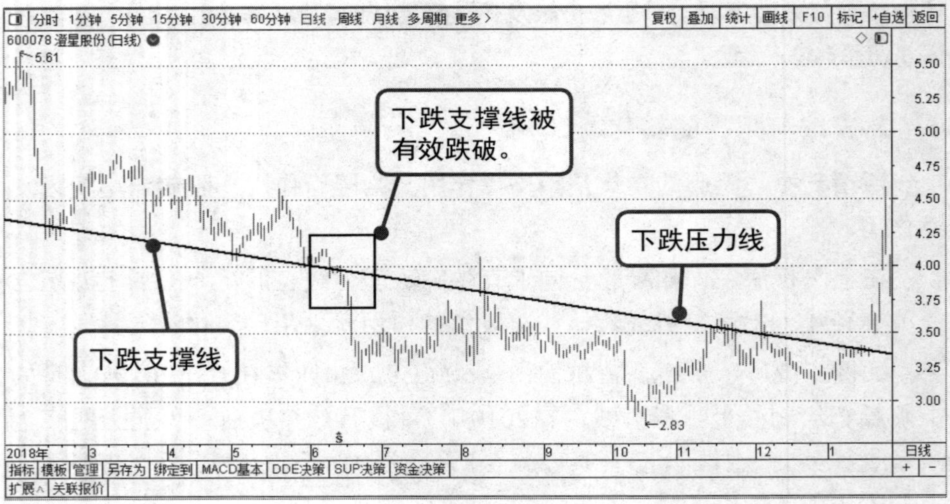

图5-13 下跌支撑线被有效跌破后转为下跌压力线

5.2 MACD在上涨趋势中的操作

在上涨趋势中，结合MACD指标可以帮助投资者更好地确定行情启动的买入时机以及上涨途中股价回调的结束位置，帮助投资者能够始终把握最佳操作时机。下面我们对上涨趋势中结合MACD指标的常见操作策略进行详细讲解。

5.2.1 DIF上涨持续时间与股价涨幅不一致

DIF上涨持续时间与股价涨幅不一致是指在上涨行情中，DIF线在0轴下方，随后向上突破0轴，并长期在0轴上方运行，整个DIF线上攻的过程持续时间较长，但同时期股价的涨幅却较小，与DIF线的涨幅不一致。

这种情况说明市场中的多方力量不够强大，需要长时间的集聚，表明股价在后市将迎来大幅上涨。投资者在实战中遇见这种情况，只需逢低买入建仓，持股顺势待涨即可。

需要特别强调的是，一般来说，只有DIF线在0轴下方开始向上突破0轴的情况，配合股价小幅上涨才有效。DIF线初始就在0轴上方的情况不在此讨论范围内。DIF线上攻持续的时间越长，股价上涨幅度越小，表明后市的上涨行情规模越大。

分析实例 永鼎股份（600105）——上涨趋势中DIF与股价涨幅不一致分析

如图5-14所示为永鼎股份2018年10月至2019年6月的K线走势图。

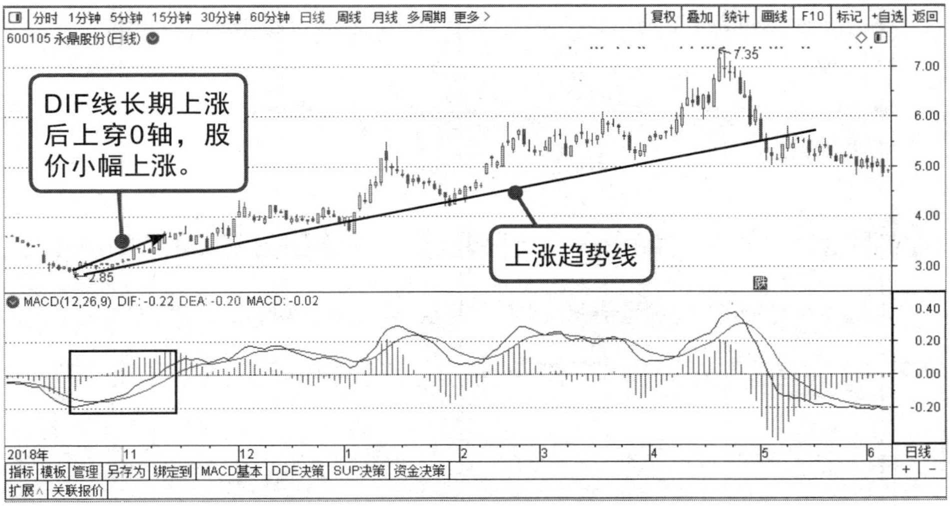

图5-14 永鼎股份2018年10月至2019年6月的K线走势图

从图中可以看到，该股在2018年10月19日以2.85元见底。随后DIF线开始向上运行，股价却保持横盘发展。当DIF线向上突破0轴，并长期在0轴上方运行，股价却呈现小幅上涨，与DIF线的涨幅呈现出不一致的情况。而且股价随后也在3.50元的价位线再次出现横盘整理，这是主力在低位清理浮筹，聚集筹码的表现，一旦主力聚集筹码完毕，后市将有一波大幅上涨的行情。

投资者可在DIF线突破0轴后，逢低吸纳买入该股积极做多，持有待涨。从后市走势来看，股价始终受到上涨趋势线的支撑，一度上涨到7.35元的高价才见顶。投资者若坚定持有，定能获取不少收益。

5.2.2

DIF线回抽到0轴下方，调整即将结束

DIF线回抽到0轴下方是指在上涨趋势中，股价运行到阶段性的高位后受到压制进入回调阶段，此时DIF线随之回抽到0轴下方。这种情况并不代表上涨行情的结束，DIF线在跌至0轴下方后只需要一波短期上涨就能重返0轴上方，表明市场中仍是多方力量占据优势，后市将继续上涨。

DIF线回抽到0轴下方，满足以下几个条件就说明股价只是短期回调，股价止跌后会继续上升趋势，投资者可视具体情况逢低买入该股，持股待涨。

- 股价在DIF线回抽到0轴下方之前积累的涨幅较小，表明股价刚离开底部不远，后市仍有上涨空间。
- DIF线在回抽到0轴下方之前已经在0轴上方运行很长时间，以1~3个月为最佳。
- DIF线在回抽到0轴下方，即股价开始向下回调时，市场中没有重大利空消息。

分析实例

国金证券（600109）——上涨趋势中DIF线回抽到0轴下方分析

如图5-15所示为国金证券2018年10月至2019年4月的K线走势图。

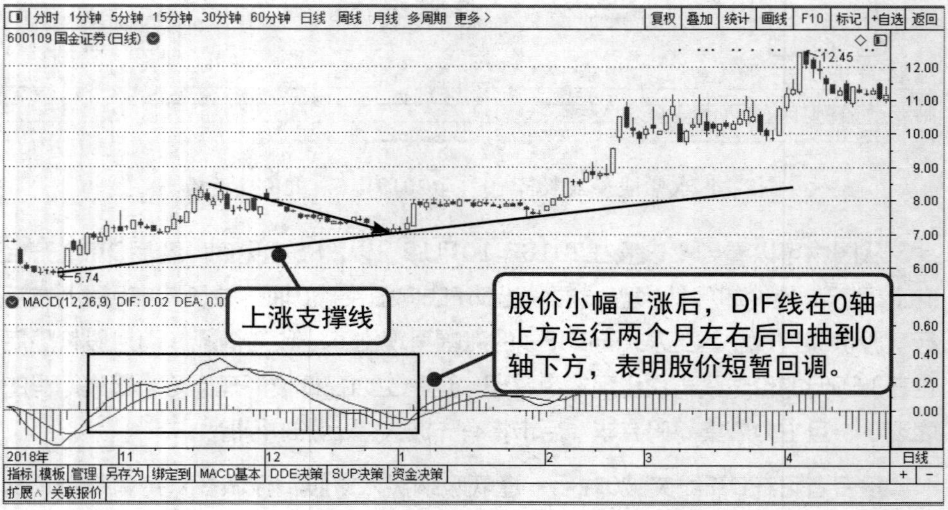

图5-15 国金证券2018年10月至2019年4月的K线走势图

从图中可以看到，该股从2018年10月19日以5.74元的价格见底后企稳回升步入上涨。在上涨初期，涨势趋于平稳，DIF线也从0轴下方运行到0轴上方，并长期保持在0轴上方运行。

11月中旬，股价开始下跌，DIF线也向下运行，最终在12月下旬跌破0轴，回抽到0轴下方运行。前期获利的投资者和空方开始抛售股票，股价继续下跌，从8.00元的价位线下跌到7.00元左右，跌幅超过12%。

通过观察得出，股价从5.74元上涨到8.00元，涨幅还不到40%，因此前期的涨幅并不大，而DIF线也在0轴上方长期运行两个月左右，市场中也没有重大利空消息，所以推断股价的下跌只是短期回调，投资者在此过程中可逢低建仓，尤其在股价回调到上涨支撑线的位置时更是可靠的买入信号，投资者可积极做多。

5.3 MACD在下降趋势中的操作

下跌趋势中的MACD操作策略与上涨趋势中的MACD操作策略有类似的地方，也是通过分析在该下跌趋势中MACD指标中DIF线相对于0轴的变化来分析买卖点。下面我们进行详细讲解。

5.3.1 DIF线反弹到0轴上方，反弹接近尾声

DIF线反弹到0轴上方是指行情处于下降趋势中，股价进入反弹阶段后，DIF线随之反弹到0轴上方。出现这种情况并不代表下跌行情结束，因为此时DIF线升至0轴上方只需要经历一波短期下跌行情就会让DIF线重回0轴下方，表明市场中仍是空方力量占据优势，后市将继续下跌。

投资者在实战中遇见下跌行情中DIF线反弹至0轴上方，应逢高卖出，因为后市继续下跌的可能性大于继续向上。

分析实例 深科技（000021）——下降趋势中DIF线反弹到0轴上方分析

如图5-16所示为深科技2018年1月至10月的K线走势图。

从图中可以看到，该股在2018年1月12日创出12.2元的新高，股价在高位横盘两个交易日后，从第三个交易日开始迅速下跌，DIF线也随之拐头向下运行并跌破0轴。

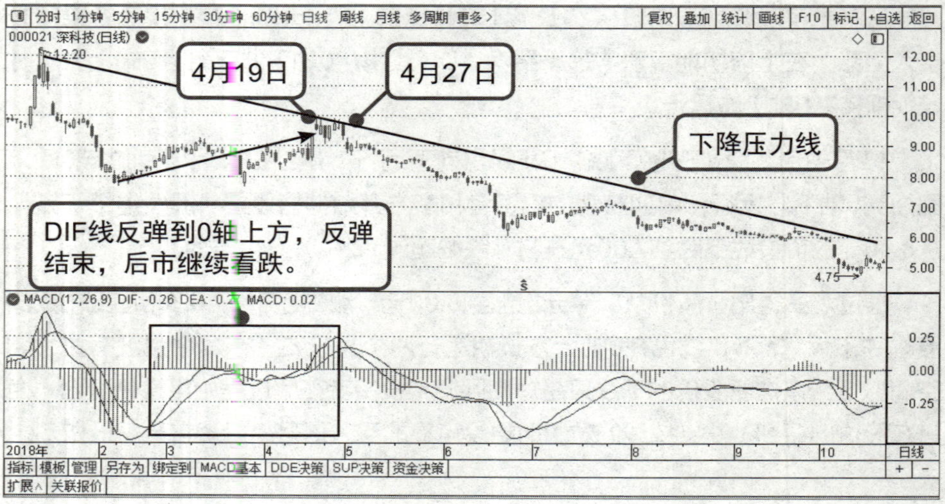

图5-16 深科技2018年1月至10月的K线走势图

在2018年2月初，股价在8.00元的价位线止跌进入反弹阶段，DIF线也开始拐头向上，经过近两个月的波动，DIF线上攻并突破0轴。随着股价在2018年4月19日超过前期高点，投资者难以抉择继续持有或卖出。

通过观察MACD指标，在4月19日股价反弹创出新高后MACD红色柱状线达到最长，随后股价在高位反弹横盘短短几个交易日，于4月27日出现明显的“缩头”，表明市场中的多方力量开始衰弱，股价停止上涨开始横盘发展，触及下降压力线，投资者在此时应果断卖出，避免在后市遭受重大损失。

TIPS *反弹卖出点*

在实战中，不论是前期未及时卖出股票的投资者，还是在下跌行情中低位买入的投资者，都应在反弹行情中伺机卖出股票，以达到减少损失或获取收益的目的。当红色柱状线出现“缩头”时，形成第一卖点；当红色柱状线转换为绿色柱状线，形成第二卖点，投资者应及时清仓。

5.3.2 DIF线创出新的低点，迎来一波强劲反弹

DIF线创新低是指在下跌行情中，股价不断创出新低，DIF线也随之形成多个低点，但突然一波大幅下跌，使DIF线形成明显低于前期的历史

低点。表明市场中的空方力量得到充分释放，市场在短期内处于超卖区间，股价在后市极有可能迎来一轮较为强劲的反弹行情。

偏好风险的短期投资者可以在DIF线创出历史新低时适当买入，在反弹行情达到相对高位时卖出，赚取短期收益。

分析实例 华联控股（000036）——下降趋势中DIF线创出新的低点分析

如图5-17所示为华联控股2018年4月至9月的K线走势图。

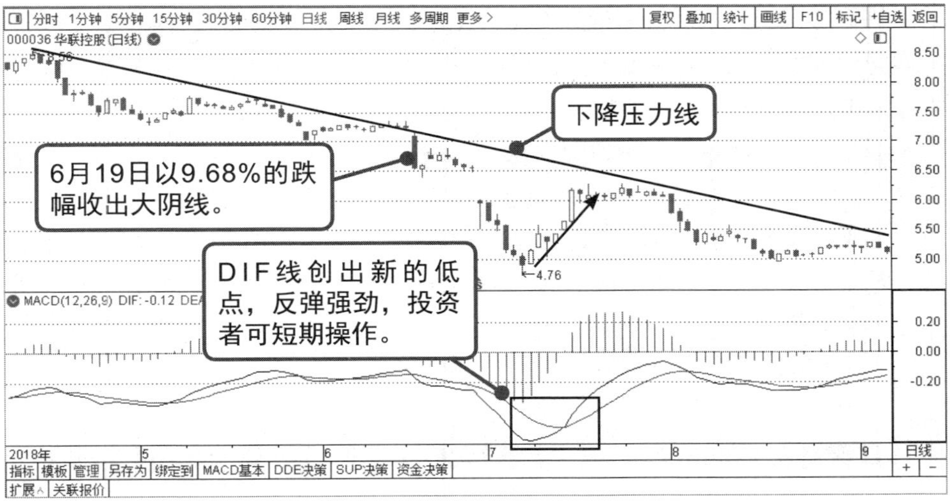

图5-17 华联控股2018年4月至9月的K线走势图

从图中可以看到，该股在2018年6月19日之前，股价始终处于缓慢下跌趋势中，在6月19日当天，股价低开后一路低走，当日以9.68%的跌幅收出大阴线，快速打压股价，随后股价经历了一波快速下跌的行情，短短13个交易日，股价就从7.00元附近快速下跌创出4.76元的低价后企稳。

观察对应的MACD指标，在整轮下跌行情中，DIF线始终在0轴下方长期运行，从6月19日当天打压股价后，DIF线出现明显的拐头急速下跌，并在创出4.76元的低价后也运行到一个历史的新低点。表明市场中的空方力量短期内得到充分释放，后市极有可能迎来一波较大的反弹行情，激进的投资者可试探性少量买入，以赚取短期收益为主。

当股价反弹到下降压力线的位置时，就需要及时抛售，锁定利润，否则在股价继续下跌的过程中将损失惨重。

5.4 MACD在盘整趋势中的操作

震荡趋势是指股价在某个价格区间内上下波动、反复整理。实战中经常会处于震荡趋势中，投资者可以进行相应的短线操作，运用MACD指标有利于在震荡趋势中把握买卖点。下面我们详细讲解几种震荡趋势中MACD指标的操作策略。

5.4.1 DIF线与0轴重合，震荡趋势结束后继续前期行情

在震荡趋势中，当出现DIF线与0轴重合或接近重合持续运行一段时间的形态，表明股价在短期内的波动幅度较小甚至处于横盘状态。股价在后市的选择方向有两种情况。

- ◆在上涨行情中，当股价处于震荡趋势中，表明市场中的多方力量处于优势地位，且股价在前期积累的涨幅不大，则DIF线与0轴重合后股价将继续上涨。
- ◆在下跌行情中，当股价处于震荡趋势中，DIF线在与0轴重合之前一直处于其下方，表明当前市场由空方力量主导，股价走势有重心下移的趋势，DIF线与0轴重合后预示股价将继续下跌。

分析实例 深南电A（000037）——上涨行情中横盘，DIF线与0轴重合分析

如图5-18所示为深南电A在2018年10月至2019年4月的K线走势图。

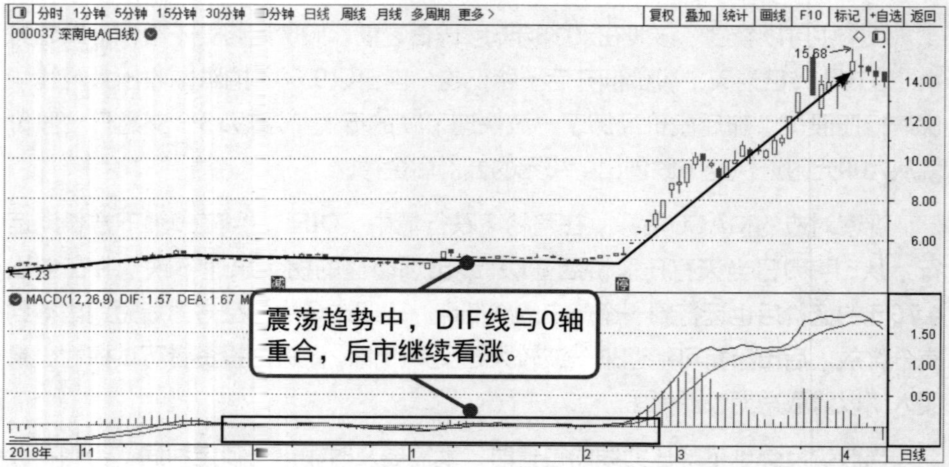

图5-18 深南电A在2018年10月至2019年4月的K线走势图

从图中可以看到，该股在2018年10月19日创出4.23元的低价后，股价企稳回升。股价缓慢爬升，并在2018年11月中旬运行到5.30元附近后步入横着横盘的走势中，股价在5.00元价位线附近窄幅波动，整个整理时间持续近3个月。

观察同时期的MACD指标可以发现，随着股价企稳回升后，DIF线也在0轴下方拐头向上运行，在11月中旬创出阶段性的高点后，DIF线向上突破0轴，但是随后其并没有继续上攻，而是开始向下靠拢0轴。

在股价整个横盘整理期间，DIF线与0轴接近重合运行，表明市场中仍是多方力量占据优势，后市股价将继续上涨。尤其横盘的时间比较长，后面的涨势更加可期。

从后市的走势来看，在2019年2月中旬，股价结束横盘整理走势后便进入快速拉升行情中，短短1个多月时间内，股价就从5.00元附近上涨到15.68元，涨幅超过200%。

可见，在上涨行情中出现震荡趋势时，同期DIF线与0轴重合是较为可靠的买入信号，投资者可伺机买入，持股待涨。

5.4.2 DIF线与股价两次探底，逐渐加仓

DIF线与股价两次探底是指在股价大幅下跌的底部出现震荡走势，在震荡开始之前，股价与DIF线几乎同时创出新低，随后股价经历震荡上涨的走势后再次下跌，在下跌中DIF线与股价再次探底，且底部位置与前期接近。

DIF线与股价第二次探底，表明市场中的空方力量得到充分释放，市场正处于超卖区，股价即将迎来较为强势的反转行情，投资者可以逐渐加仓，不宜一次性全仓买入。

TIPS *类似DIF线与股价两次探底形态*

需要注意的是，只有在股价大幅下跌的低价位区形成的DIF线与股价两次探底，才是行情见底反转的信号，投资者才能进行分批建仓操作。对于其他位置出现的表面上看似符合DIF与股价两次探底的形态，都不具有操作意义，投资者在实战中遇到类似形态应谨慎对待。

分析实例 泛海控股（000046）——震荡趋势中DIF与股价两次探底分析

如图5-19所示为泛海控股2018年8月至2019年4月的K线走势图。

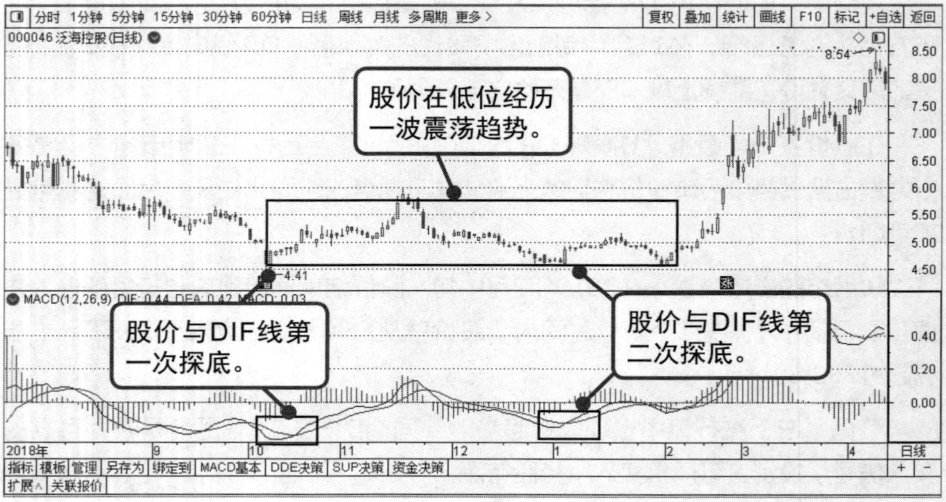

图5-19 泛海控股2018年8月至2019年4月的K线走势图

从图中可以看到，该股在2018年10月下跌到股价低位后创出4.41元的低价后进入横盘震荡走势过程中，并在2019年1月形成明显的第二个震荡低点，该低点与4.41元的低点十分接近。

观察同期的MACD指标可以发现，在股价第一次创出4.41元的低价时，DIF线也在0轴下方第一次运行到最低位，出现DIF线第一次探底。随后这股价震荡上行到6元的价位线后开始回落，DIF线也随着上行并传过0轴后快速跌破0轴，继续在0轴下方运行，随着股价第二次探底后，DIF线也出现第二次探底，且第二次探底与第一次探底的位置相差不大。

可以看出，DIF线与股价两次探底，且底部都非常接近，表明市场中的空方力量得到充分释放，后市将迎来一轮强劲上涨行情。投资者可适当在低位逢低吸纳进行部分建仓操作。

从后市走势来看，股价涨幅巨大，在短短两个月的时间，股价就从最低的4.50元附近上涨到最高的8.54元，涨幅接近90%，由此表明DIF线与股价两次探底是行情反转的信号。

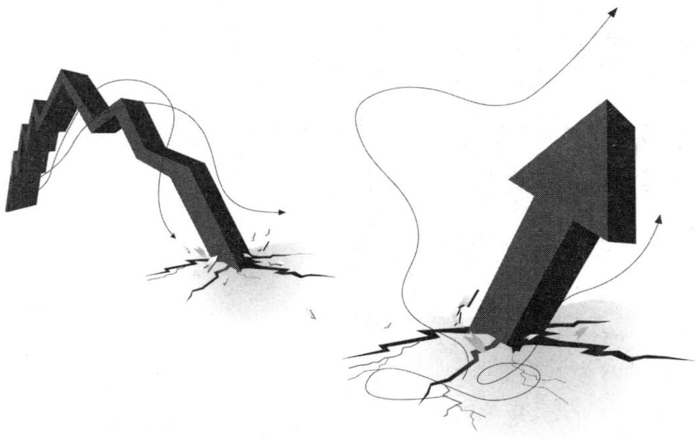

MACD与形态理论相结合

MACD指标中的DIF线和DEA线是随着股价的波动而波动的，而股价在波动过程中会形成各种K线形态。因此在实战中，投资者可以将K线的形态理论与MACD指标进行结合使用，从而提高研判股价变化趋势的可靠性。

6.1 投资者要看懂K线图

形态理论是技术分析的重要组成部分，通过对股价在运行中形成的各种形态进行分析，并配合成交量的变化，对后市做出预测。

K线是形态理论的基本要素，因此在使用形态理论之前，首先要来认识一下K线，并学会看懂K线图。

6.1.1 认识K线

K线图又称蜡烛图、阴阳线、棒线等，用于描述个股当日开盘价、收盘价、最高价和最低价。根据开盘价和收盘价的大小关系，可以将其分为阳线、阴线和十字线，如图6-1所示。

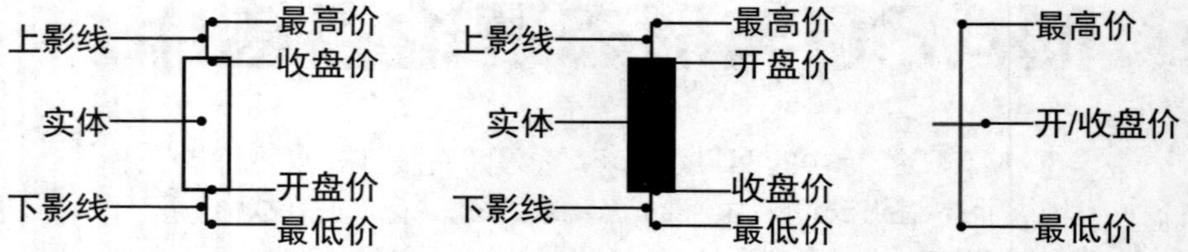

图6-1 K线的3种基本类型

各类型K线的具体形成规则如表6-1所示。

表 6-1

类型	形成规则
阳线	股票当日收盘价高于开盘价称之为阳线，其在K线上反映为：开盘价在下收盘价在上，实体常为红色的实心或空心
阴线	股票当日收盘价低于开盘价称之为阴线，其在K线上反映为：开盘价在上收盘价在下，实体常为绿色或黑色的实心
十字线	股票当日收盘价等于开盘价称之为十字线，其在K线上反映为：开盘价、收盘价和实体重合的“十”字形

在K线中还有上影线和下影线，其中，上影线是从实体向上延伸的细线，其最高点是当天股价的最高价，上影线产生原因是空方力量大于多方而造成的；下影线是从实体向下延伸的细线，其最低点为当天股价的最低价。下影线产生原因是多方力量大于空方力量而形成的。

6.1.2
K线的分类

K线图具有直观、立体感强、包含信息量大等特点。它忽略了股价在变化过程中的各种纷杂因素，将全天走势的基本特征显示出来，能充分显示股价趋势的强弱和买卖双方力量的变化，是各类传播媒介、电脑实时分析系统应用较多的技术分析手段。

根据不同的分类标准，可以将K线分为多种不同的类型，对于股票投资者而言，有意义的分类一般是根据股价波动范围和计算周期两种依据进行划分。

1.根据股价波动范围划分

根据开盘价与收盘价的波动范围，可以将K线分为极阴、极阳、小阴、小阳、中阴、中阳、大阴和大阳等线型，极阳线和极阴线通常称为小阳星或小阴星，划分标准如图6-2所示。

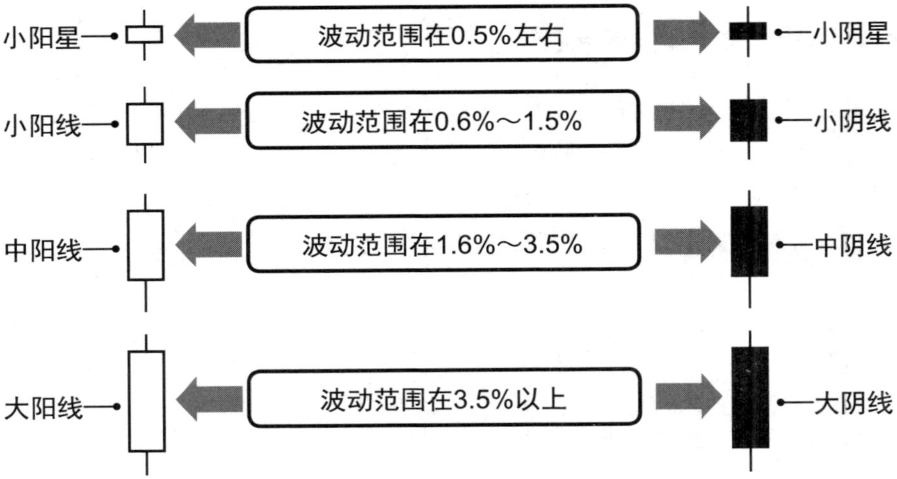

图6-2　按股价波动范围划分的K线类型

2.根据计算周期划分

在第4章我们已经了解了日K线图和3日K线图，它就是根据计算周期来划分的K线。除了这两种周期的K线图，还有周K线、月K线和年K线等，或者采用更短的时间周期，将一天内的交易时间分成若干等分，如1分钟K线、5分钟K线、15分钟K线、30分钟K线和60分钟K线等。

对于不同周期的K线，其研判的走势也不同，通常周K线、月K线和年K线用于研判中长期走势，而5分钟K线、15分钟K线、30分钟K线和60分钟K线反映的是股价的超短期走势。

当股票的K线图周期被切换后，其他叠加到K线图上的技术指标及下面的副图指标也会同时被改变为相应的时间周期。

TIPS *用键盘精灵改变计算周期*

在第4章，我们介绍了通过通达信炒股软件顶部的周期更换栏切换K线图周期，其实在通达信炒股软件中，还有更简便的K线周期切换方法，即通过键盘精灵可以切换显示K线的周期，其具体的操作方法是输入不同计算周期的代码，其中，“91”～“98”依次代表1分钟K线、5分钟K线、15分钟K线、30分钟K线、60分钟K线、日K线、周K线和月K线。需要注意的是，不同的行情软件的代码也不同，投资者可以在炒股软件的帮助说明书中进行查看。

6.1.3 常见单根K线的基本含义

K线形态理论中的K线形态都是由多根K线形成的具有一定指示作用的组合形态，虽然单根K线单独使用时的研判准确度不高，但是为了更好地理解K线形态的作用，也有必要对单根K线的基本含义进行了解。如表6-2所示为常见单根K线及其市场意义。

表 6-2

类型	说明	形态
小阳星	小阳星K线形态表示全天股价波动很小，收盘价略高于开盘价。该形态表明行情处于混乱不明的阶段，需根据前期K线组合的形态以及当前所处的价位区域综合判断	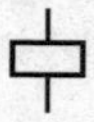
小阴星	小阴星K线形态表示全天股价波动很小，收盘价略低于开盘价。该形态表明当前行情疲软，发展方向不明确	
小阳线	小阳线K线形态表示全天股价波动范围较小，收盘价高于开盘价。该形态表明多方稍占上风，但上攻乏力，后市行情发展仍扑朔迷离	
小阴线	小阴线K线形态表示全天股价波动范围较小，收盘价低于开盘价。该形态表示空方呈打压态势，但力度不大，行情发展趋势不明	

续表

类型	说明	形态
上吊阳线	上吊阳线也称为吊颈线，这种 K 线的特征是实体很短，无上影线或有很短的上影线，下影线远长于 K 线的实体。上吊阳线出现在不同的价位区，代表的意义也不同。股价在探底过程中成交量萎缩，之后随着股价的逐步攀高，成交量呈逐渐放大状态，并最终以阳线报收形成低位上吊阳线，则后市看涨；如果在高价位区域出现上吊阳线形态，并且股价走出尾盘拉高形态，则有可能是主力在拉高出货，需要留心	
光头阳线	光头阳线是没有上影线的 K 线，即当天的收盘价即是当天的最高价，其实体部分远长于下影线。如果光头阳线出现在低价位区，在分时走势图上表现为股价探底后逐浪走高且成交量同时放大，该形态预示着新一轮上升行情的开始；如果光头阳线出现在上升行情途中，后市通常会继续看好	
光头阴线	光头阴线的开盘价为当天的最高价，随后股价一路下滑，在低位又遇买盘涌入使股价略微回升，但低于开盘价。如果光头阴线出现在低价位区，说明有抄底盘介入使股价反弹，但力度不大；如果光头阴线出现在经过一段明显的上涨之后的高价位区，且下跌时放量，尾盘短时间内小幅拉升但成交量不大，则有可能是庄家全天派货后，临近尾盘用少量资金快速拉高股价，为次日继续出货做准备	
下影阳线	下影阳线是指下影线比较长的阳线，它与上吊阳线不同的是，下影阳线可以带一点上影线，但远小于下影线，通常实体部分也大于上吊阳线。下影阳线表明多方的进攻沉稳有力，股价先跌后涨，股价有进一步上涨的潜力	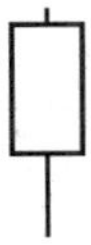
上影阳线	上影阳线的上影线远长于下影线，则说明多方上攻时上方抛压沉重。在上涨初中期，这种形态通常是主力的试盘动作，也说明浮动筹码较多，涨势不强，但也有可能是主力故意用冲高回落的方式洗盘，需根据其他情况来综合判断	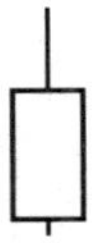
上影阴线	上影阴线是一种带上影线的阴实体，上影阴线收盘价低于开盘价；上影十字星是带长上影线的十字星；倒 T 字线是带有长上影线而无阴线实体的 K 线。这 3 种 K 线形态中的任何一种出现在高价位区时，都说明上方抛压沉重，行情疲软，股价有反转下跌的可能。如果这种形态出现在中价位区的上升途中，则表明后市仍有上升空间	
上影十字星		
倒 T 形线		

续表

类型	说明	形态
下影阴线	下影阴线是带有下影线而无上影线（或上影线很短），阴线实体较短的 K 线；下影十字星是带长下影线的十字星；T 形线的开盘价、收盘价、最高价相同，K 线上只留下影线，如果有上影线也是很短。这 3 种 K 线形态出现在低价位区时，都说明下档承接力较强，股价有反弹的可能	
下影十字星		
T 形线		
光脚阳线	光脚阳线是指开盘价为当日最低价，带有上影线，但实体远大于上影线的 K 线。这种形态表示上升势头强劲，但在高价位处多空双方有所分歧	
光脚阴线	光脚阴线是指收盘价为当日最低价，带有上影线，但实体远大于上影线的 K 线。这种形态表示股价虽有反弹，但上档抛压沉重。如果该形态出现在下降趋势中，则次日还有下跌；如果该形态出现在上升途中，则可能是主力趁势打压洗盘	
十字星	当收盘价等于开盘价，且上、下影线长度相差不大时就会形成十字星。十字星通常是变盘信号，预示着股价即将改变原来的运行方向。但如果上下影线过短，则意义较弱，通常是原走势的延续。实际中，开盘价和收盘价完全相等的情况不多，通常将开盘价和收盘价相差极小的情况都视作十字星	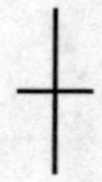
光头光脚阳线	光头光脚阳线是开盘价即当日最低价，收盘为当日最高价的阳线，这种形态表明多方已经牢固控制盘面，逐浪上攻，实体越长表明涨势越强烈	
光头光脚阴线	光头光脚阴线是以当日最高价开盘，以最低价收盘形成的 K 线，若股价全天走出逐波下跌行情，说明空方力量强劲，后市继续看跌。若股价全天大多数时间横盘或缓涨，尾盘突然放量下跌，表明空方在交战后最终占据主导地位，次日低开的可能性很大	

不同的走势形成的K线图远远不止上面介绍的这些，不过有些K线形态的意义不大，或者与上述某些形态意义相近，在此不再一一列举。

6.2 认识形态理论

形态理论研究的是多根K线组合而成的K线形态，根据股票形态出现的位置以及形态出现后的后继走势，可以将K线形态分为反转形态和持续整理形态两大类。简单地说，反转形态是市场原有趋势的改变，而持续整理形态是市场原有趋势的暂时休止。下面具体讲解这两大类形态中的一些经典形态及其意义。

6.2.1 5种经典的反转形态及其市场意义

反转形态通常出现在行情的底部或者顶部，用于预示股价走势将发生逆转。反转形态的特点如下。

◆ 反转形态形成时的规模与后市行情的规模成正比，即反转形态的涨跌幅度越大，历经时间越长，后市新行情的规模也越大，反之亦然。

◆ 不同位置的反转形态形成时间不同，底部区域的反转形态形成时间较长；顶部区域的反转形态形成时间较短。

◆ 反转形态能否得到确认，成交量至关重要。例如在底部反转形态中，股价的上涨一定需要成交量的配合。

常见的反转形态有头肩形态、V形形态、双重形态、三重形态和圆弧形态，下面分别进行介绍。

1.头肩形态——头肩底和头肩顶

头肩底形态是在实战中出现最多的一种形态，它是一个长期趋势的反转形态，通常出现在下跌行情的末期。这一形态具有以下特征。

◆ 头肩底形态的两肩低点大致相等。

◆ 就成交量而言，左肩最少，头部次之，右肩最多。股价突破颈线不一定需要大成交量配合，但是日后继续上涨时成交量会放大。

如图6-3所示为头肩底的一般形态。

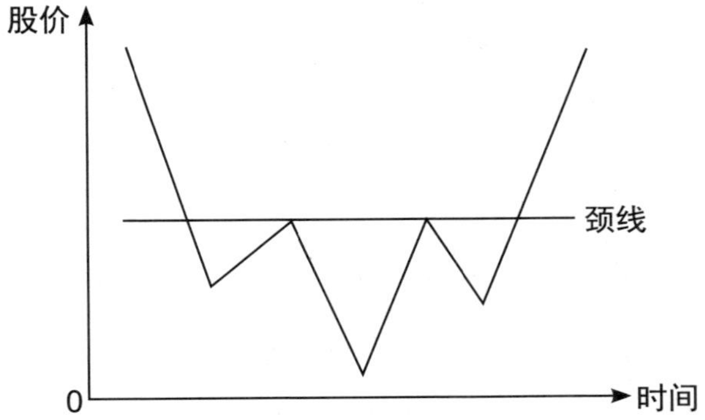

图6-3 头肩底示意图

头肩顶形态是较为可靠的卖出信号，通过3次连续的涨跌构成该形态的3个部分，也就是有3个高点，中间的高点比另外两个高点要高，称为“头部”，左右两个相对较低的高点称为“肩部”。如图6-4所示为头肩顶的一般形态。

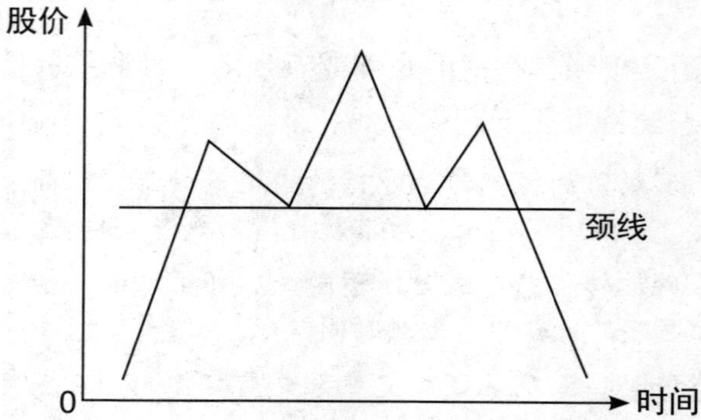

图6-4 头肩顶示意图

2.V形形态——V形底和V形顶

V形底形态又称为尖底形态，它是一个比较常见的反转形态。V形底出现在底部的频率较高，而且一般出现在市场剧烈的波动之中，如图6-5所示为一般V形底的形态。该形态与其他的反转形态最大的区别就在于，V形底转向过程仅2～3个交易日，有时甚至更短就完成了，这让V形成为最直观的反转形态。

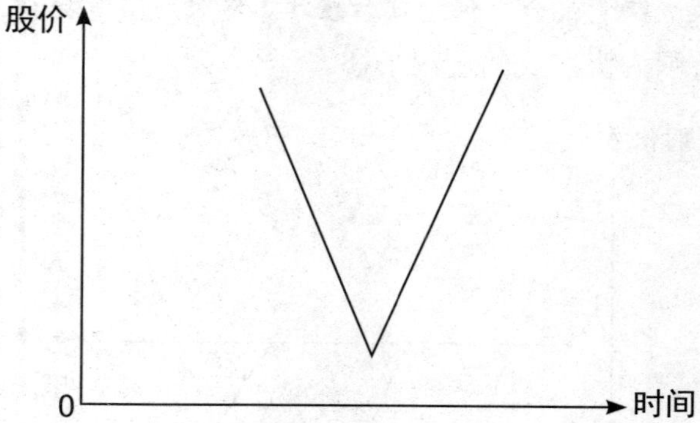

图6-5 V形底示意图

V形顶也称倒V形反转形态或尖顶形态，其走势同V形底一样，也是一个比较常见的反转形态，它在顶部出现的频率较高，而且一般出现在市场剧烈的波动之中。其关键性的转向过程也仅2～3个交易日就完成，有时甚至更短，通常情况下会有一根较长的上影线触顶，随后股价开始大幅下跌。如图6-6所示为V形顶的一般形态。

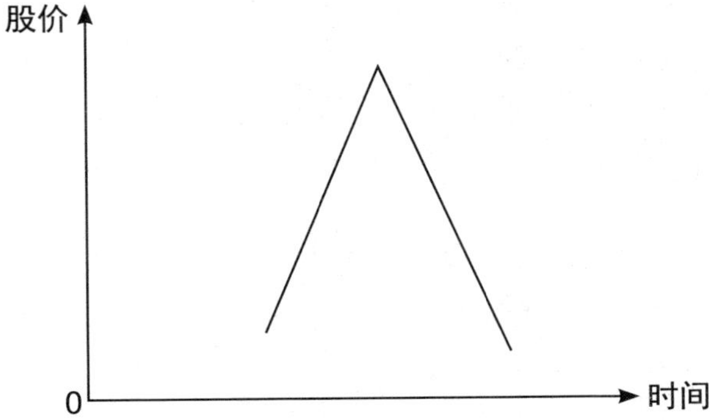

图6-6 V形顶示意图

3.双重形态——双重底和双重顶

双重底又称为W形底，该形态一般在下跌行情的末期出现。双重顶反转形态一般具有如下的特征。

- 形态的低点通常在同一水平线，股价第一次冲高回落后的顶点称为颈部，当股价放量突破颈线时，行情可能见底回升。
- 形态形成之后，股价有可能出现回落的行情，股价最终会在颈部附近价格止跌企稳，后市看涨，投资者可在第二次突破回落止跌后介入。

如图6-7所示为双重底的一般形态。

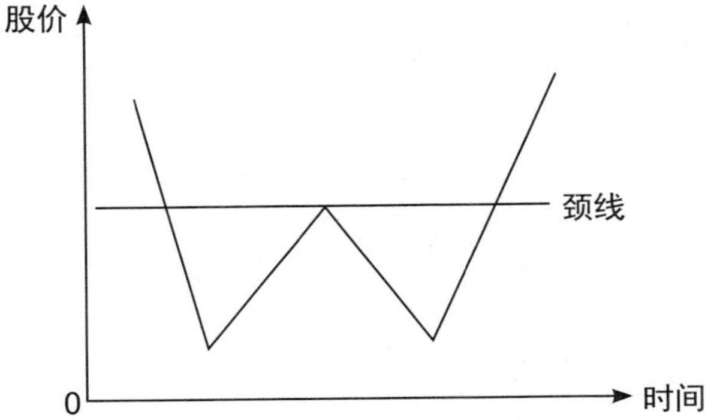

图6-7 双重底示意图

TIPS *实战中的双重底形态*

在实际操作中，也会出现双重底的两个底点不在同一水平线上的情况，通常，第二个底点都较第一个底点稍高，是因为部分先知先觉的投资者在第二次股价回落时已开始买入，令股价没法再次跌回上次的低点。而且形态底部两个低点之间的距离存在不对称的情况，通常，左底成交量大于右底，突破颈线若伴随放量，则上涨信号比较明确。此外，双重底形态在底部构筑的时间越长，其产生的回升效果就越强。完整形态的W底构筑时间至少需要一个月左右。过短的时间间隔有可能是主力设置的技术陷阱。

双重顶又称M形顶，该形态一般是在上升行情的末期出现，它与双重底形态的作用刚好相反，它是一个后市看跌的见顶反转形态。

双重顶反转形态一般具有如下特征。

- 形态的高点并不一定在同一水平，通常第二个顶点比第一个顶点稍高，是高位追涨筹码介入拉高的结果，由于主力借机出货，因此股价上涨力度不大。
- 形态的两个顶点就是股价这轮上升行情的最高点，当股价有效跌破形态颈线（第一次下跌的低点为颈部）时行情发生逆转，投资者应果断卖出股票。

如图6-8所示为双重顶的一般形态。

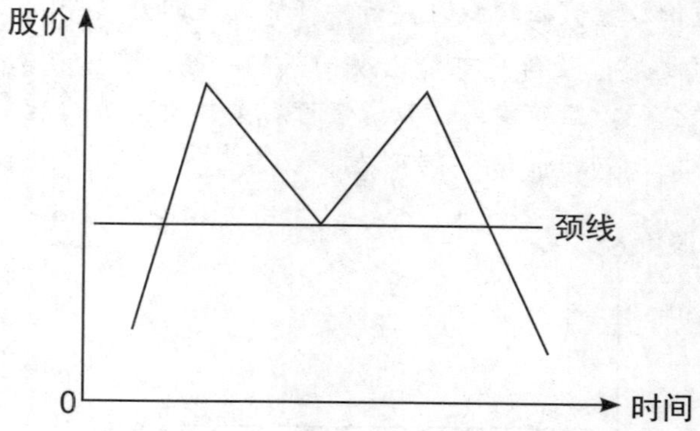

图6-8 双重顶示意图

4.三重形态——三重底和三重顶

三重底形态是头肩底形态的变形，是由3个一样的低位或接近的低位形成，与头肩底的区别是头部的价位回缩到和肩部差不多相等的位置。

出现三重底形态的原因是投资者没有耐心，在形态完全形成之前便急于卖出；走势不如人意时又急于买进，等到形态完成，大势已定。股价正式开始反转时，投资者却犹豫不决，缺乏信心，没有把握住上涨的行情。三重底形态的分析需要注意以下两点。

◆ 三重底的颈部和顶部连线是水平的，所以三重底具有矩形的特征。

◆ 三重底的低点与低点的间隔距离不必相等。

如图6-9所示为三重底的一般形态。

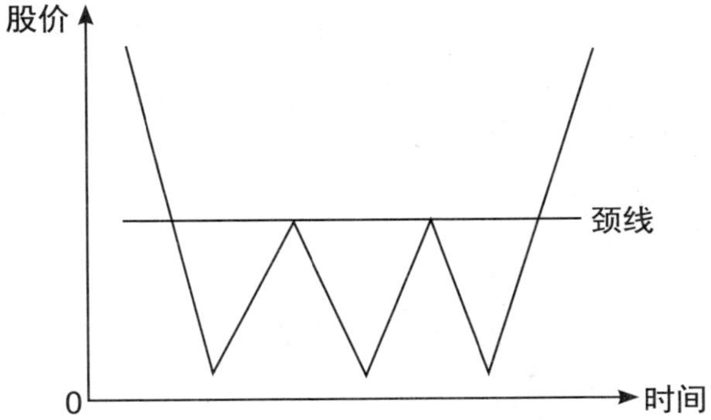

图6-9 三重底示意图

三重顶与三重底类似，是由3个一样高位或接近的高位形成，头部的价位与肩部的位置相离不远。出现三重顶形态的原因也是投资者没有耐心，在形态完全形成时便急于卖出或买进，等到形态完成，大势已定时，却发现股价已经处于下跌通道中，后市遭受不小损失。

如图6-10所示为三重顶的一般形态。

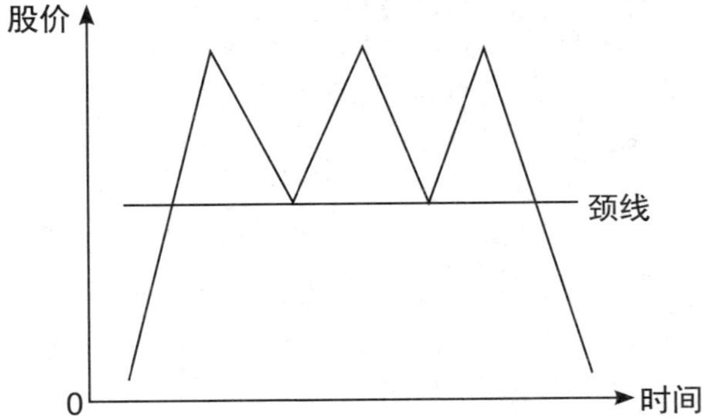

图6-10 三重顶示意图

前面说的是标准情况下的三重形态，在实战中，三重底（顶）的顶峰与顶峰，或谷底与谷底的间隔距离与时间不必相等，同时三重底（顶）的底部或顶部也不一定要在相同的价格形成，即颈线也不一定必须是水平的。此外，三重形态的形成时间一般在两个月以上，且时间越长，三重形态越可靠。过于短暂的时间形成的三重形态，很容易变成其他形态。

5.圆弧形态——圆弧底和圆弧顶

圆弧底是一种极具上涨能力的底部形态，其形成过程是股价缓慢下滑，在跌势趋缓并止跌之后，多空达到平衡，在底部横盘少许时日后，股价又缓慢回升，每次回落点都略高于前一次形成的低点，整个形态就像一个圆弧，所以被称为圆弧底或圆底，其形态示意如图6-11所示。

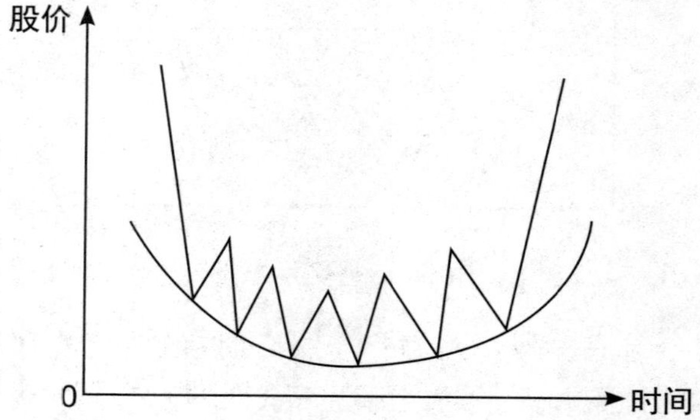

图6-11 圆弧底示意图

TIPS *圆弧底形态的成交量变化*

在圆弧底形成过程中，成交量的变化趋势与价格平行。即在圆形底形成初期，随着股价下跌，成交量也会下降。随后股价在一个相对低迷的时期过后（即圆形底的底部）股价开始上涨，成交量也随之上升。

圆弧顶与圆弧底的形成过程相反，其形成过程是股价上升到高位后，开始缓慢上升，到达顶部后，股价又缓慢下跌，每次回落的高点都略低于前一次形成的高点，整个形态像一个圆弧。但在圆弧顶发展的末期，成交量会放大，股价会逐渐加速下跌。

圆弧顶的形态示意图如图6-12所示。

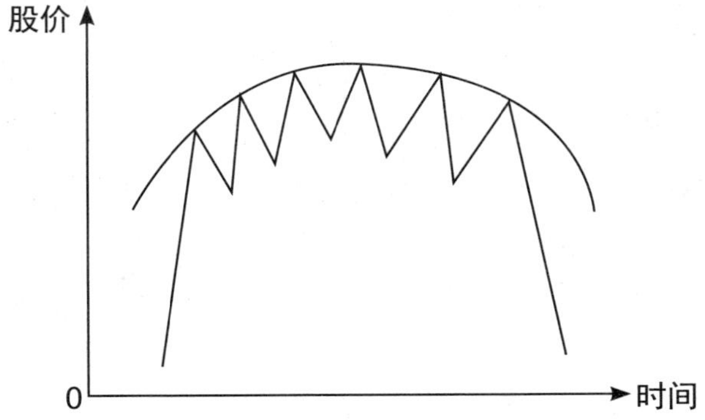

图6-12 圆弧顶示意图

在实战操盘中，标准的圆弧底和圆弧顶形态比较少见，大多数时候，这两种形态都不太标准，但是同样发出可靠的行情反转信号。

6.2.2 4种经典的持续整理形态及其市场意义

持续整理形态是指股价在运行中开始短期调整，待调整结束，即整理形态完成后，股价将延续前期的趋势。常见的持续整理形态有三角形整理、楔形整理、旗形整理和矩形整理这4种，下面分别进行介绍。

1.三角形整理

三角形整理是持续整理形态中最常见的一种，根据形成整理形态的三角形形状，又可分为对称三角形整理、上升三角形整理和下降三角形整理3种。

◆对称三角形整理

对称三角形也称收敛三角形，它可以出现在上涨趋势或下跌趋势中，它有两条聚拢的直线，上面的直线向下倾斜，起压力作用；下面的直线向上倾斜，起支撑作用，两条线一条向上发展，一条向下发展，显示多空力量对等。两条直线的交点称为顶点，对称三角形一般有6个转折点，其示意图如图6-13所示。

对称三角形整理的最后，市场多头和空头争夺的焦点将集中在了一个很小的价格区域内，这就是收敛三角形的末期，一旦某一方获得胜利，那么价格将持续向胜利的一方运行，所以收敛三角形的跌破和突破预示这一段中期趋势的延续。

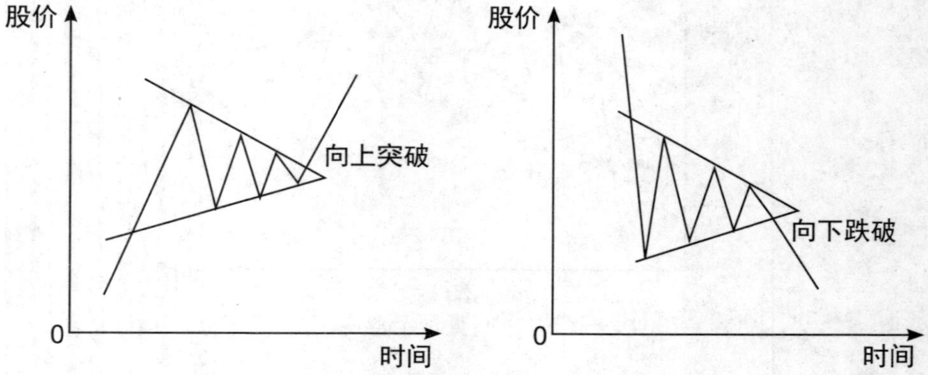

图6-13 对称三角形整理形态示意图

在对称三角形在形成过程中，成交量应逐步减小。当股价向上突破需要有大的成交量相配合，而向下跌破时则不必。除了成交量的配合外，最好还需要突破幅度和时间的配合，要求与突破趋势线的要求相同。

TIPS 对称三角形有可能提前选择方向

需注意的是，对称三角形整理并非一定要整理到三角形末端才突破，有时离末端还较远便开始突破，因此上升趋势的对称三角形整理中用这种方法高抛低吸时，在某一次会出现抛出后股价突破对称三角上边缘开始新的上升的情况，遇到这种情况时要及时买回。而下跌趋势中的称三角形整理由于有可能提前选择方向，就可能出现被套的情况，最好不参与。

◆上升三角形整理

上升三角形形态是对称三角形的变形，它通常出现在上涨趋势中，股价每次上涨的高点基本处于同一水平位置，回落的低点却不断上移，这样将每次上涨的高点和回落低点分别用直线连接起来，就构成一个向上倾的三角形，即上升三角形。

但是，上升三角形在形成过程中，成交量不断萎缩，向上突破压力线时需要放大量，而且突破后通常会有回抽上边线的过程，即在原来高点连接处止跌回升，从而确认突破的有效性，但也有些强势股突破上边线后不回抽便持续上升。

如图6-14所示为上升三角形整理形态的示意图。

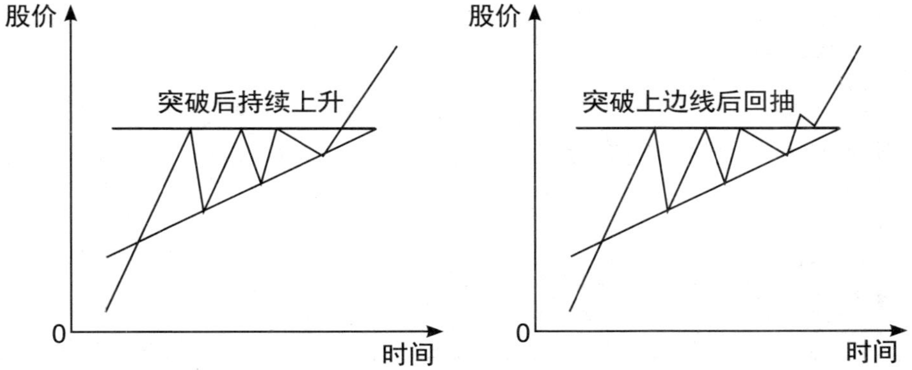

图6-14 上升三角形整理形态示意图

上升三角形是一个较好的买进信号，为了安全，可以在股价突破压力线后，小幅回调再创新高时买进，以确认突破有效。如果该股在整理前是强势股，则可在放量突破时便买进。

◆ 下降三角形整理

下降三角形与上升三角形刚好相反，它一般出现在下跌趋势中，每次股价反弹的高点不断下移，但回落的低点基本处于同一水平位置，将每次的上涨高点和回落低点分别用直线连接起来，就构成一个向下倾的下降三角形。

下降三角形整理形态表示，在该整理区内卖方力量略大于买方力量。下降三角形被跌破后，也可能回抽下边线后再确认下跌，如果跌破时力度较强则可能不会回抽。

如图6-15所示为下降三角形整理形态的示意图。

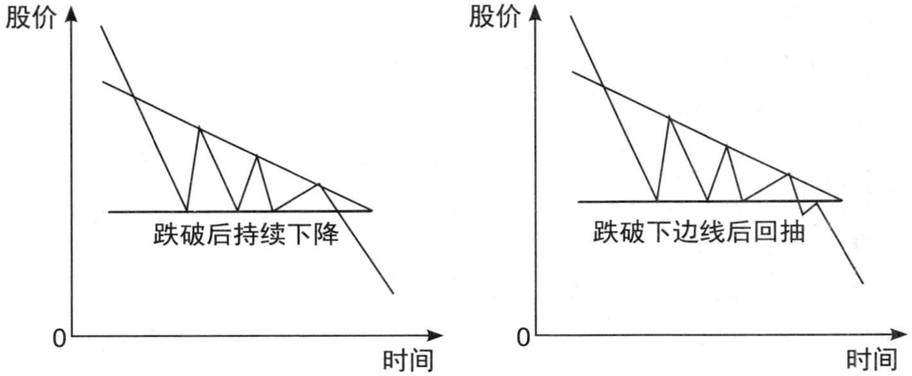

图6-15 下降三角形整理形态示意图

下降三角形是一个较好的卖出信号，投资者在下跌途中遇到该形态时，一定要坚持持币策略。

在实战操作中，上升三角形的上边线或者下降三角形的下边线完全水平的情况很少，只要是近似水平的水平线，也具有标准上升三角形和标准下降三角形的作用。

TIPS *三角整理形态不完全是原趋势的持续*

大部分情况下在大趋势中出现的三角形整理形态都会继续原来的趋势，但也有少数时候会发生反向运动。因此不能全部生搬硬套这些理论，若向上突破三角整理上边线后又跌回上边线下方，则应止损卖出；若向下有效跌破三角整理下边线后，股价又重新升回上边线之上，则可买入。

2.楔形整理

楔形形态是指在整理过程中，分别连接股价的高点与低点，形成的两条线往同一方向靠拢，但未能相交，形状类似楔子，所以称为楔形整理形态。很多人将楔形和三角形混为一谈，它们的区别在于，楔形整理的二条界线同时上倾或下斜，而三角形整理的两条界线方向相反或有一根是水平方向。楔形整理分为上升楔形整理和下降楔形整理两种。

◆上升楔形整理

由两条斜率不同，但均向上方倾斜的界线所形成的楔形称为上升楔形。与上升三角形不同的是，上升楔形整理通常出现在下跌趋势中，是下跌持续形态。

因为在上升楔形整理形态中，股价上升，卖出压力虽然不大，但是市场中的做多氛围仍然不浓，股价虽然上扬，但每一个新的上升波动都比前一个弱，最后当需求完全消失时，股价便会反转下跌。

因此，上升楔形整理形态表示多方力量逐渐减弱，常在出现在下跌行情的反弹阶段，它只是一次下跌后技术性反弹而已，当其下边线被跌破后，股价通常会急速下跌，也会出现回抽的情况，但是最终还是在强烈的卖方打压下继续下跌行情，当股价跌破下边线后，投资者就应该果断卖出，持币观望。

如图6-16所示为上升楔形整理形态示意图。

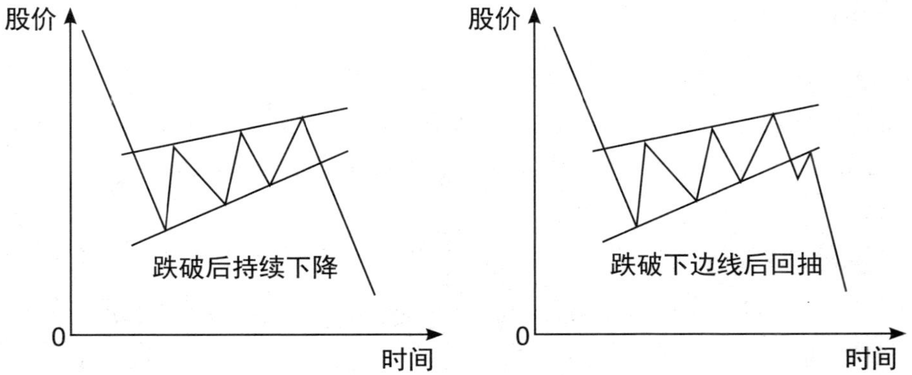

图6-16 上升楔形整理形态示意图

◆ 下降楔形整理

由两条斜率不同，但均向下方倾斜的界线所形成的楔形称为下降楔形。与下降三角形不同的是，下降楔形整理通常出现在上升趋势中，是上涨持续形态。

因为下降楔形是上升途中回调无力的表现，也就是说股价虽然回调，但回调速度越来越慢，不是真正的下跌，而是主力的洗盘行为。

在实战中，股价在突破下降楔形整理的上边线后继续原来的上升趋势，也有的情况会回抽上边线，但是最终在上边线处止跌后继续上涨。所以，当投资者在上升行情中遇到下降楔形整理形态后，可在突破上边线或者回抽上边线后积极买入做多，持股待涨。

如图6-17所示为下降楔形整理形态示意图。

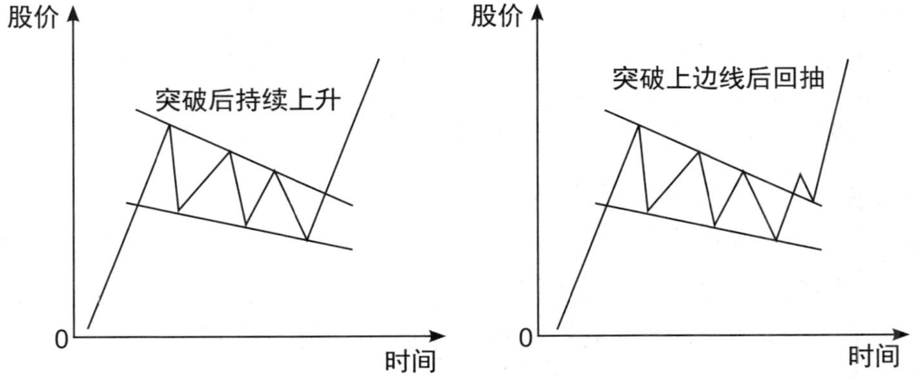

图6-17 下降楔形整理形态示意图

3.旗形整理

旗形整理是指股价在整理过程中，分别连接高点和低点，形成两条倾斜的平行线，形状类似“旗面”的整理形态。该形态通常出现在急速且大幅变动的行情中。旗形整理分为上升旗形整理与下降旗形整理两种。

TIPS *旗形整理与楔形整理的形态说明*

旗形整理与楔形整理形态形成的两条界线倾向的方向都是同向的，但是二者也是有明显区别的，旗形整理的两条界线是平行的，而楔形整理的两条界线斜率不同。

◆上升旗形整理

上升旗形通常出现在急涨的行情中，经过一段快速的上升行情后，股价出现横向整理，形成了一个成交密集、略向下倾斜的股价波动密集区，将这一区域的高点与低点分别连接在一起，形成一个略下倾的平行四边形，这就是上升旗形整理形态。其整理示意如图6-18所示。

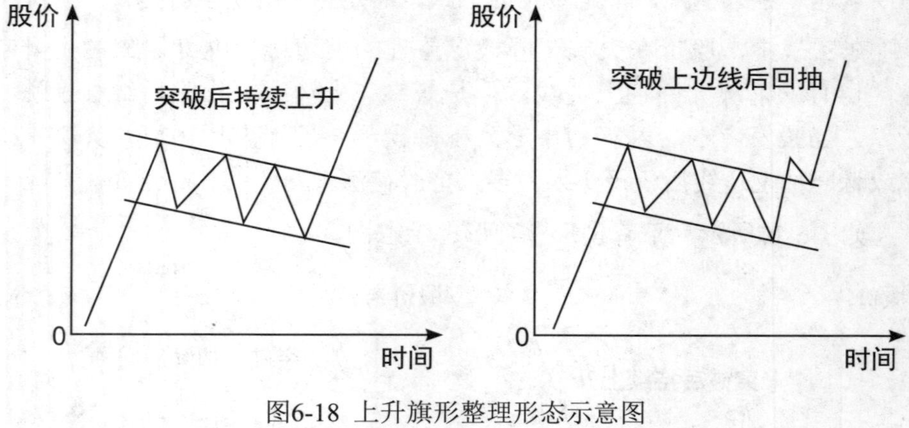

图6-18 上升旗形整理形态示意图

当股价突破上升旗形整理形态的上边线或者回抽上边线确认后，投资者即可逢低吸纳买入该股。

◆下降旗形整理

下降旗形与上升旗形相反，通常出现在急跌市中，经过一段快速的下跌行情后，股价出现横向整理，形成了一个成交密集、略向上倾斜的股价波动密集区，将这一区域的高点与低点分别连接在一起，形成一个略上倾的平行四边形，这就是下降旗形。其整理示意如图6-19所示。

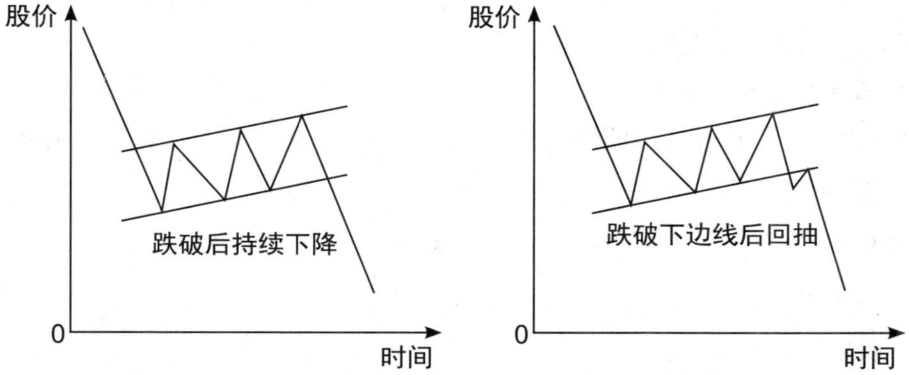

图6-19 下降旗形整理形态示意图

当股价跌破下降旗形整理形态的下边线或者回抽下边线确认后，投资者就要积极卖出，落袋为安。

4.矩形整理

矩形形态是指股价在一个较为固定的区间内上下波动，分别连接高点和低点，形成一个类似矩形的形状，所以称为矩形整理形态。矩形整理形态分为上升矩形整理和下降矩形整理两种。

◆上升矩形整理

出现在上涨行情中的矩形整理形态称为上升矩形整理形态，其整理示意如图6-20所示。

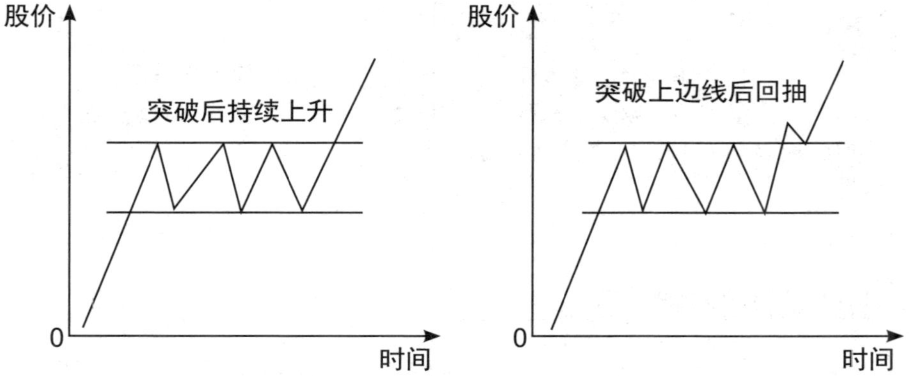

图6-20 上升矩形整理形态示意图

在上涨行情中出现上升矩形整理形态后，当股价向上突破矩形上边线时，形成第一买点，投资者可以少量买入；当股价在突破之后再次回抽确认时，形成第二买点，投资者可以适当加仓。

◆ 下降矩形整理

出现在下跌行情中的矩形整理形态称为下降矩形整理形态，其整理示意如图6-21所示。

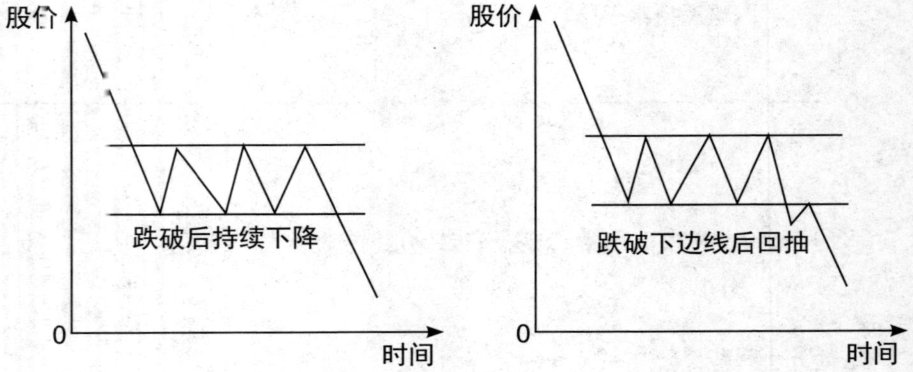

图6-21 下降矩形整理形态示意图

在下跌行情中出现下降矩形整理形态后，如果股价跌破下边线或者回抽下边线 投资者都要果断地卖出股票，规避行情后市继续下跌。

在实战操作中，很少出现两条界线完全水平的矩形整理形态，近似水平也可看作是矩形整理。

TIPS *矩形整理形成过程中的操作策略*

在整个矩形整理形成的过程中，显示的是多空双方实力相当，进行激烈交战，成交量会不断减少，直到一方力量耗尽，出现突破方向为止。因此，在整个矩形整理过程中，投资者可持币观望。

6.2.3

形态分析法的注意事项

我们前面介绍了一些经典的反转形态和持续整理形态，组成这些形态的K线都是最原始的数据，形态分析法也是分析成本最低的技术分析方法，但在使用时仍然需注意一些问题，以免误入歧途或得出片面的结论。在使用这种方法进行分析时需考虑以下几个方面的问题。

◆ 市场上先有趋势的存在，才会有反转和整理形态的产生，因此只有在明显的上涨或下跌趋势基础之上，才能谈论反转和盘整，所以在分析股价形态之前，必须先清楚地知道当前市场处于一种什么样的趋势之中，这一点非常重要，这在前面的讲解中也多次提到。

◆ 形态的高度和宽度（经历的时间）与形态完成后的市场运动的规模是相对应的，形态的规模越大，经历的时间越长，则形态完成后的市场运动幅度也越大。

◆ 构成顶部形态的时间通常要短于构成底部形态的时间，并且顶部的价格波动幅度较大、成交量巨大，因为股价的上涨需要成交量的配合。

◆ 底部所形成的形态，股价波动通常较小，经历的时间较长。因为主力建仓和洗盘需要大量的时间，因此底部经历的时间要长于顶部的时间，对于中长线投资者，可在底部形态形成之后再买进股票，以保证买点的安全性。

◆ 现有形态即将发生变化的信号，通常是重要的趋势线被有效突破。上升或下降趋势的结束并不表示趋势立即就会改变，但在许多情况下，趋势线的突破与价格形态的完成是同步实现的，因此将趋势线同形态分析结合起来研究，对实际操作将有所益处。

◆ 实际上，反转形态与整理形态没有非常明显的界限，只是具备一定倾向性，整理形态可能演变为反转形态，反转形态也可能演变为整理形态，甚至有些形态本身就有双重性。站在不同的角度，对同一形态可能会产生不同的解释。所以，不必太在意名称和类别的划分，而应将着重点放在对形态的分析上。

总之，形态分析不能生搬硬套，应从其原理上进行分析，而不要仅仅拘泥于形态，并将之与其他技术分析方法结合起来，以提高成功率。

6.3 MACD指标与反转形态组合使用

K线的经典形态我们讲解了5种，其中V形形态形成的时间较快，一般的投资者不容易把握。因此在本小节中，主要介绍头肩形态、双重形态、三重形态和圆弧形态与MACD指标相结合的实战应用，来研判股价的买卖点。

6.3.1
头肩底形态与MACD底背离组合

在股价大幅下跌后，K线出现头肩底组合形态，说明股价已经下跌至底部，上涨行情即将启动。若右肩高于左肩，则股价上涨的概率更大。

而此时MACD指标在0轴下方运行，且DIF线在头肩底形态形成时的3个低点位置也形成3个低点，且第二个低点明显高于第一个低点，第三个低点也比第二个低点高，说明MACD指标与股价形成了底背离形态，更加说明了股价的下跌趋势难以持续，后市将止跌企稳，开启上涨行情。

在头肩底形态形成后，如果MACD指标与股价形成底背离后，且DIF线向上突破DEA线形成金叉时，则是一个最佳买入的机会。投资者可逢低吸纳买入该股，积极做多。对于稳健的投资者而言，最好还是在股价突破颈线后再介入。

TIPS *头肩底形态形成过程中MACD指标的变化*

当头肩底形态的左肩形成时，DIF线会同步反弹向上，之后随着股价的下跌再变下降。当头肩底形态的头部形成时，DIF线会再次拐头向上运行，并上穿DEA线形成金叉，但是此时形成的低点要高于左肩对应的DIF低点，出现股价与DIF线底背离。当头肩底形态的右肩形成时，DIF线的回落力度已经较弱，有时甚至还未来得及下穿DEA线便拐头向上运行，此时表明市场中的多方势力已经明显增强，上涨行情已经启动。

分析实例 元力股份（300174）——头肩底形态与MACD底背离买点分析

如图6-22所示为元力股份2018年11月至2019年3月的K线走势图。

从图中可以看到，该股在2018年12月底之前始终处于震荡下跌的趋势中，并在2019年1月4日创出10.51元的低价，随后股价开始回升，形成头肩底形态的左肩。同时期的DIF线也开始向上运行，但未能突破0轴。

股价经过左肩短短几个交易日的回升后再次下跌，并于1月29日创出9.67元的新低，形成头肩底形态的头部，同时期的DIF线却依旧保持向上运行的态势，与股价发生底背离，是买入信号。

当头部逐渐形成后，股价再次经历了一波良好的上涨，股价在2019年3月上旬到达阶段性的高位后，步入回调整理，短短几个交易日的下跌后股价在13.00元价位线附近止跌，形成头肩底形态的右肩。

至此，头肩底形态完全形成，且DIF线和DEA线在0轴上方形成金叉，发出买入信号。随后股价没有立即攀升，而是短暂横盘几个交易日后，在DIF线急速上涨的作用下，股价得到支撑后转头上攻，拉开新一轮上涨行情的序幕。

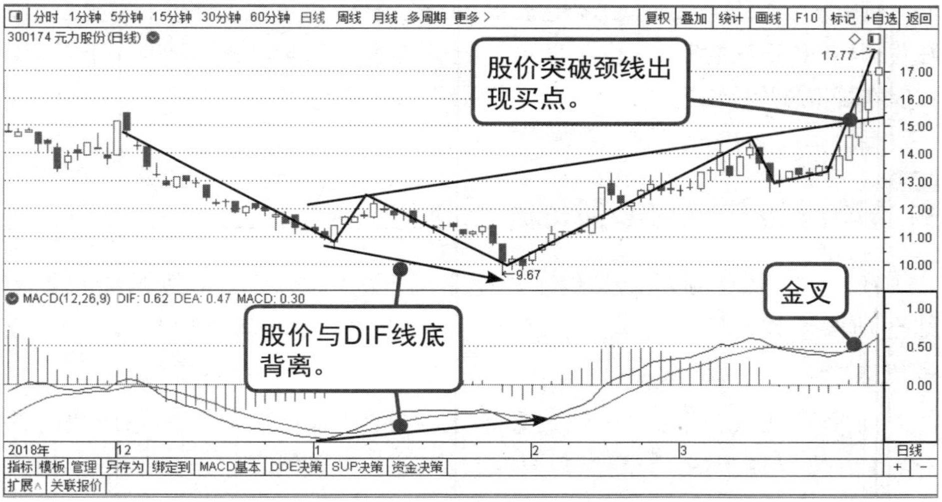

图6-22 元力股份2018年11月至2019年3月的K线走势图

如图6-23所示为元力股份2018年11月至2019年4月的K线走势图。

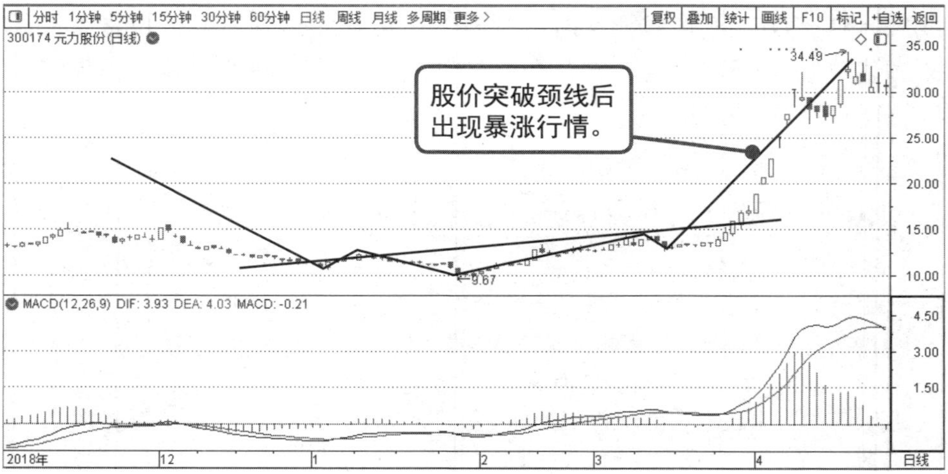

图6-23 元力股份2018年11月至2019年4月的K线走势图

从图中可以看到，股价在2019年4月的15.00元价位线突破头肩底形态的颈线后，股价走出一波快速上涨的暴涨行情。

在不到一个月的时间，股价最高上涨到34.49元，从突破颈线的价格来看，股价比轮上涨的涨幅接近130%，即使投资者在股价突破颈线后再买入，也可以获利丰厚。

可见，MACD与头肩顶形态是股价在低位较为可靠的买入信号，投资者可以在股价与DIF线发生背离时少量买入，待头肩底形态完全形成后再进行加仓，这样操作既将风险控制到了最小，同时也保证了足够的收益。

6.3.2 头肩顶形态与MACD顶背离组合

在股价大幅上涨的高价位区，K线出现头肩顶形态，说明股价已经上涨至顶部位置，下跌行情即将启动。若右肩低于左肩，则股价下跌的概率更大。

而此时MACD指标在0轴上方运行，且DIF线在头肩顶形态形成时的3个高点位置也形成3个高点，且第二个高点明显低于第一个高点，第三个低点也比第二个高点底，说明MACD指标与股价在行情的高价位区形成了顶背离形态，更加说明了股价的上涨趋势难以持续，后市将见顶回落，开启下跌行情。

在头肩顶形态形成后，如果MACD指标与股价形成顶背离后，且DIF线向下跌破DEA线形成死叉时，则是一个最佳卖出的机会。投资者应果断抛售离场，落袋为安。尤其在股价跌破颈线或者回抽颈线，投资者更应该坚决离场，锁定利润。

TIPS *头肩顶形态形成过程中MACD指标的变化*

当头肩顶形态的左肩形成时，DIF线会同步快速下跌，之后随着股价的上涨再度上行。当头肩顶形态的头部形成时，DIF线会再次拐头向下运行，并下穿DEA线形成死叉，但是此时形成的高点要低于左肩对应的DIF线高点，出现股价与DIF线顶背离。当头肩顶形态的右肩形成时，DIF线的上涨力度已经较弱，有时甚至还未来得及上穿DEA线便拐头向下运行，此时表明市场中的空方势力已经明显增强，下跌行情已经启动。

分析实例 日科化学（300214）——头肩顶形态与MACD顶背离卖点分析

如图6-24所示为日科化学2016年8月至2017年5月的K线走势图。

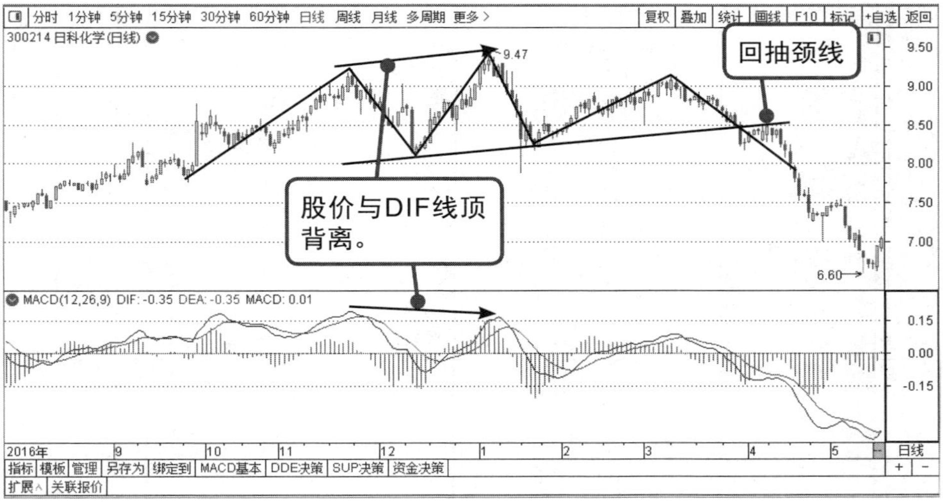

图6-24 日科化学2016年8月至2017年5月的K线走势图

从图中可以看到，该股在2016年11月底运行到9.00元的高价位区，随后展开了一波快速回调整理阶段，形成头肩顶形态的左肩，同时期的DIF线也创出新高，而后开始向下运行，并跌破0轴。

进入12月，股价在8.00元的价位线企稳，股价开始回升，并收复前期回调失地，创出9.47元的新高，形成头肩顶形态的头部，此时DIF线从0轴下方向上运行也形成第二个高点，但是该高点却明显低于第一个高点，与股价上涨趋势形成背离，此时即发出一个卖出信号。

随着头部的完全形成，股价再次进行了一波的直线快速回落，最终在8.00元价位线上方再次获得支撑，股价略有回升，在未到达左肩高度的位置便滞涨，形成头肩顶形态的右肩。至此头肩顶形态完全形成，再次发出卖出信号。

尤其在2017年4月，股价在跌破颈线后，股价短暂企稳回抽颈线，但是由于空方势力强大，股价最终受到颈线的压制，回抽几个交易日后便开启了一波快速下跌行情。

因此，投资者应在DIF线与股价发生背离时逐渐减仓，了结部分获利；当头肩顶形态完全形成时，投资者则应及时清仓，避免遭受损失。

如图6-25所示为日科化学2016年11月至2018年11月的K线走势图。

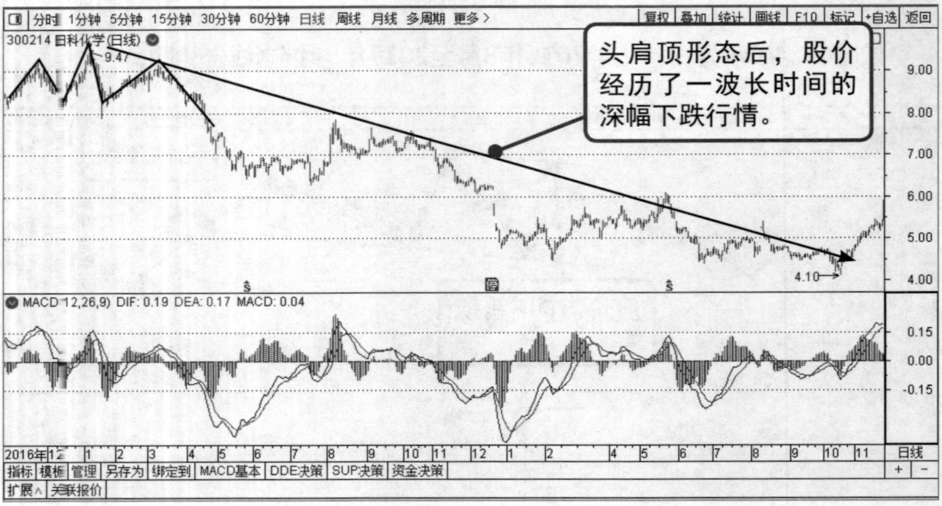

图6-25 日科化学2016年11月至2018年11月的K线走势图

从图中可以看到，股价在出现头肩顶形态后，股价经历了一波深幅下跌行情，整个下跌持续了两年的时间。

可见头肩顶形态与MACD顶背离是股价在高位时较为可靠的卖出信号，投资者一定要顺势卖出，才能规避股价下跌带来的投资风险。

6.3.3 双重底形态与MACD二次金叉组合

股价在低价位区出现双重底形态，说明股价已经下跌到底部位置，上涨行情即将启动。观察同期的MACD指标发现，MACD指标在0轴下方运行，并且在双底的两个低点位置，DIF线也出现两个低点，且第二个低点比第一个低点明显高，说明上涨动能逐渐聚集。

如果双重底在形成过程中，当第一重底形成时，DIF线与DEA线出现一次金叉。随后在双重底的第二重底形成后，股价伴随大成交量上涨，且DIF线上穿DEA线形成二次金叉，此时出现第一买点。

如果MACD随后运行到0轴上方，或者DIF线向上且股价突破颈线位置，则此时为第二买点，投资者可以在此位置进行加仓。

分析实例 中颖电子（300327）——双重底形态与MACD低位二次金叉买入

如图6-26所示为中颖电子2018年7月至2019年4月的K线走势图。

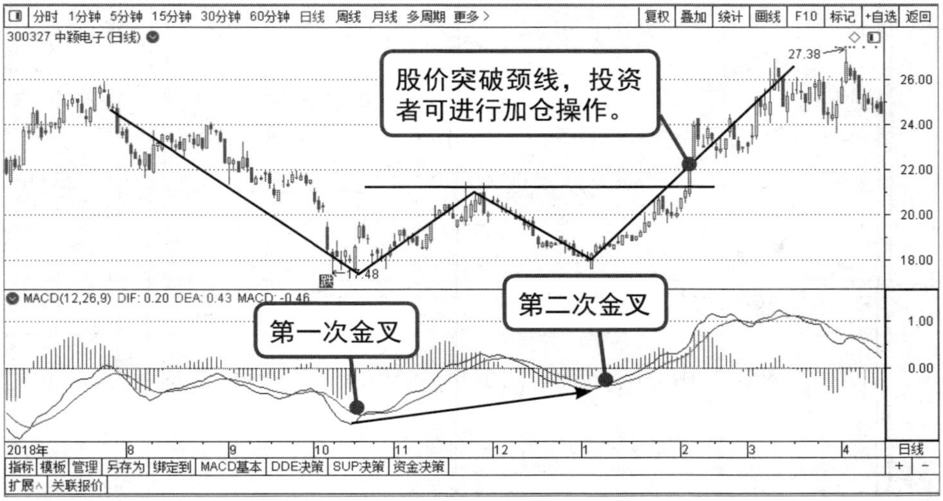

图6-26 中颖电子2018年7月至2019年4月的K线走势图

从图中可以看到，该股大幅下跌后于2018年10月创出17.48元的新低后止跌出现一轮上涨行情，形成双重底形态的第一重底，同时期的DIF线也拐头向上形成一个谷底，并上穿DEA线形成金叉。

当第一重底形成后，股价进入反弹阶段，当股价反弹至21.00元的价位线时滞涨，股价再次下跌形成双重底形态中的第二重底。同时期的DIF线也随之向下运行在0轴下方形成第二个底部，且此时的底部明显高于前期的底部，随后DIF线上穿DEA线形成二次金叉，出现第一个买点。因为此时DIF线仍处于0轴下方，所以买入风险较大，投资者应看清这一点。

股价在双重底形成后股价一路拉升上涨，MACD指标运行到0轴上方，且股价突破前期双重底形态的颈线，形成第二个买点，此时买入风险较小，投资者可以顺势买入。

如图6-27所示为中颖电子2018年10月至2019年9月的K线走势图。

从图中可以看到，该股在双重底形成后，股价出现了一波大幅震荡的拉升行情，股价从突破颈线的21.00元左右的价格，最高上涨到31.03元，涨幅也接近50%。

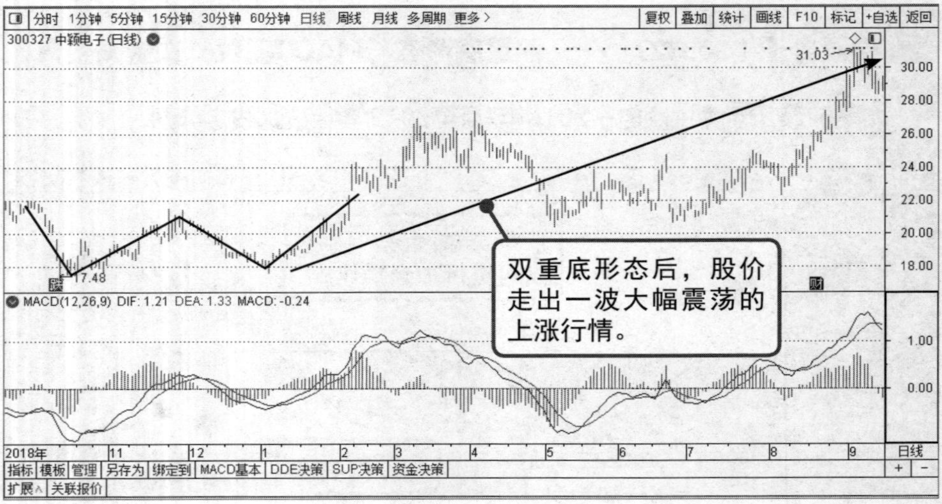

图6-27 中颖电子2018年10月至2019年9月的K线走势图

6.3.4 双重顶形态与MACD二次死叉组合

股价在高价位区出现双重顶形态，说明股价已经上涨到顶部位置，下跌行情即将启动。观察同期的MACD指标发现，MACD指标在0轴上方运行，同时在双顶的两个高点位置，DIF线也出现两个高点，且第二个高点比第一个高点明显低，说明下跌动能逐渐积聚。

如果双重顶在形成过程中，当第一重顶形成后，DIF线下穿DEA线形成高位死叉状态。随后在双重顶的第二重顶形成后，DIF线再次下穿DEA线形成二次死叉，此时出现第一个卖点。如果MACD随后与股价一并向下运行跌破颈线，此时为第二个卖点。

尤其在DIF线和DEA线跌破0轴后，即是该股的清仓线，投资者此时要坚决离场。

分析实例 聚光科技（300203）——双重顶形态与MACD高位二次死叉卖出

如图6-28所示为聚光科技2019年1月至2019年4月的K线走势图。

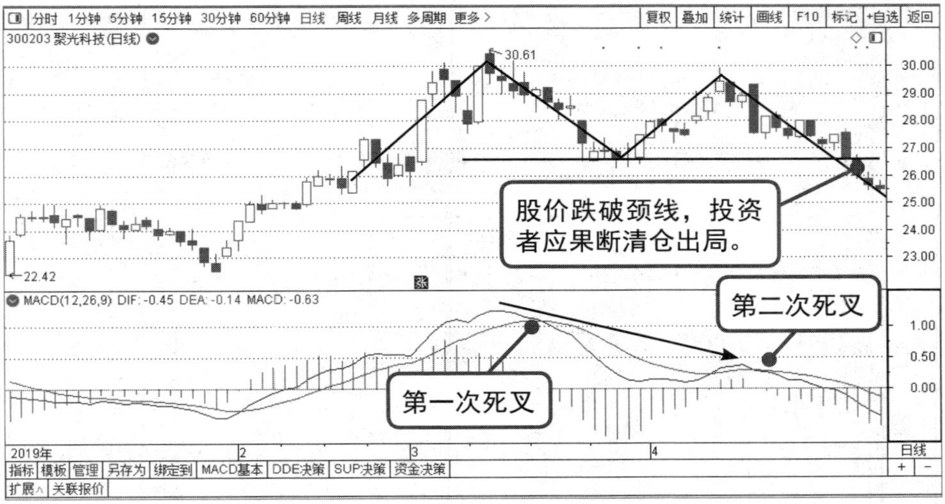

图6-28 聚光科技2019年1月至2019年4月的K线走势图

从图中可以看到，该股经过前期的上涨，在2019年3月12日以30.61元的价格阴线报收见顶，形成双重顶形态的第一重顶。同时期的DIF线也形成第一个顶部。随后股价进入短期下跌行情，DIF线也随之开始向下运行，并在3月中旬下穿向下运行的DEA线形成高位死叉。

股价经过下跌后在26.50元左右的价格止跌，随后股价开始回升，在未达到前期的高点时便再次见顶，形成双重顶形态的第二重顶。同时期的DIF线重新开始向上运行，形成第二个顶部，这一次的DIF线顶部明显低于前一次的DIF线顶部，表明市场中的上涨动能逐渐衰弱，后市看跌。

尤其在DIF线第二个顶部形成后不久，DIF线下穿DEA线形成二次死叉，此时可视作为第一卖点，投资者应及时卖出股票，落袋为安。

在高位二次死叉后，股价便开启了下跌行情，尤其在4月底的连续阴线作用下，股价跌破前期双重顶形态的颈线，形成第二卖点，并且DIF线与DEA线已纷纷运行到0轴下方，更加说明了下跌行情已经开启，前期未卖出的投资者此时应抓住最后的机会进行清仓。

如图6-29所示为聚光科技2019年2月至2019年10月的K线走势图。

从图中可以看到，该股在双重顶形态后，股价在26.00元价位线跌破颈线后，股价一路下跌，不给投资者任何的后悔机会。股价从26.00元开始下降到最低的16.36元，跌幅接近40%。

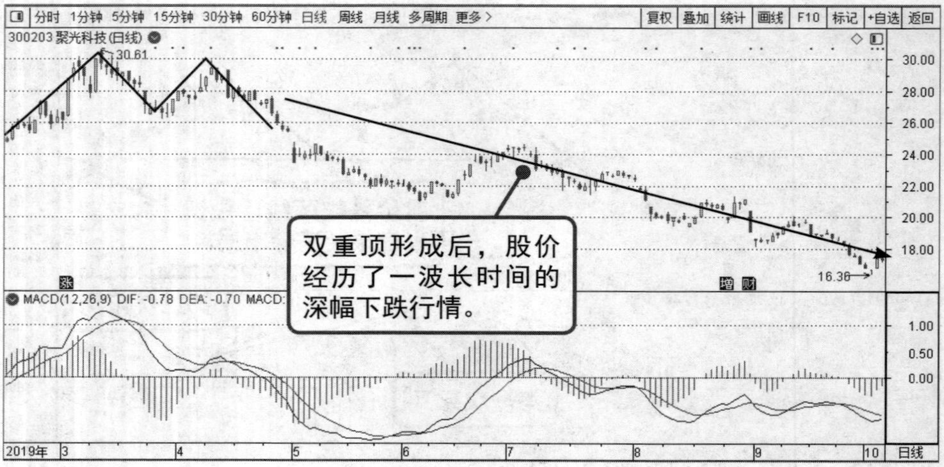

图6-29 聚光科技2019年2月至2019年10月的K线走势图

可见MACD与双重顶形态是股价在高位较为可靠的卖出信号，不论是第一卖点还是第二卖点，投资者都可以进行清仓，落袋为安才是规避风险的首要策略。

6.3.5
三重底形态与MACD金叉组合

股价在下跌行情末期形成三重底形态，同时期MACD指标，在三重底的3个低点位置，DIF线也出现3个低点，且第三个低点明显高于第二个低点，说明市场中的下跌动能走向衰弱，上涨动能开始集聚。

如果三重底的第三重底形成时，对应的DIF线的第三个低点明显高于DIF线的第二个低点，且DIF线上穿DEA线形成金叉，此时为第一个买点。投资者可以逢低吸纳进行买入操作。

如果股价继续上涨突破前期三重底的颈线，视作第二个买点，投资者此时可以进行加仓操作。尤其当DIF线和DEA线同时都在0轴上方时，更加说明行情进入了上涨行情，投资者应积极做多。

TIPS *三重底形态中的注意事项*

在形成三重底形态的第二重底时，可能是双重底形态的第一买点。在形成三重底形态的第三重底时，DIF线与股价二次背离，表明市场中的下跌动能衰弱加剧，上涨动能急剧增强，投资者应把握住这样强势上涨的行情。

分析实例 常山药业（300255）——三重底形态与MACD金叉买点分析

如图6-30所示为常山药业2018年8月至2019年3月的K线走势图。

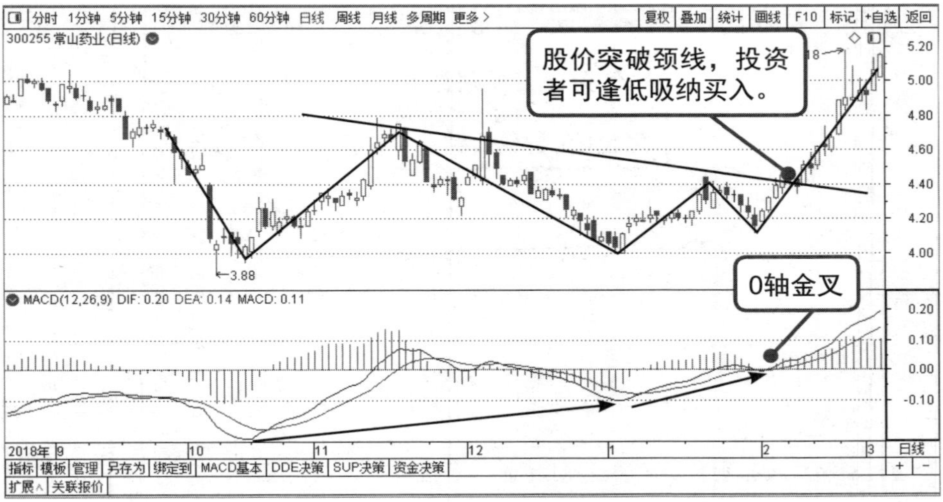

图6-30 常山药业2018年8月至2019年3月的K线走势图

从图中可以看到，该股前期大幅下跌后于2018年10月运行到股价的低价位区域，在创出3.88元的新低后股价受到4.00元价位线的支撑止跌，形成三重底形态的第一重底。同时期的DIF线也在0轴下方远离0轴的位置形成低点。

经过充分下跌后，市场中空方力量得到释放，多方发起反攻，股价进入短期反弹行情，DIF线也上穿DEA线形成金叉向0轴运行。随后空方重新集聚，股价在反弹到4.80元价位线下方时再次受到打压走出一波震荡下跌走势，并在2019年1月下跌到4.00元价位线时止跌，形成三重底形态的第二重底，同时期的DIF线也短暂上冲0轴后回落，并在2019年1月再次在0轴下方形成第二个低点。

股价在第二次反弹行情结束后，继续下跌，形成三重底形态的第三重底，同时期的DIF线随着股价的反弹继续上演，并运行到0轴，最终在0轴位置形成第三个低点，该低点明显高于前期两个DIF线的底部，且DIF线上穿DEA线形成金叉，出现第一买点。由于该股此时的DIF线已经运行到了0轴，相对而言还是比较安全的，投资者可以逢低吸纳买入该股，对于稳健的投资者，也可以待走势明朗后再进行操作。

股价三重底形态完全形成后开始一路攀升，在2019年2月，股价上涨突破前期三重底形态的颈线，形成第二买点，此时上涨行情初步得到确认，投资者可放心进行买入建仓。

如图6-31所示为常山药业2018年9月至2019年4月的K线走势图。

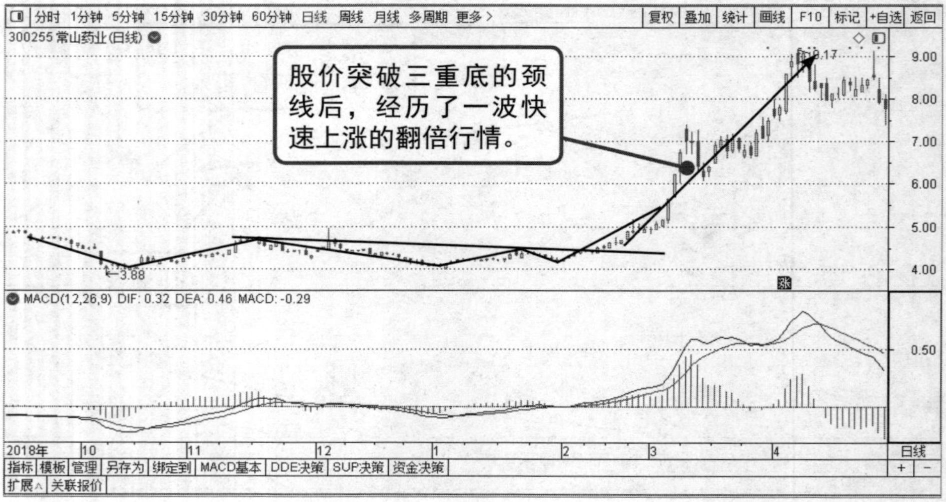

图6-31 常山药业2018年9月至2019年4月的K线走势图

从图中可以看到，该股在三重底形态之后，经历了一波快速拉升的上涨行情，股价只用了不到两个月的时间就从4.50元上涨到9.17元，涨幅超过103%。如果投资者能够很好地抓住该股发出的第一买点和第二买点，在短时间内就会获得丰厚的收益。

6.3.6 三重顶形态与MACD死叉组合

股价在上涨行情末期形成三重顶形态，同时期MACD指标在三重顶的3个高点位置，DIF线也出现3个高点，且第三个高点明显低于第二个高点，说明市场中的上涨动能走向衰弱，下跌动能开始集聚。

如果三重顶的第三重顶形成时，对应的DIF线的第三个高点明显低于DIF线的第二个高点，且DIF线下穿DEA线形成死叉，此时为第一个卖点，投资者要及时抛售出局，落袋为安。

如果股价继续下跌跌破前期三重顶的颈线，视作第二个卖点，投资者此时可以进行清仓操作。尤其当DIF线和DEA线此时都在0轴下方时，更说明行情进入了下跌行情，投资者应采取持币观望的策略。

分析实例 佳创视讯（300264）——三重顶形态与MACD死叉卖点分析

如图6-32所示为佳创视讯2018年10月至2019年6月的K线走势图。

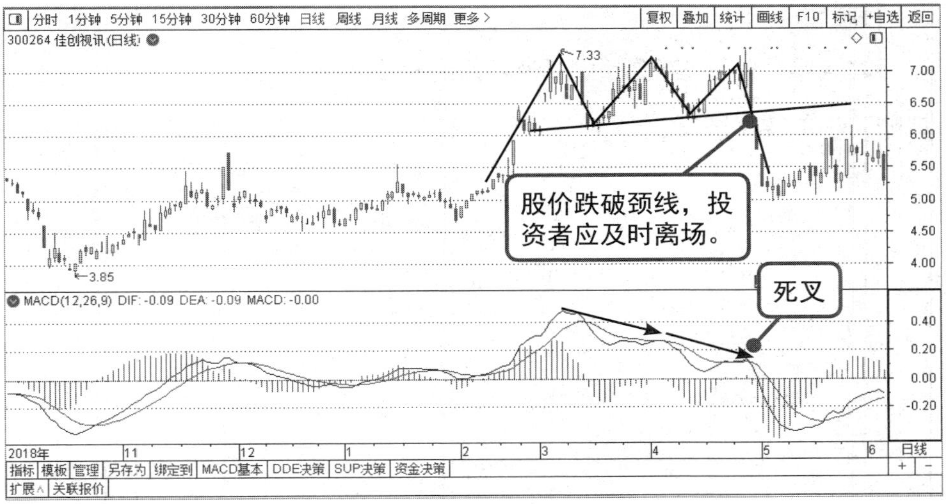

图6-32 佳创视讯2018年10月至2019年6月的K线走势图

从图中可以看到，该股在2018年10月创出3.85元的最低价后企稳回升步入上涨。随后股价涨至高位，在2019年3月7日以7.33元的最高价收出带长上影线的阳线后，股价受到7.00元价位线的压制滞涨，形成三重顶形态的第一重顶，随后股价在高位进行一波短暂的回调。随着股价创出新高后回落，DIF线也在0轴上方达到最高后拐头回落，形成一个最高点。

随着股价在高位的回调行情结束，股价开始回升，并在3月继续上涨到7.00元价位线后滞涨，形成三重顶形态的第二重顶。同时期的DIF线却没有同步创出新高，形成一个明显低于前期DIF高点的第二个顶部。股价见顶趋势逐渐明显，有经验的投资者此时就应进行减仓操作。

随着股价第二次回调行情的结束，股价再次回升，并再次在4月中旬受到7元价位线的压制，股价滞涨，形成三重顶形态的第三重顶。同时期的DIF线也形成第三个顶部，此时的DIF线高点也明显低于前一顶部，且此时DIF线和DEA线向下运行离0轴很近。

在4月29日，该股以9.97%的跌幅收出大阴线拉低股价，此时DIF线再次向下跌破DEA线形成死叉，此时即发出第一个卖出信号，投资者此时应积极卖出股票，落袋为安。

在4月30日，股价继续跳空以9.98%的跌幅再次收出大阴线拉低股价跌破前期三重顶形态的颈线，形成第二卖点，前期未及时卖出的投资者应抓住最后的机会进行清仓。

如图6-33所示为佳创视讯2019年1月至9月的K线走势图。

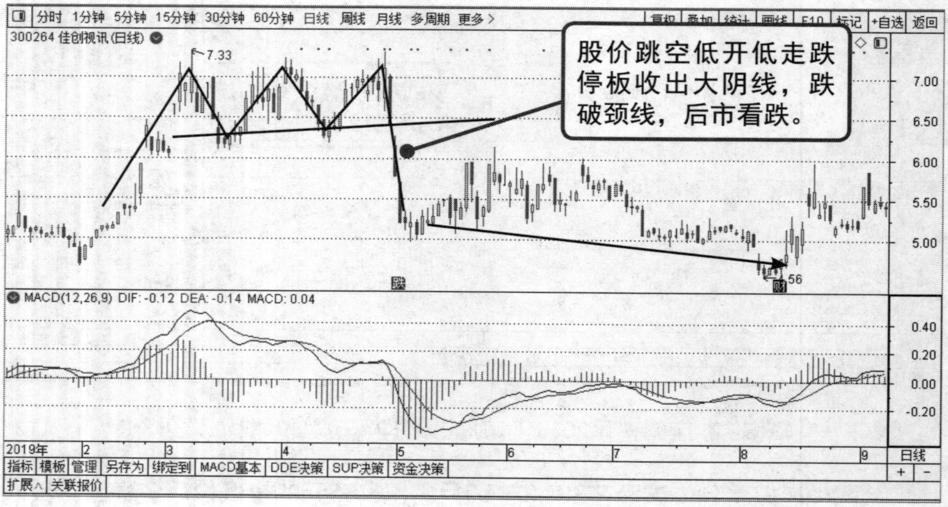

图6-33 佳创视讯2019年1月至9月的K线走势图

从图中可以看到，该股在三重顶见顶后，股价在三连阴拉低股价急速下跌后，进入了长期的震荡下跌行情中，股价最低下跌到4.56元的低位后才止跌，可见MACD与三重顶形态是股价在高位较为可靠的卖出信号。

6.3.7 圆弧底形态与MACD金叉组合

当股价回调或下跌到低位区域后跌速明显放缓，K线出现圆弧底形态，说明股价已经下跌到行情的底部位置，观察同期的MACD指标，如果此时DIF线和DEA线位于0轴下方，且随着股价跌势减缓，DIF线与DEA线的距离越来越小，当股价开始缓慢上涨时，DIF线上穿DEA线形成黄金交叉，说明股价下跌行情已经结束，上涨行情即将开启。

当圆弧底形成后，股价开始上涨时就是该股底部的一个买点，激进的投资者可以在此建仓。当MACD指标出现黄金交叉时，就是另一个最佳的买入点，此时稳健的投资者可以顺势买入建仓。随着股价继续上涨，在DIF线和DEA线都运行到0轴上方时，便是一个加仓买进的时机。

分析实例 佛塑科技（000973）——圆弧底形态与MACD金叉买点分析

如图6-34所示为佛塑科技2018年5月至2019年2月的K线走势图。

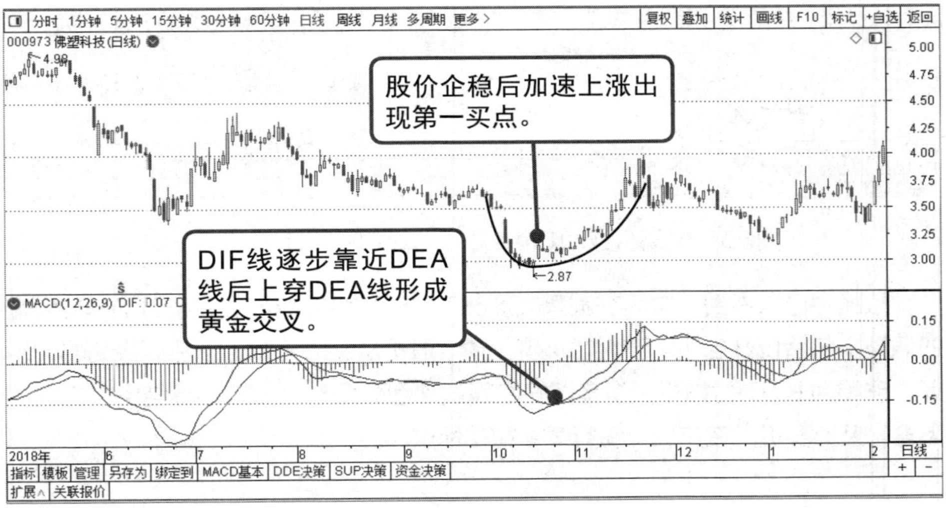

图6-34 佛塑科技2018年5月至2019年2月的K线走势图

从图中可以看到，该股大幅下跌后在2018年9月出现跌势减缓的走势，在10月股价经过一波快速下跌后创出2.87元的最低价，随后股价在3.00元的价位线企稳缓慢上涨，形成圆弧底形态。

观察同期的MACD指标，在股价急速下跌的最后一跌过程中，DIF线和DEA线下方也是快速下行，且二者的距离越来越大，之后股价创出最低价企稳，次日股价出现跳空上涨，DIF线也拐头向上运行，并向DEA线逐步靠近，此时为一个买入点，激进的投资者可以在此进行部分建仓操作。

随后股价的继续缓慢上涨，DIF线从下向上上穿DEA线形成黄金交叉，表明市场中的做多氛围逐步聚集，下跌行情已经结束，此时投资者可以逢低吸纳买入该股，积极做多。

如图6-35所示为佛塑科技2018年8月至2019年4月的K线走势图。

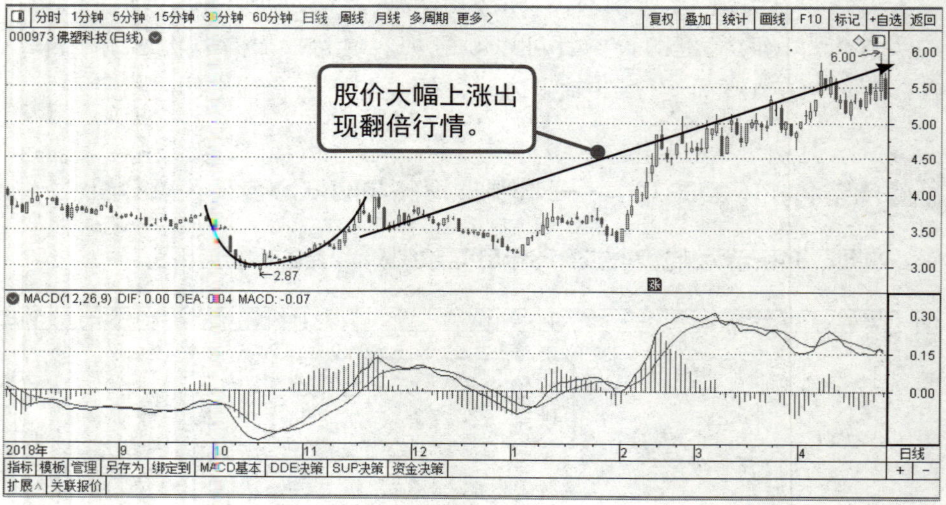

图6-35 佛塑科技2018年8月至2019年4月的K线走势图

从图中可以看到，该股在圆弧底形态形成过程中完成筑底后经历了一波大幅的调整，随后便开启了一波大幅上涨行情，股价从3.00元附近上涨到最高的6.00元，涨幅为100%。如果投资者能够准确识别圆弧底与MACD指标结合发出的买入信号及时买进，在这轮上涨行情中将获利丰厚。

6.3.8 圆弧顶形态与MACD死叉组合

当股价上涨到高位后涨速明显放缓，K线出现圆弧顶形态，此时说明股价已经上涨到行情的顶部位置，行情滞涨，随时可能见顶回落。观察同期的MACD指标，如果此时DIF线和DEA线位于0轴上方，且随着股价涨势减缓，DIF线与DEA线的距离越来越小，当股价开始缓慢下跌时，DIF线下穿DEA线形成死亡交叉，说明股价上涨行情已经结束，下跌行情即将开启。

当圆弧顶形成后，股价开始下跌时就是该股顶部的一个卖点，投资者此时就要有风险意识，最好抛售出局，锁定利润。当MACD指标出现死亡交叉时，就是一个最佳的卖出点，此时投资者就应该顺势而为，卖出股票离场观望。尤其当DIF线和DEA线都运行到0轴下方时，投资者更应该清仓出局，因为此时的下跌行情已经开启，后市看跌。

分析实例 佳讯飞鸿（300213）——圆弧顶形态与MACD死叉卖点分析

如图6-36所示为佳讯飞鸿2018年11月至2019年5月的K线走势图。

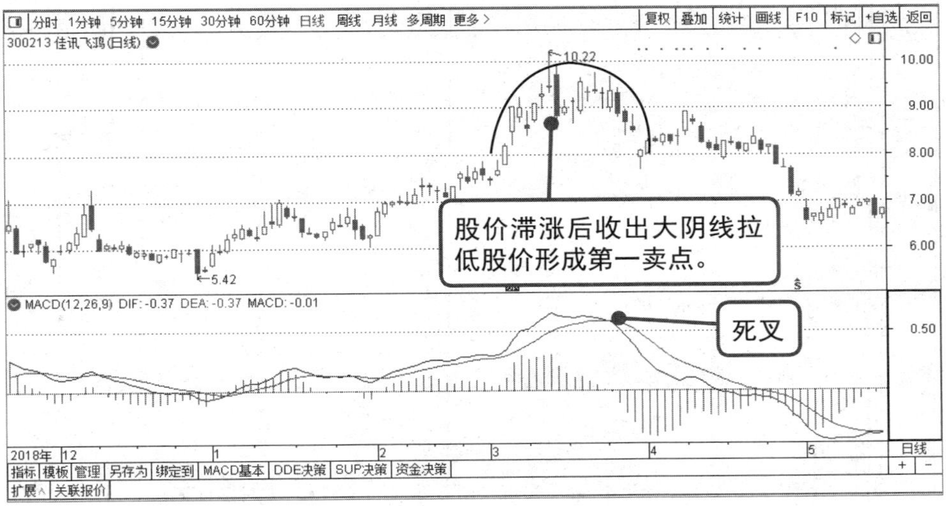

图6-36 佳讯飞鸿2018年11月至2019年5月的K线走势图

从图中可以看到，该股大幅上涨后在2019年3月运行到股价的高价位区后涨速变缓，股价始终在9.00元价位线附近波动变化，股价出现滞涨行情，K线形成明显的圆弧顶形态。

观察同期的MACD指标，在股价一路攀升的过程中，DIF线和DEA线在0轴上方一路向上运行，股价在3月13日高开后放量拉升股价上冲后股价一路下跌，当日收出带长上影线的小阳线，说明市场中抛压沉重，当日DIF线也拐头向下靠拢DEA线。

次日股价放量高开后急速下跌，当日以6.97%的跌幅收出大阴线拉低股价，DIF线与DEA线之间的距离也越来越小，此时发出第一卖出信号，为了避免股价在高位见顶回落，稳健的投资者此时可考虑卖出部分筹码，锁定利润。

随后股价继续围绕9.00元价位线进行波动变化，3月26日，股价开盘后一路下跌，当日以5.44%的跌幅收出阴线，随后连续两个交易日阴线报收拉低股价跌破9.00元的价位线，此时对应的DIF线已经下穿DEA线形成死亡交叉，说明市场中的多头势力逐步衰减，而空方势力正在逐步增加，上涨行情已经结束，此时投资者应该果断清仓出局，持币观望。

如图6-37所示为佳讯飞鸿2019年3月至10月的K线走势图。

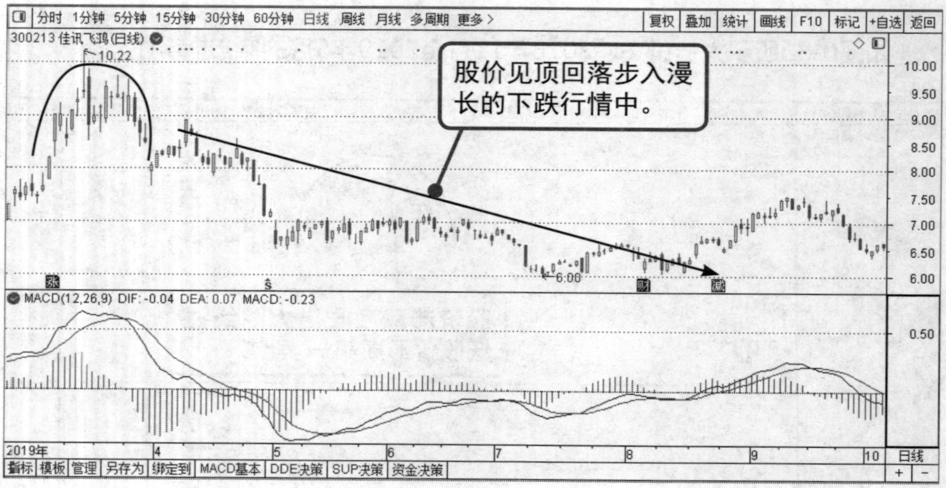

图6-37 佳讯飞鸿2019年3月至10月的K线走势图

从图中可以看到，该股在圆弧顶形态见顶后，行情逆转步入下跌，整个下跌行情持续了近半年的时间，如果投资者在圆弧顶见顶后未及时撤离，将在后市的漫长跌势中被长时间套牢。

6.4 MACD指标与持续整理形态组合使用

当股价进入持续整理趋势，表明原有趋势的动能再次集聚，当持续整理形态完全形成后，股价将保持前期趋势继续运行。因此，识别持续整理形态的结束对后市的操作有非常重要的意义。

通过本章前面的内容我们知道了持续整理形态有4种，每种形态下又包含不同的子类型，但是对于这些持续整理形态与MACD指标结合使用的操作策略相似。

通常，在持续整理形态形成的同时，同期的MACD指标中，DIF线会逐渐靠近0轴。如果股价持续整理，则DIF线就会在0轴附近波动变化。当股价整理完成继续原来的趋势后，此时的MACD柱线通常会与股价走势形成背离形态。因此，投资者可以利用DIF线回到0轴+柱线背离来研判具体的买卖时机。

下面从趋势类型来划分，分别讲解在上涨趋势和下跌趋势中，持续整理形态与MACD指标组合使用的操作方法。

6.4.1 上涨趋势中持续整理形态与MACD组合

在上涨趋势中，当股价走出上升三角形整理、下降楔形整理、上升旗形整理和上升矩形整理形态后，且在形态末期，DIF线上穿0轴后与DEA线形成金叉，此时的MACD柱状线与股价形成底背离形态，表明上涨动能经过积聚后开始启动，为第一买点。随着股价的持续上涨，当股价突破持续整理形态的上边线后，形成第二买点。

如果持续整理形态的价格波动范围较小，上述两个买点往往集中在一起，有时候第二买点甚至会先于第一买点出现。

此外，在实战中投资者在上涨趋势中结合持续整理形态与MACD指标研判买点时，还需要注意以下3点。

- 第一买点中，有时候MACD金叉出现的时间比较晚，对于激进的投资者来说，在MACD柱状线出现明显收敛时就可以进行建仓操作了。
- 在上涨行情的持续整理形态中，第一买点并不是必然出现的。
- 在组合使用持续整理形态和MACD指标研判买点时，应以形态理论为主，MACD指标为次进行分析。

分析实例 皖通高速（600012）——上升矩形整理与MACD指标组合分析

如图6-38所示为皖通高速2018年7月至2019年2月的K线走势图。

从图中可以看到，该股前期处于大幅下跌行情，在2018年10月中旬创出4.93元的低价后股价企稳回升步入上涨，DIF线也上穿DEA线后持续运行到0轴上方。当股价在11月下旬上涨到6.25元附近时出现阶段性的顶部后回落调整，在随后的回落调整中，股价始终在5.50~6.00元的价位区间波动变化，形成矩形整理形态。

观察同期的MACD指标，发现在股价运行到阶段性顶部回落后，DIF线也拐头向下下穿DEA线后向下运行，在整个矩形整理期间，DIF线与DEA线交错在0轴附近窄幅波动变化，同时期的MACD柱状线在整个持续整理期间逐渐变小，与股价变化形成背离形态。

当股价在2019年2月初再次运行到5.50元的价位线时，此时绿色MACD柱状线已经非常小，在股价企稳后，MACD柱状线运行到0轴上方变为红色，且DIF线也在0轴上穿DEA线形成金叉，出现第一买点。

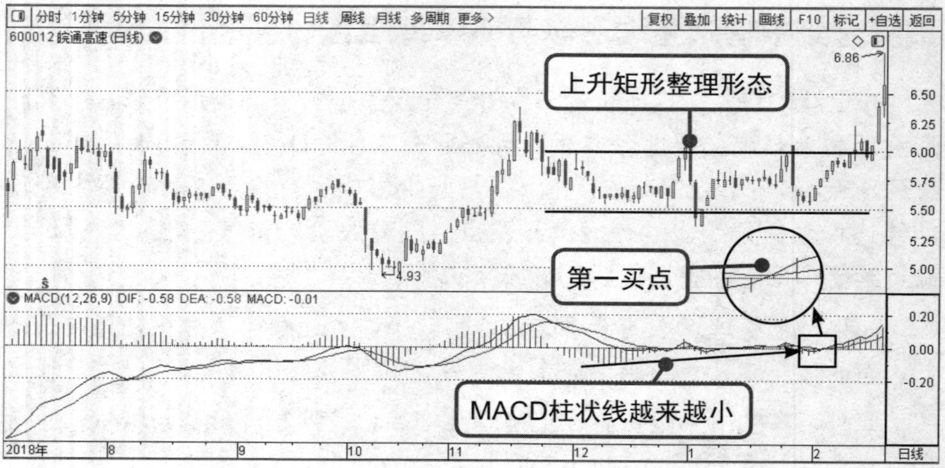

图6-38 皖通高速2018年7月至2019年2月的K线走势图

如图6-39所示为皖通高速2018年10月至2019年4月的K线走势图。

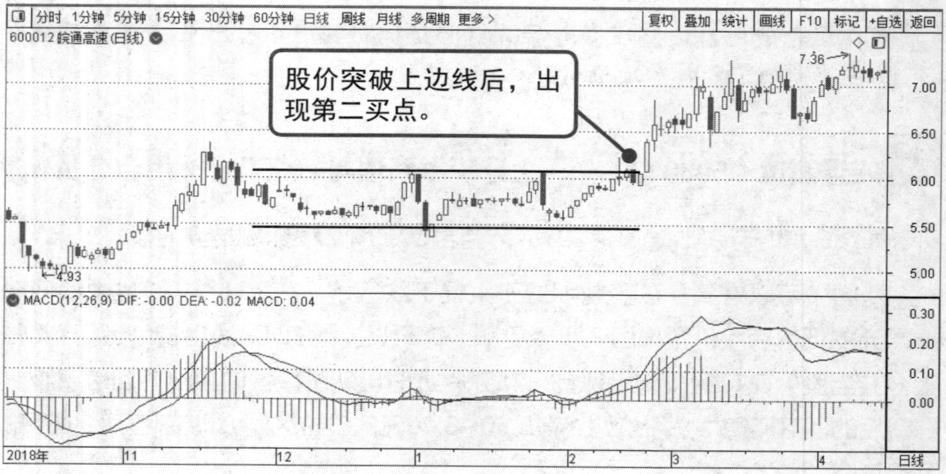

图6-39 皖通高速2018年10月至2019年4月的K线走势图

从图中可以看到，该股MACD指标2月在0轴上方出现金叉后，股价一路上涨并在2月25日高开高走，以5.62%的涨幅收出大阳线突破矩形整理形态的上边线，后市将延续前期的上涨趋势，此时为第二买点，稳健的投资者可积极逢低吸纳买入该股，积极做多。

6.4.2
下跌趋势中持续整理形态与MACD组合

在下跌趋势中，当股价走出下降三角形整理、上升楔形整理、下降旗形整理和下降矩形整理形态后，且在形态末期，DIF线下穿0轴后与DEA线形成死叉，此时的MACD柱状线与股价形成顶背离形态，表明下跌动能经过积聚后开始启动，为第一卖点。随着股价的持续下跌，当股价跌破持续整理形态的下边线后，形成第二卖点。

在实战中，投资者在下跌趋势中结合持续整理形态与MACD指标研判卖点时，还需要注意以下3点。

- ◆第一卖点中，有时候MACD死叉出现的时间比较晚，当投资者看到有看跌的K线形态时，就应该立即出局，落袋为安。
- ◆在下跌行情的持续整理形态中，第一卖点并不是必然出现的。
- ◆同样的，由于第一卖点不是必然出现，因此在组合使用持续整理形态和MACD指标研判卖点时，也应以形态理论为主，MACD指标为次进行分析。

分析实例 宝钢股份（600019）——下降三角形整理与MACD指标组合分析

如图6-40所示为宝钢股份2018年2月至12月的K线走势图。

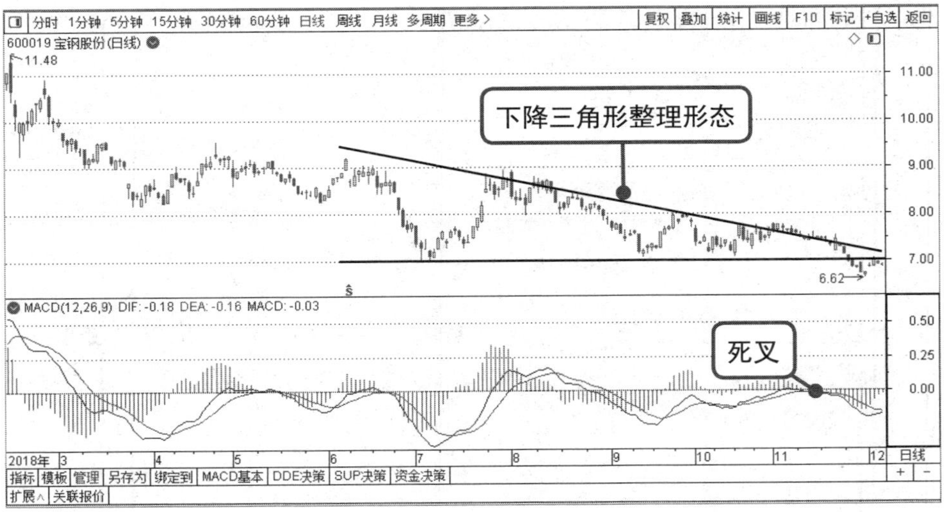

图6-40 宝钢股份2018年2月至12月的K线走势图

从图中可以看到，该股在2018年2月见顶后步入了长时间的下跌行情，在2018年7月，股价下跌到7.00元的价位线时出现了一波较大幅度的反弹行情，股价最终在9.00元价位线反弹受阻继续下跌。随后股价经两次比较明显的反弹，但是反弹高度一波比一波低，但是止跌位却保持在7.00元的价位线，形成明显的下跌行情中的下降三角形整理形态。

观察同期的MACD指标，在7月的大幅反弹行情结束后，DIF线在0轴上方下穿DEA线形成死叉后，二者双双跌破0轴，始终在0轴下方运行。

在11月底，股价连续阴线报收拉低股价跌破下降三角形整理形态的下边线，表明股价将延续前期下跌趋势，而且此时的DIF线也在0轴下方下穿DEA线形成死叉，加强了股价下跌的可靠性，抢反弹的投资者应在股价跌破三角形下边线时进行清仓，避免在后市遭受重大的损失。

如图6-41所示为宝钢股份2018年6月至2019年1月的K线走势图。

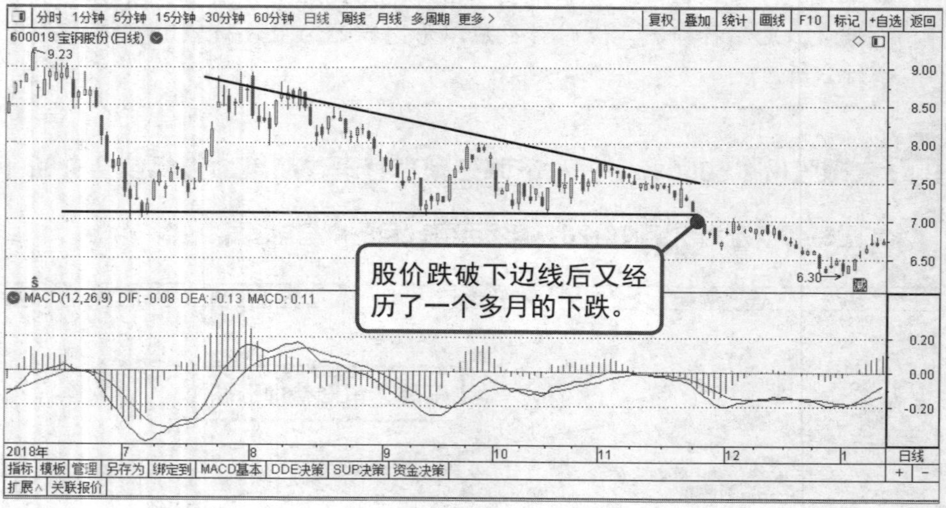

图6-41 宝钢股份2018年6月至2019年1月的K线走势图

从图中可以看到，该股在三连阴（K线组合中的黑三鸭组合形态，该形态是一个明显的股价看跌信号）的作用下跌破下边线后，股价又经历了一个多月的下跌，创出6.30元的新低。

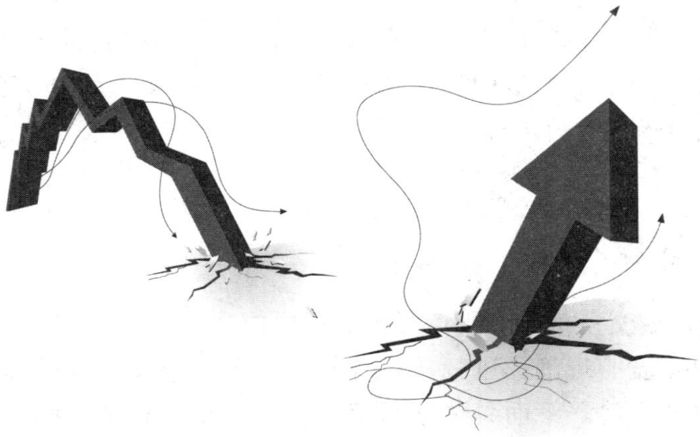

MACD与其他指标结合实战

MACD指标作为一种简单易学的技术分析指标，除了可以与K线组合形态进行组合应用，还经常与其他技术指标结合使用，如与成交量、移动平均线综合应用等。

7.1 MACD与成交量相结合

成交量（VOL）是股市中较为真实可靠的一项技术指标，因为它直接来源于股票交易。在实战中，投资者经常将MACD指标与成交量结合使用，来对股价未来走势进行研判。

7.1.1 成交量知识快速入门

在股市中，成交量是研判股市行情的重要依据，它可以反映股价走势的强弱及主力操盘的痕迹。进行技术分析时加入该指标，在一定程度上可提高判断的准确性。下面具体来了解一下成交量的相关基础知识，让读者可以快速对成交量有一定的了解。

1.成交量的相关概念

成交量也有广义和狭义之分，广义的成交量包括成交股数、成交金额、换手率三方面的内容；狭义的成交量仅仅指成交股数。下面针对成交量中的一些重要概念进行介绍。

◆什么是成交量

成交量指的是在一个单位时间内成交的数量，包括日成交量、周成交量、月成交量、年成交量，甚至是5分钟、30分钟、60分钟成交量等。它既可以反映个股的交易数量，也可以反映整个市场总体的交易数量。无论是分时走势图还是K线走势图，都可以看到图中有柱状线，这些柱状线的高低就表示成交量的多少。

图7-1所示为飞亚达A（000026）2019年4月至9月的K线走势图。从图中可以看到，在K线图下方，每个交易日K线都对应一个柱状体，这些柱状体反映了每个交易日的成交量情况。

TIPS *成交量反映市场的供需情况*

在股市中，成交量是一种供需的表现，当股票供不应求时，此时市场中人气聚集，大家都想要买进，成交量自然放大；反之，当股票供过于求时，此时的市场交投冷清，成交量势必就会萎缩。无论怎样，只要股票上市交易，每日都会有或多或少的成交量。

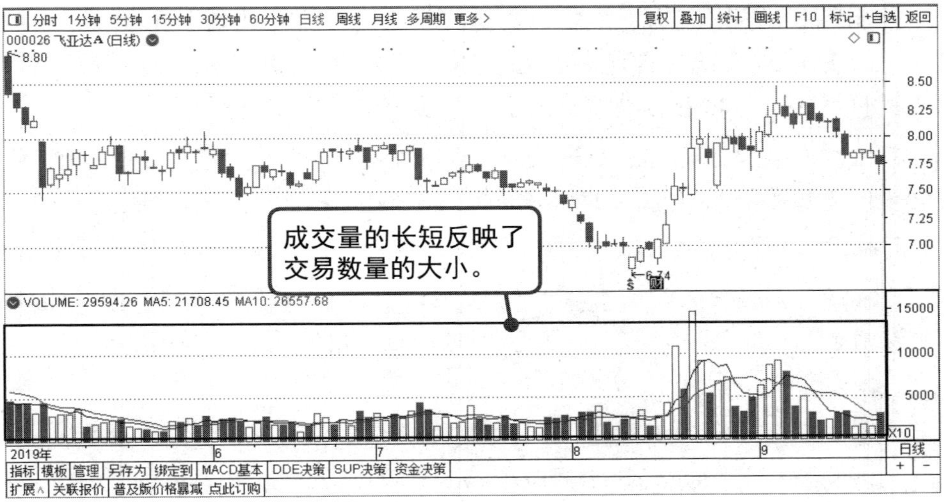

图7-1 飞亚达A在2019年4月至9月的K线图

◆什么是成交股数

成交股数是最常见的指标，它是指在某一特定交易日内，在证券交易所上市交易的某只股票或大盘的成交股数，平常谈论的成交量实质就是指成交股数，它以股为基本单位，在行情分析软件上则是以手为计算单位，二者之间的关系为：100股=1手。

如图7-2所示为神州数码（000034）2019年8月26日的交易情况，其中总量显示237818，表示成交股数是237818手（即23781800股）。

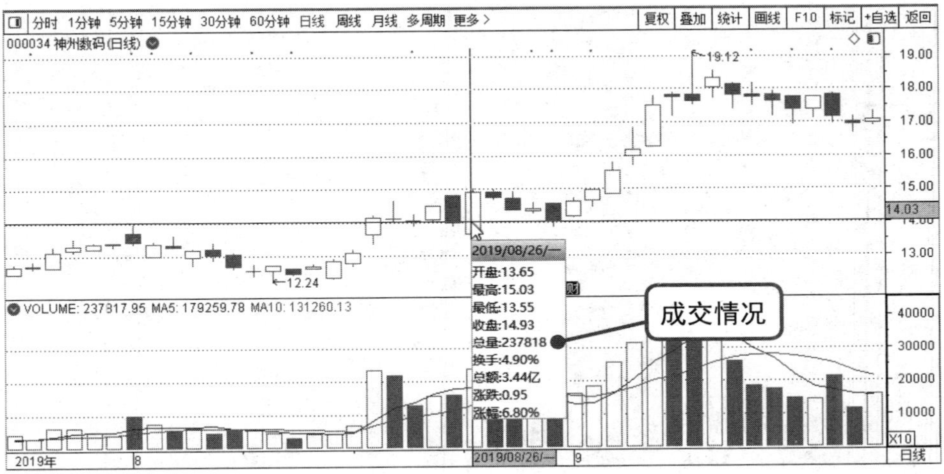

图7-2 神州数码2019年8月26日的成交股数

成交股数非常适用于个股成交量的纵向比较，即观察个股在交易中放量/缩量的相对情况。但是其也存在明显的缺点，即忽略了各股票流通量大小的差别，因此也难以精确表示出个股成交活跃的程度。

比如，某股在某交易日成交1000万股，对于一个流通盘为1亿股的股票来说，这个10%的换手率显然有点高，但是相对于一个流通盘是10亿股的股票，这个成交量相当于1%的换手率，又显得该股当日交投低迷。

因此，通过成交股数不便于对不同股票做横向比较，也不利于分析主力的动态变化。当然，在对个股研判时，目前最常用的还是成交股数。

◆什么是成交金额

成交金额（AMOUNT）是指在某一特定交易日内，在证券交易所上市交易的某只股票或大盘的成交金额，它的基本统计单位是元，在行情分析软件上都是以万元为统计单位的。

成交金额显示了证券市场上主力资金的流向以及投入市场的资金总量情况，直接反映即时参与市场交易的资金量多少。成交金额常用于大盘分析，通过成交金额使大盘成交量的研判具有纵向的可比性。

通常所说的两市大盘多少亿的成交量就是指成交金额。在实战个股分析过程中，如果股价变动幅度很大，用个股成交股数或换手率就难以反映出主力资金的进出情况，但用成交金额就可以比较明显地反映出来。

如图7-3所示为深南电A（000037）2019年8月29日的交易情况，其中总额显示1.41亿，即当日成交金额为1.41亿元。

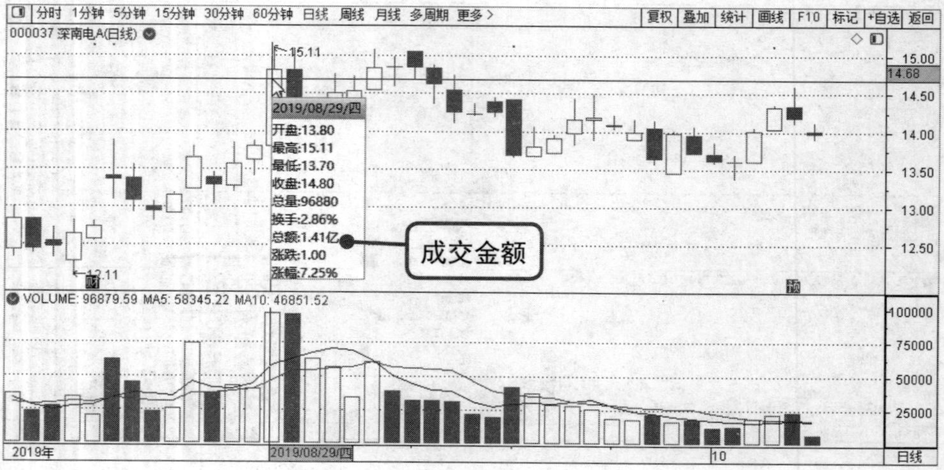

图7-3 深南电A在2019年8月29日的成交金额

◆什么是换手率

我们在介绍成交股数和成交金额时都提及了换手率，那么换手率到底是什么呢？

换手率（TUN）是反映股票流通性强弱的指标之一，在实战操作中可作为看图时长期固定运用的指标。该指标有利于个股之间进行横向比较，可以比较客观地找到放量与缩量的比值，并能准确掌握个股的活跃程度，尤其是可以估计主力进货或拉升阶段的控筹量。

在炒股分析软件中，通过涨幅数据下方的窗口可以直接读取当前的换手率数据，如图7-4所示为华控赛格（000068）2019年10月15日当日的换手率数据。

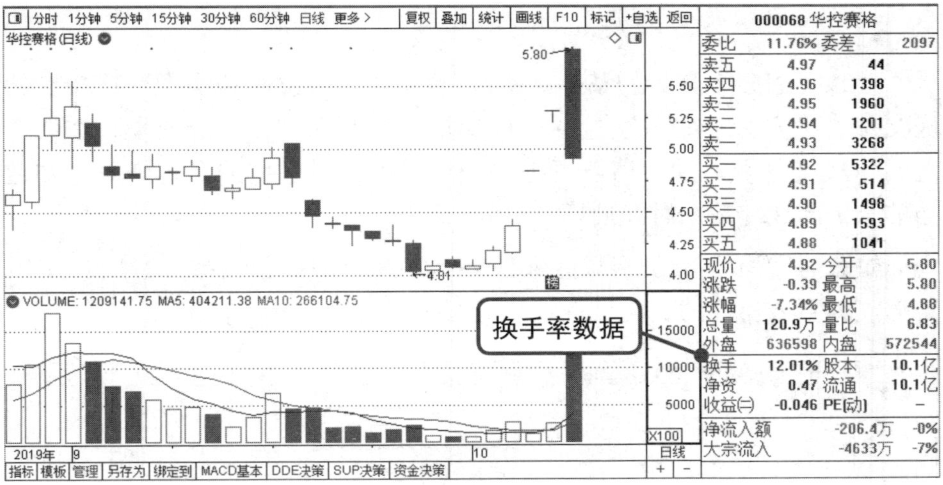

图7-4 华控赛格2019年10月15日的换手率数据

通常，股票的换手率越高，意味该股的买卖越活跃，投资者对其购买的意愿越高，属于热门股；反之，股票的换手率越低，则表明该股少有人关注，属于冷门股。

一般情况，大多股票每日换手率在1%～25%之间，根据长期的经验总结，换手率代表的意义可以分为如表7-1所示的几个阶段。

表 7-1

换手率	意 义
3% ～ 7%	该股进入相对活跃状态

续表

换手率	意 义
7% ～ 10%	标志强势股的出现，股价处于高度活跃当中
10% ～ 15%	大庄密切操作
>15%	持续多日，该股有可能成为最大黑马

2.成交量的分类有哪些

成交量是研究和预测行情的重要指标之一，其大小反映了多空双方交战的规模和争夺的激烈程度。它可以从时间和形态上划分不同的类型，下面分别介绍。

◆ 按时间划分的成交量

按时间划分成交量的基础是K线的类型，不同的K线类型对应相应的成交量类型，如分时成交量、日成交量、周成交量、月成交量、季成交量、年成交量等，默认情况下是日成交量。通过它们的名称就可以知道当前分析的成交量的时间周期。

如图7-5所示为深圳机场（000089）2016年6月至2019年10月的月K线走势，其下方对应的成交量就是月成交量。

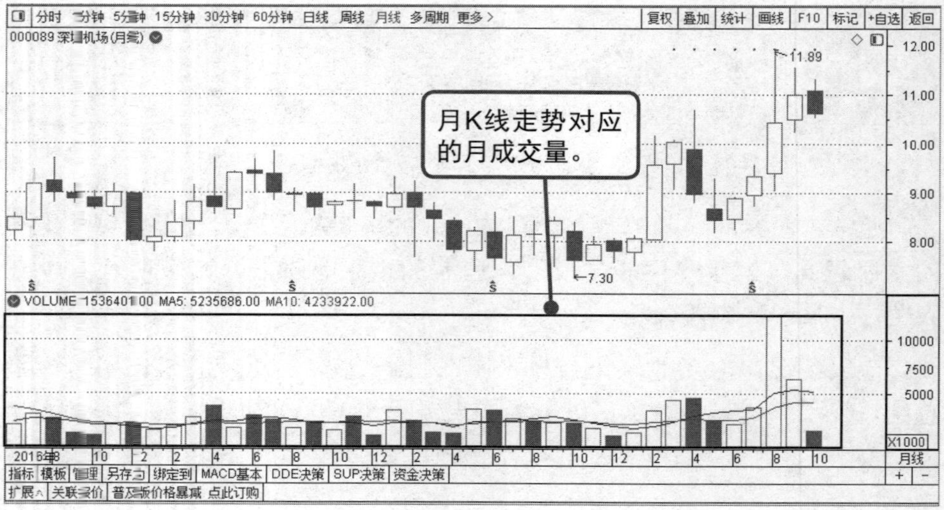

图7-5 深圳机场2016年6月至2019年10月的月K线走势

对于分时成交量而言，它又可以分为1分钟成交量、5分钟成交量、15

分钟成交量、30分钟成交量和60分钟成交量。

◆按形态划分成交量

成交量按形态可以分为5种，分别是逐渐放量、逐渐缩量、快速放大量、快速出小量和量平。不同的形态，在行情中的意义是不同的，具体介绍如表7-2所示。

表 7-2

类型	意 义	形态
逐渐放量形态	逐渐放量就是随着时间的推移成交量总体趋势为逐步增大。在上涨初期出现逐渐放量形态，表示后市看好，投资者可以在低位建仓；如果在上涨后期出现逐渐放量形态，行情有可能出现转势，因此投资者需要认真分析，谨慎入市	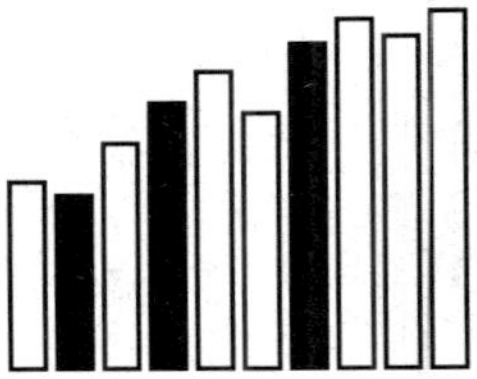
逐渐缩量形态	逐渐缩量就是随着时间的推移成交量总体趋势为逐渐减小。如果是在上涨初期缩量，有可能是主力欲抛售部分股票，这种情况下，后市还有一段上升行情，因为这是主力故意打压部分散户，从而方便其再次进入股市；如果在上涨后期缩量，有可能是主力将股价拉升到高位后欲全部出货，这是行情转势的信号，股价将下跌	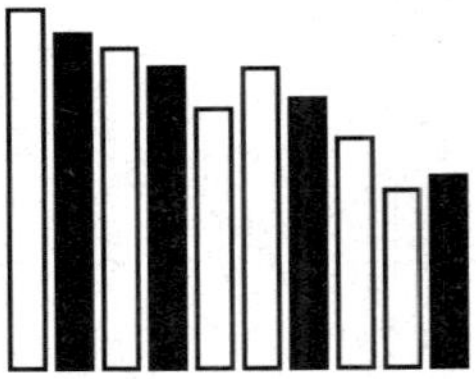
快速放大量形态	快速放大量就是成交量在持续较小量后突然出现很大的成交量。这种形态在上升行情的初期、中期或在下降行情的末期，都是投资者做多的好时期，投资者可以在低位逢低吸纳买入；如果在上升行情的末期或者下跌行情的初期和中期，这种情况下，后市不被看好，投资者可以选择空仓观望	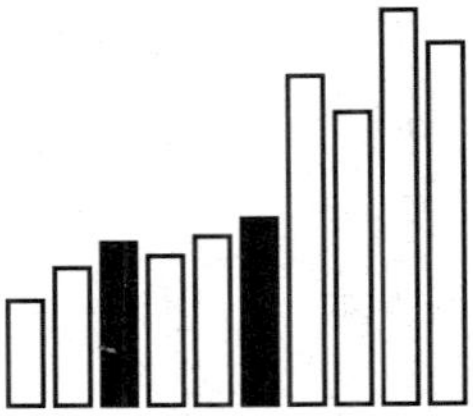
快速出小量形态	快速出小量就是在连续出现很多大的成交量后突然出现较小成交量。这种形态出现在上升行情或者在下降行情的初期和中期都不适宜入市，投资者应选择空仓观望的策略，而在下降行情的末期，由于做空局势已经基本稳定，投资者应转空头为多头，分批建仓	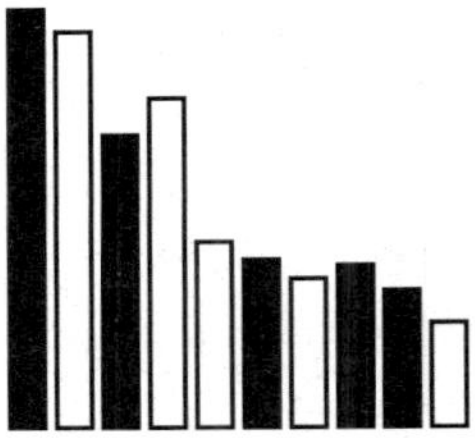

续表

类型		意 义	形态
量平	量大平	上升行情初期，量大平主要是由于多方主力采取稳扎稳打的策略，主力步步为营推高股价，后市看涨，因此投资者可以跟着主力做多；而在上升行情中期，为了谨防主力连续用量大平出货，投资者可以退出观望	
	量中平	上升行情中期出现量中平形态，投资者要谨慎做多；而在下降行情中出现量中平，主要是由于下跌趋势已经比较明显，持股者已在陆续出货	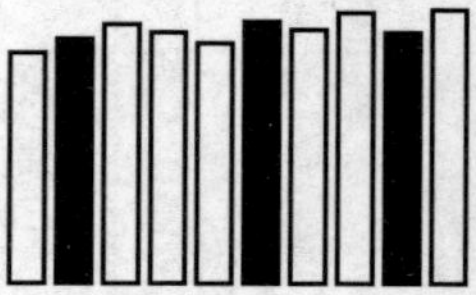
	量小平	上升行情中期出现量小平，说明主力很强，投资者可以持股做多，而在后期出现量小平，投资者可再持股一段时间，因为主力出货不能在瞬间完成。下降行情初期或中期出现量小平都是主力在大量出货，后市将继续下跌，投资者应全线做空，而在后期，由于行情趋于见底，此时投资者可以逢低纳入，分批建仓	

3.天量与地量

天量与地量是相对于正常情况下的交易量而言，对股价走势有重要的分析意义。

◆天量

天量是指在股价在运行过程中突然放出一根巨大的量（至少是前一天成交量的两倍以上），不同行情的天量的操作策略不同，具体如下。

在股价高价位区出现天量，此时可能是主力在高位放量出货，预示股价见顶，后市可能出现行情逆转。股市中常说的“天量天价”就是指这个阶段的天量。此时投资者应果断出局，逃离风险。

在股价低价位区或上涨过程中出现天量，只要在出现天量后几个交易日中股价不跌破天量当日的低点且股价超过前期高点，投资者即可适量介入。因为此时的天量是主力通过对敲手段制造的，其目的是洗盘。

如图7-6所示为振兴生化（000403）2019年6月至8月的K线走势图，从图中可以看到，股价在运行过程中突然放出巨大的成交量出现天量。

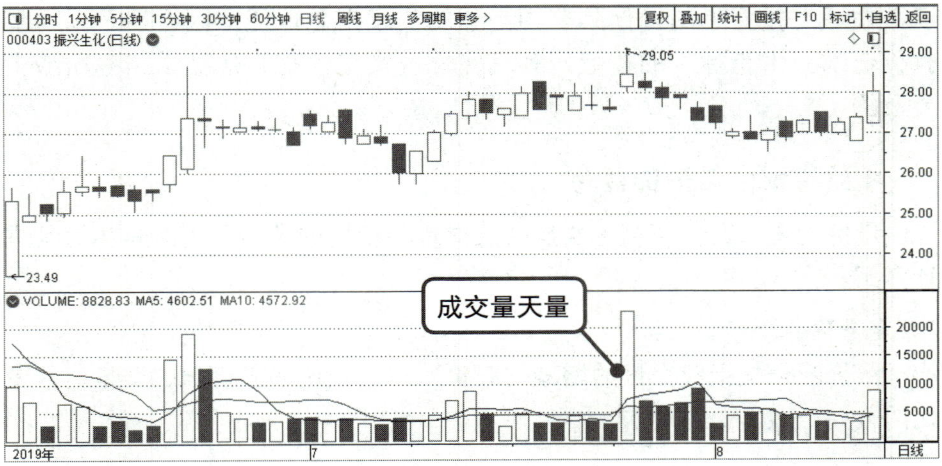

图7-6 振兴生化2019年7月25日出现天量

◆ 地量

地量就是指个股成交量呈现出极度缩小的状态，而且一般还具有一定的持续性，它往往出现在个股下跌行情末期，是市场走势出现反转的一个重要信号。如图7-7所示为*ST沈机（000410）在股价下跌底部的8月末成交量极度缩小，出现地量。

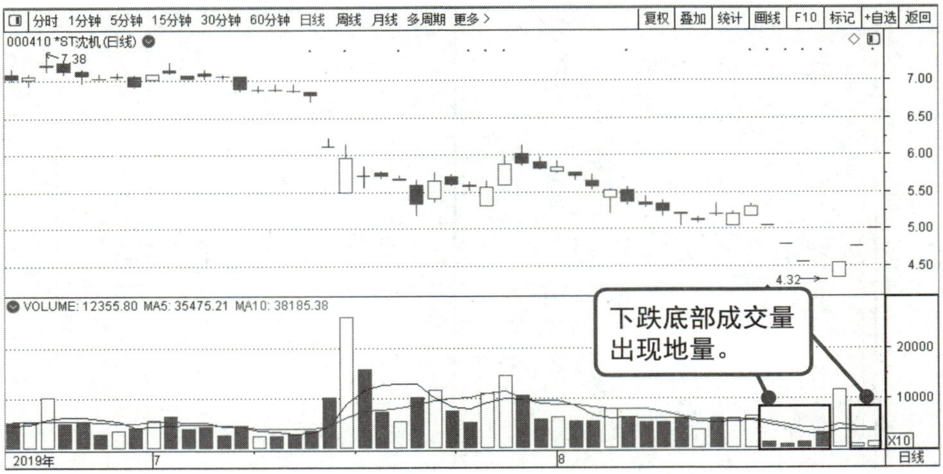

图7-7 *ST沈机在2019年8月底出现地量

地量出现后投资者必须要注意，这一时期往往是中线进场时机，如果再结合其他基本面、技术面的分析，一般来说都会有不错的收益。

由此可见，地量作为成交量指标的一种表现形式，由于其不可能存在欺骗性，对投资者的操作具有相当强的实战指导价值，因而授之以“最有价值的技术指标”的桂冠，其真实性及实用性是其他技术指标所望尘莫及的。

4.量价配合与量价背离

量价配合与量价背离主要反映成交量与价格的关系，下面具体对其进行介绍。

◆ 量价配合

量价配合是指成交量的增减与股价涨跌成正比，股价与成交量运行变化的方向一致。

如图7-8所示为*ST山水（600234）2019年7月至10月的K线走势图，从图中可以看到，股价在上涨行情中，成交量也跟随着股价的上涨而放大。当股价为下跌行情时，成交量也随着股价的下跌而逐步萎缩。

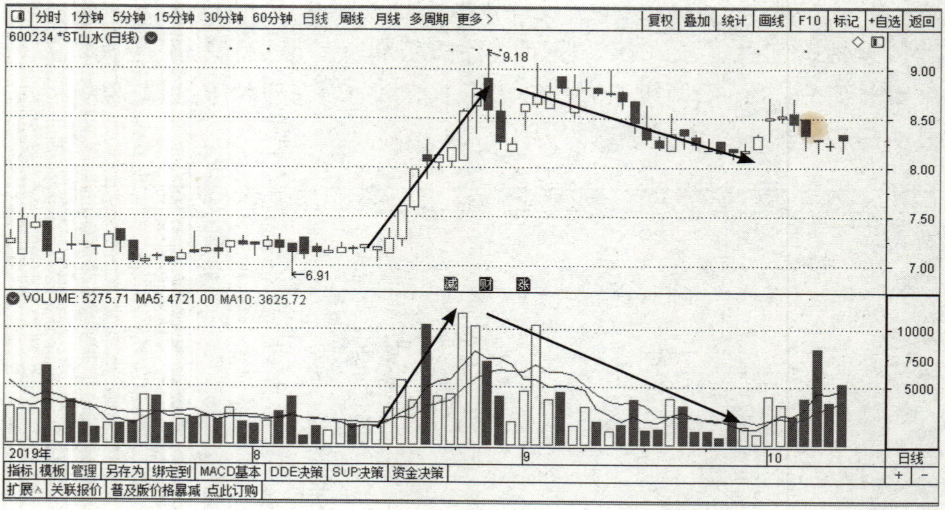

图7-8 *ST山水量价配合

◆ 量价背离

量价背离是指成交量的增减与股价涨跌成反比，股价与成交量运行变化的方向不一致。当股价上涨时，成交量萎缩或持平；股价下跌时，成交量形成放量下跌状态。量价背离进一步表明个股当前量价关系与之前的量价关系发生了改变，出现量价背离的走势，股价趋势会出现转变。

如图7-9所示为XD嘉化能（600273）2018年11月至2019年5月的K线走

势图，从图中可以看到，股价在上涨行情中，成交量相对于前期出现明显的缩量上涨；而在股价快速下跌的过程中，成交量却出现明显的放量下跌。

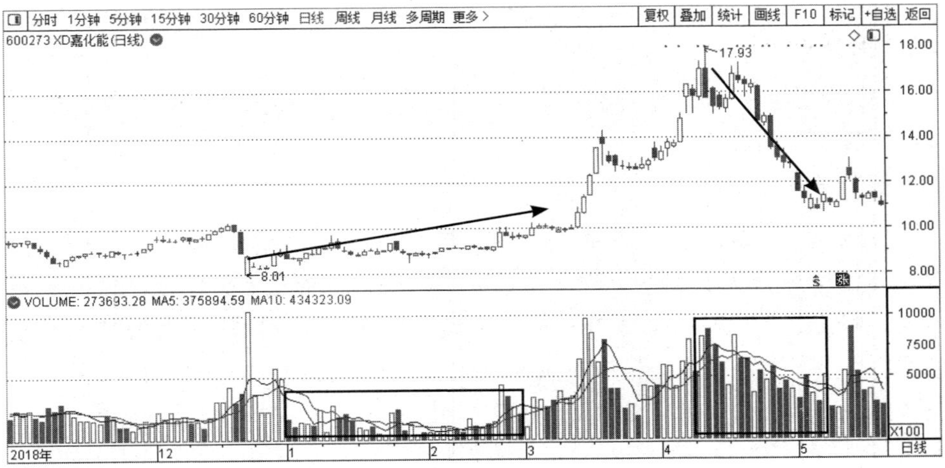

图7-9 XD嘉化能量价背离

5.了解成交量的均量线

成交量平均线即为均量线，它是一种反映一定时期内市场成交情况的技术性指标。均量线是将一定时期内的成交量相加后平均，在成交量的柱形图中形成较为平滑的曲线，如图7-10所示。

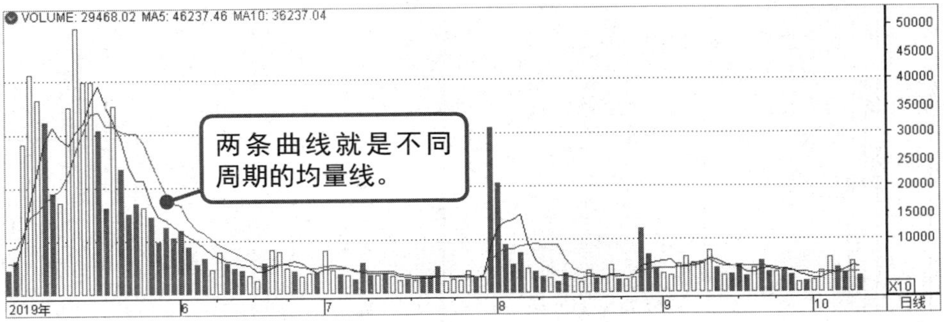

图7-10 炒股软件中的均量线

由于均量线反映的是一定时期内市场成交量的主要趋势，与常用的移动平均线的原理相同，因此金叉和死叉等均线理论在均量线中也适用（有关内容将在本章后面详细讲解）。

在实战中常用的均量线为5日均量线、10日均量线、35日均量线和135日均量线。

◆5日均量线和10日均量线

5日均量线和10日均量线作为成交量涨跌的判断依据，对投资者有明确的指导作用。当5日均量线在10日均量线下方向下运行且无拐头走势，说明跌势将继续。当5日均量线在10日均量线上方向上运行，说明股价仍将反复震荡上涨。

◆35日均量线

35日均量线是主力洗盘线，在个股上涨过程中，随着成交量持续放大，5日均量线上穿35日均量线形成金叉，且当日成交量是5日均量2倍以上，视为最佳买入点。随着股价再创新高，若5日均量线向上疲软且有拐头现象，或下穿35日均量线形成死叉，一旦量缩价跌，就是短线卖点。

◆135日均量线

135日均量线是资金异动线，成交量在135日均量线下方时，投资者应持币观望，当成交量突破135日均量线，说明有资金异动，这个时候投资者就应密切关注。

6.成交量与股价之间的关系

股价的涨跌需要成交量的配合才能实现，根据量和价的变化，可以划出9种量价关系。掌握成交量与股价之间的关系，对结合MACD指标进行分析有非常重要的作用。下面具体来认识一下成交量与股价之间的9种关系的具体内容，如表7-3所示。

表 7-3

量价关系	概念	市场意义
量增价升	是指股价随着成交量的放大而上涨	①在上涨初期或上涨途中出现量增价升，说明场外资金不断注入，后市看涨，此时为明显的买入信号。 ②在上涨末期出现量增价升，是主力高位出货，后市看跌，待主力完全出货后，行情将逆转。 ③在下跌初期或下跌途中出现量增价升往往是股价反弹，当量能不能继续放大时反弹结束，下跌继续。 ④在下跌末期出现量增价升，股价不会立即大幅上涨，可能会经历一个调整回落的阶段

续表

量价关系	概念	市场意义
量增价平	是指随着成交量放大的同时股价在一定价位区间内水平波动，股价趋于水平变化	①在上涨初期或上涨途中出现量增价平，说明场内抛压重，只要股价没有跌破60日均线，后市将向上突破盘整，会继续上涨。 ②在上涨末期出现量增价平，主要是主力在高位借助盘整形态趁机出货，一旦主力出货完毕，行情就会逆转步入下跌行情。 ③在下跌初期或下跌途中出现量增价平，股价跌破形态后后市会继续下跌，即使向上突破，也会上涨受阻回落。 ④在下跌末期出现量增价平，预示有大量资金介入后市，后市股价有望见底，行情可能发生逆转，投资者应做好买入准备
量增价跌	是指随着成交量的放大，而股价出现不涨反跌的走势	①在上涨初期或上涨途中出现量增价跌，是主力震仓洗盘，只要股价在均线位置获得支撑，就会继续上涨。 ②在上涨末期出现量增价跌，说明做多量能衰减，股价上涨乏力，行情即将反转，后市可能出现见顶回落。 ③在下跌初期或下跌途中出现量增价跌，主要是主力派发完成，股价上涨失去主力依托，做空动能强，这是明显的助跌信号，后市看空。 ④在下跌末期出现量增价跌，说明有资金接盘，尤其是出现快速放量下跌形态，往往是主力诱空，后期有望形成底部或产生反弹
量减价跌	是指随着成交量减小的同时，股价出现下跌的走势	①在上涨初期出现量减价跌属股价正常回落调整，后市看涨。 ②在上涨途中出现量减价跌为主力震荡洗盘，后市看涨，该阶段必须量减，否则股价将持续下跌。 ③在上涨末期出现量减价跌，说明主力开始出货，若随后股价走势疲软，则行情可能发生逆转。 ④下跌初期量减价跌，且在几个交易日内成交量也未见明显增加，后市看跌，投资者应及时离场。 ⑤下跌途中量减价跌，股价将继续下跌，投资者应持币观望。 ⑥在下跌末期出现量减价跌，说明行情运行到底部，此时在短时间内股价可能反弹之后创新低
量减价平	是指随着成交量减小，股价走势几乎是在一定价位区间内水平波动	①上涨初期出现量减价平，表示市场方向不明确，投资者应观望。 ②在上涨途中出现量减价平是主力横盘清洗浮筹的手段，只要股价不跌破60日均线，后市将继续上涨。 ③在上涨末期出现量减价平，若前期持续大量，此时说明主力出货完毕，后市必然下跌。 ④下跌初期或下跌途中出现量减价平，此时为弱势信号，投资者应谨慎操作。 ⑤在下跌末期出现量减价平，说明行情见底，后市将企稳回升

续表

量价关系	概念	市场意义
量减价升	是指股价随着成交量的减小而上涨	①在上涨初期或下跌末期出现量减价升，股价上涨无量配合，说明上涨高度有限，后市可能会出现股价回落下调或者横盘整理。 ②在上涨途中出现量减价升是主力大量吸筹后锁仓拉升股价，后市会继续上涨（若在大盘中，说明大盘走势转弱，投资者应谨慎做多）。 ③在上涨末期出现量减价升，这是明显的量价背离形态，是强烈的行情逆转信号，后市将进入一段下跌行情。 ④在下跌初期或下跌途中出现量减价升，说明价格会反弹，但是如果成交量不能继续放大，股价反弹将结束，后市继续下跌
量平价升	是指成交量几乎是在一定幅度水平波动的同时股价出现上涨的走势	①在上涨初期出现量中平、量大平，后市看涨；出现量小平说明资金介入有限，上涨无法维持，短期内股价会出现回落走势。 ②在上涨途中，量小平说明主力高度控盘，后市继续看涨；量中平说明股价运行方向不明；量大平则看淡后市。 ③在上涨末期，量大平为滞涨信号，后市看弱，由于主力出货不能在瞬间完成，因此出现量小平可以再持股一段时间。 ④在下跌初期或下跌途中出现量平价升，此时价升属于一个技术反弹，只要后期量不增加，后市股价将继续下跌，投资者应止损离场
量平价平	是指成交量几乎是在一定幅度水平波动的同时股价也呈现出横向整理的走势	①在上涨初期出现量平价平，表明多空双方暂时取得平衡，后市方向不明，投资者应以观望为主。 ②在上涨的途中出现量平价平，说明市场观望气氛较重，投资者应谨慎看多，但须谨防股价回调。 ③在上涨末期出现量平价平，表明股价相对滞涨，随时可能反转下跌。投资者宜清仓观望。 ④在下跌途中出现量平价平，此时如果均线仍处空头排列，表明股价并未止跌，后市仍有下跌空间。 ⑤在下跌末期出现量平价平，此时做空量能得到充分释放，如果此时的量能已经极度萎缩，说明底部不远，可逐步建仓
量平价跌	是指成交量几乎是在一定幅度水平波动的同时股价出现下跌的走势	①在上涨初期或上涨途中出现量平价跌，是主力盘整洗筹，只要股价不跌破 60 日均线，后市继续看多。 ②在上涨末期出现量平价跌，说明股价在拉升到预期高度后，主力在开始逐渐出货，后市看跌。 ③在下跌初期或下跌途中出现量平价跌，股价将继续下跌，后市看空。 ④下跌末期出现量平价跌，若成交量为量小平，说明股价运行到低位区，后市将出现见底回升的行情

在对成交量的各种基本概念、形态和与股价的关系有所了解后，下面

就来具体看看成交量如何与MACD指标综合使用，提高研判股价买卖点的可靠性。

7.1.2

DIF线与股价背离情况下的成交量研究

在第一章中，我们已经了解了MACD指标与股价存在背离的情况，若再将成交量加入这个分析方法中，就可以提高买卖点的研判准确度。

1.DIF线与股价底背离时成交量放量买入

在股价大幅下跌的低位，如果DIF线与股价发生底背离，此时表明市场中的下跌动能逐渐衰弱，上涨动能逐步增强，由于上涨动能未得到完全释放，所以此时的成交量相对较小。

但是随着底背离的结束，上涨动能得到完全释放时，则成交量将明显放大，此时是投资者介入的好时机。

如果在DIF线与股价发生底背离后，成交量迟迟不见放大，说明此时市场中的上涨动能不够强劲，空方势力仍占据一定的地位。投资者应警惕股价继续下跌的风险，不可冒然抄底。

分析实例

中再资环（600217）——DIF线与股价低背离后放量买入分析

如图7-11所示为中再资环2018年11月至2019年3月的K线走势图。

从图中可以看到，该股在下跌到2018年12月中旬后，股价经历了一波快速下跌行情，在12月底企稳后经历了短暂的小幅度反弹后股价继续下跌，于2019年1月31日创出3.96元的新低。

观察同期的MACD指标可以发现，在股价快速下跌的过程中，DIF线与DEA线均跌破0，随后在股价企稳时DIF线拐头向上运行，在股价创下新低时，DIF线并没有继续出现新低，而是出现一个相对高的低点，与股价在底部形成底背离形态，表明市场中的下跌动能逐渐衰弱，表现在K线图上为跌幅明显放缓。

股价在创出3.96元的新低后底背离形态结束，随后股价在连续阳线的作用下逐步拉高出现上涨，而对应的成交量也出现明显的放大形态，表明市场中的上涨动能较为强劲，此时也是投资者买入进场的绝佳时机。

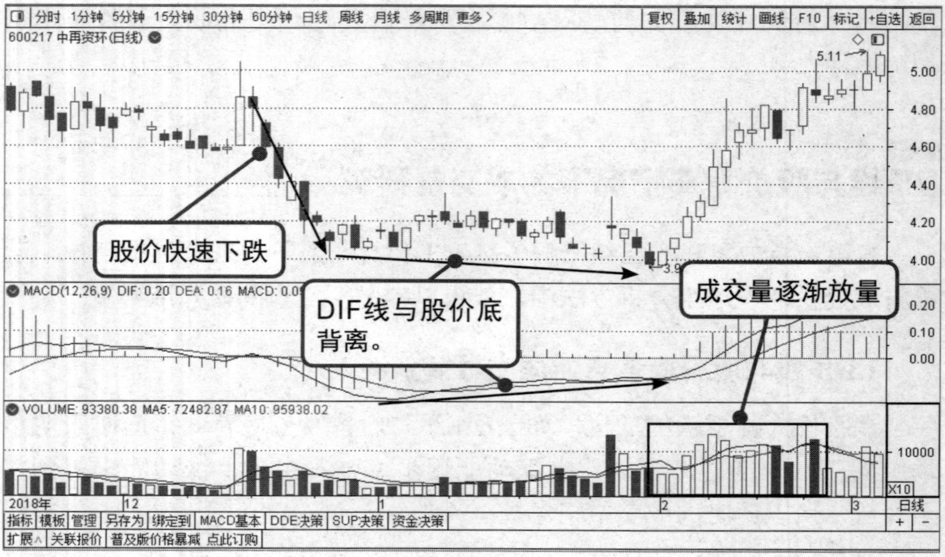

图7-11 中再资环2018年11月至2019年3月的K线走势图

如图7-12所示为中再资环2019年1月至7月的K线走势图。

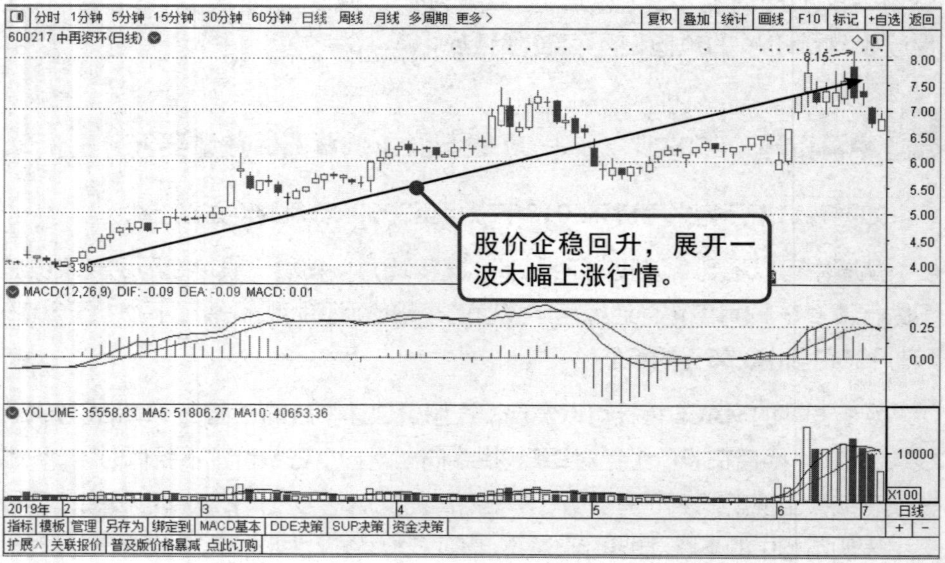

图7-12 中再资环2019年1月至7月的K线走势图

从图中可以看到，该股在2019年1月31日创出3.96元的低价后，股价企稳回升步入上涨行情，最高上涨到8.15元的高价，涨幅超过105%。如果投资者把握住了最佳介入时机，在后市股价持续回升的过程中将获利颇丰。

2.DIF线与股价顶背离时成交量缩量卖出

在股价大幅上涨的高位，如果DIF线与股价发生顶背离，此时表明市场中的上涨动能逐渐衰弱，下跌动能开始聚集，但由于此时仍处于上涨行情中，因此成交量相对较大。

但是随着顶背离的结束，下跌动能开始释放，成交量也随着股价的下跌出现缩量形态，此时投资者要积极抛售出局，规避股价逆势风险。

需要说明的是，DIF线与股价顶背离通常出现在两段短期上涨行情中，因为顶背离表示着上涨动能的衰弱，所以第二段上涨行情的成交量要小于第一段。

分析实例　凌钢股份（600231）——DIF线与股价顶背离后缩量卖出分析

如图7-13所示为凌钢股份2019年1月至4月的K线走势图。

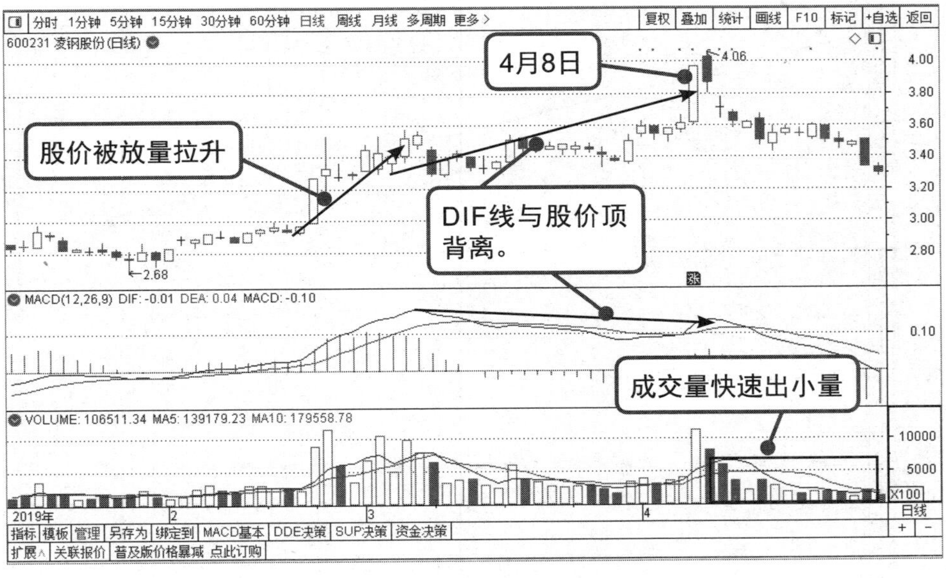

图7-13 凌钢股份2019年1月至4月的K线走势图

从图中可以看到，该股在上涨过程中于2019年2月底发生股价放量拉升的行情，并在3.60元的价位线形成阶段性的高点，随后股价进行了一波横向整理行情，整个整理过程中成交量都表现出明显的缩小。DIF线也在此拐头向下运行，形成一个明显的拐点。

该股最终在4月初完成整理后继续上涨行情，但是此时的成交量相对于前期的放量上涨行情没有明显的放大，说明此时上涨动能衰弱。

在4月8日，股价放量拉高股价以9.97%的涨幅拉高股价，给人以股价将强势拉升的错觉，次日股价虽然再创出4.06元的新高，但是同期的DIF线却拐头向下形成一个明显的拐点，此时的DIF线高点相比于前期的DIF线高点而言明显较低，股价与DIF线在股价高位区域形成顶背离形态。

由此来看，4月8日的强势上涨就是主力的一个技术陷阱，以此迷惑散户在高位追涨，以此达到出货的目的。

在股价创出4.06元的最高价后，次日股价跳空低开后震荡变化收出十字线拉低股价，此时的成交量却出现明显的缩量形态，说明行情已经逆转，此时投资者要及时卖出股票，规避行情大幅下跌的风险。

如图7-14所示为凌钢股份2019年4月至10月的K线走势图。

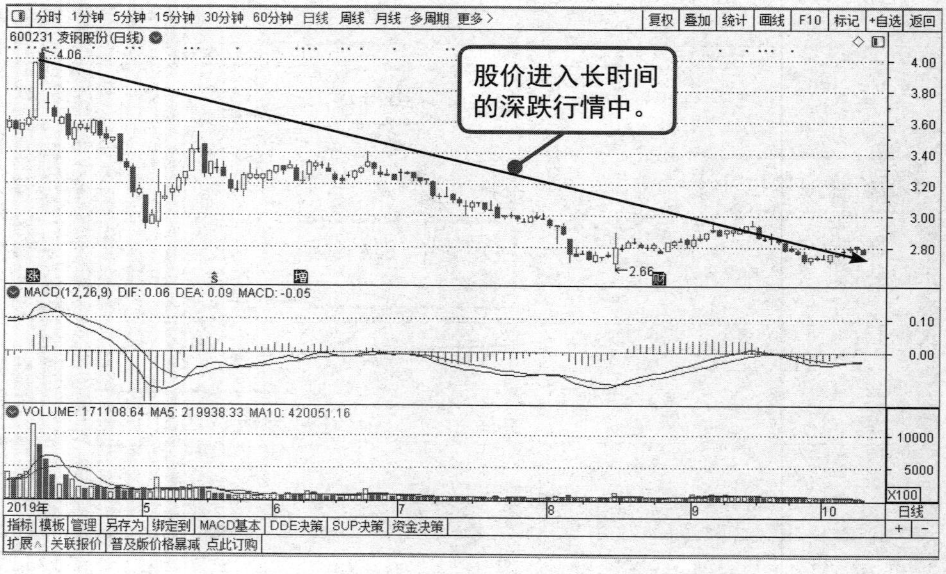

图7-14 凌钢股份2019年4月至10月的K线走势图

从图中可以看到，该股在顶背离结束后，下跌动能开始释放，成交量出现急速缩小，股价也迅速回落，且下跌的持续时间也很长，如果在顶背离结束后发出卖出信号时投资者没有及时抛售出局，在后市的深幅下跌行情中就会面临重大的投资损失。

7.1.3

三金叉后成交量放量买入

所谓三金叉是指移动平均线、MACD指标与成交量均量线同时出现金叉，此时表明市场中的上涨动能开始释放，空头市场转化为多头市场。股价上涨有成交量的支撑，预示股价在后市将有一波大幅的上涨行情，是较为可靠的买入信号，投资者应逢低吸纳买入，积极做多。

需要注意的是，这里的移动平均线和成交量均量线的周期都分别是5日和10日。

分析实例　西南证券（600369）——三金叉后成交量放量买入分析

如图7-15所示为西南证券2018年9月至11月的K线走势图。

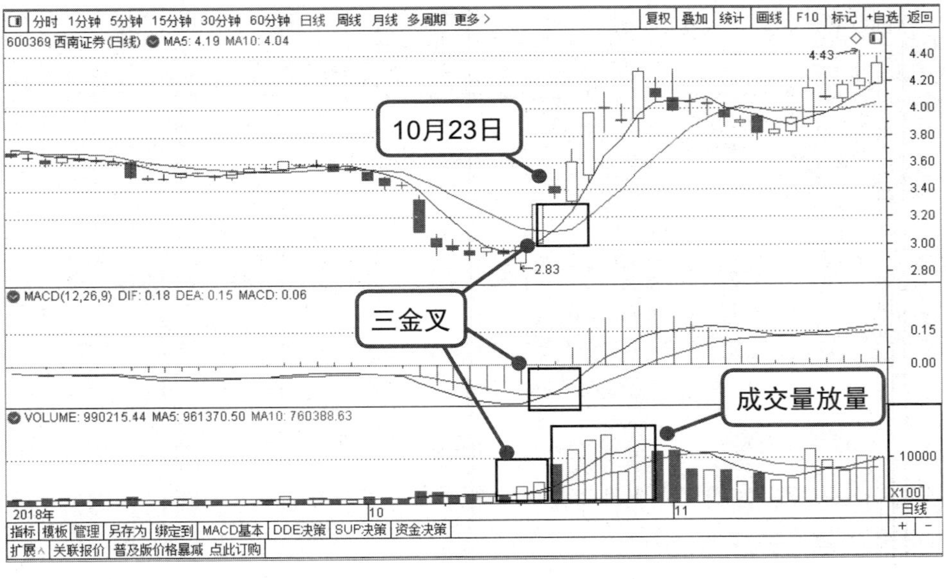

图7-15　西南证券2018年9月至11月的K线走势图

从图中可以看到，该股在大幅下跌后于2018年10月中旬止跌，随后股价围绕3.00元价位线横向整理，在整理期间，5日均量线从下上穿10日均量线形成金叉后始终在10日均量线上方运行，同期的MACD指标的DIF线和5日移动平均线均拐头向上运行，说明行情有望止跌。

随后股价创出2.83元的最低价后企稳回升，次日股价高开高走后快速打到涨停板，最终以涨停板收出大阳线脱离盘整期。10月23日，股价放量高开后震荡变化，当日以小阴线报收继续拉高股价。次日，股价继续放量以7.12%的涨幅收出大阳线继续拉高股价，此时DIF线明显上穿DEA线形成金叉，5日均线也明显上穿10日均形成金叉。

至此出现三金叉，之后股价继续上涨，成交量也配合放大，表明市场中的上涨动能开始释放，投资者应及时买入进场。

如图7-16所示为西南证券2018年10月至2019年4月的K线走势图。

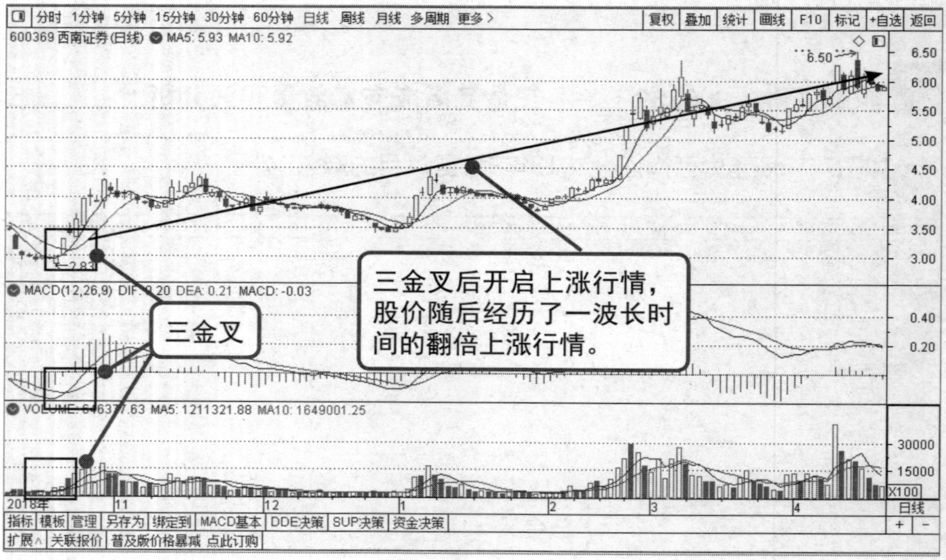

图7-16 西南证券2018年10月至2019年4月的K线走势图

从图中可以看到，三金叉形成后，股价开始上涨，成交量也配合放大，上涨行情初步形成，如果投资者能够识别出三金叉后成交量放量发出的买入信号，即可以相对最低价买入该股。

7.1.4 三死叉与成交量结合使用

所谓三死叉是指移动平均线、MACD指标与成交量均量线同时出现死叉，此时表明市场中的下跌动能开始释放，多头市场转换为空头市场。股价下跌有成交量的配合，是强烈的后市看跌的信号，投资者应果断抛售出局，规避风险。

同样需要注意的是，这里的移动平均线和成交量均量线的周期都分别是5日和10日。

分析实例 永鼎股份（600105）——三死叉后成交量缩量卖出分析

如图7-17所示为永鼎股份2019年1月至6月的K线走势图。

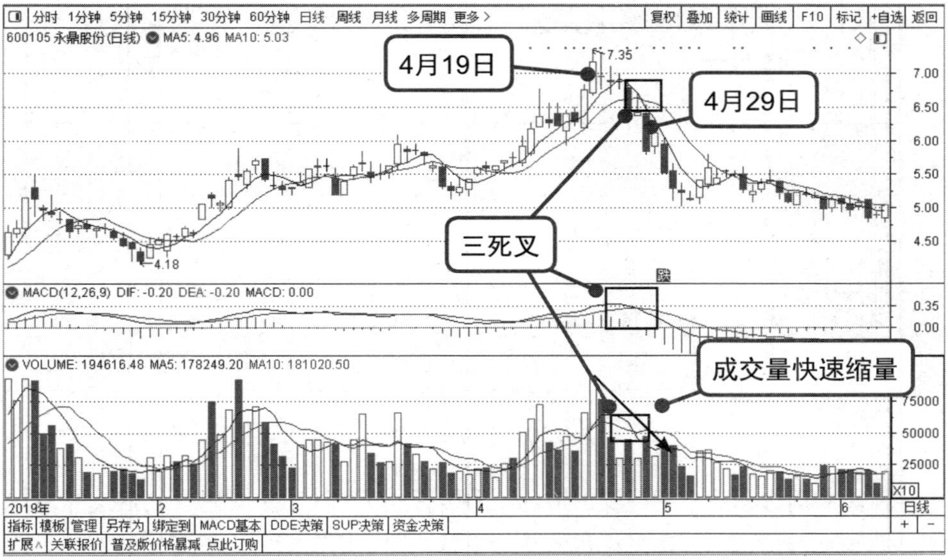

图7-17 永鼎股份2019年1月至6月的K线走势图

从图中可以看到，该股在大幅上涨后于2018年4月下旬运行到股价的高价位区，在4月19日，股价开盘后震荡变化，当日以5.92%涨幅放量收出阳线并且创出7.35元的最高价。

在接下来的3个交易日中，连续出现3根十字线，股价滞涨，同时期的5日均线和成交量的5日均量线均出现拐头向下的运行趋势，MACD指标的DIF线也在0轴上方拐头向下。

随后股价出现下降的走势，在4月29日，股价开盘后一路下跌，当日以9.35%的跌幅收出大阴线大幅拉低股价，此时，5日均线下穿10日均线形成死叉，成交量的5日均量线也从上下穿10日均量线形成死叉，MACD指标的DIF线也在0轴上方下穿DEA线出现死叉，行情出现三死叉。之后股价继续下跌，同时成交量也出现明显的快速缩量，说明市场中的下跌动能开始释放，股价开始下跌，投资者此时最好抛售出局，离场观望。

如图7-18所示为永鼎股份2019年4月至10月的K线走势图。

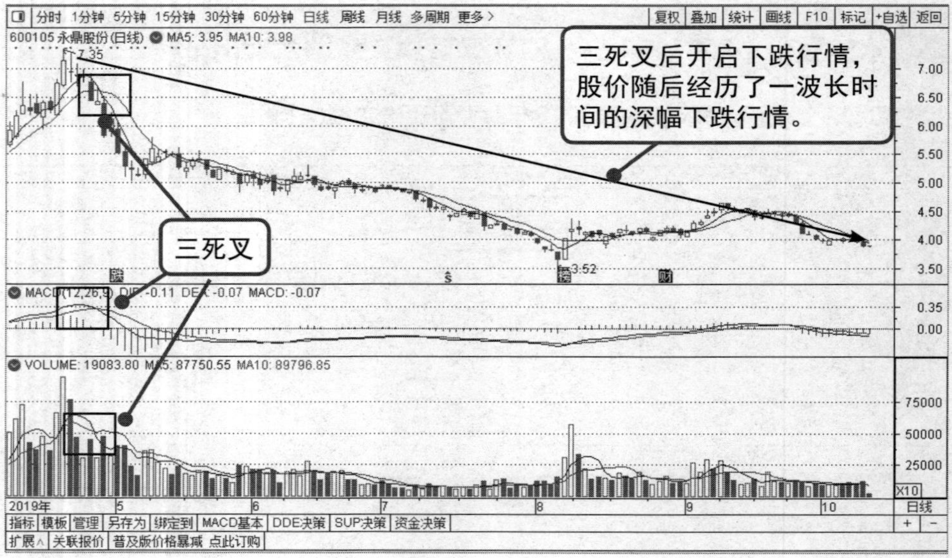

图7-18 永鼎股份2019年4月至10月的K线走势图

从图中可以看到，三死叉形成后，股价开始下跌，成交量也配合快速缩量，下跌行情初步形成，而且后市也将继续下跌。投资者在识别出三死叉后成交量缩量发出的卖出信号后，应积极卖出，落袋为安。

从该股后市的走势来看，股价经历了一波长时间的深幅下跌行情，从最高的7.35元下跌到最低的3.52元，跌幅超过52%。

7.2 MACD与移动平均线相结合

在第一章的学习中我们知道了MACD指标是从双指数移动平均线发展而来的，因此它与移动平均线也是有紧密关系的。在本节中，将具体研究MACD指标与移动平均线相结合的操作策略。

7.2.1 移动平均线使用快速入门

在技术分析中，移动平均线（MA）也是一种比较简单易学的指标，在前面介绍MACD指标与成交量指标组合分析的过程中也涉及了一些移动平均线的知识，下面将具体介绍在使用移动平均线指标进行技术分析时需要掌握的一些基本知识。

1.移动平均线基础内容概述

股价移动平均线是分析价格运行趋势的一种方法，它是按固定样本数计算股价移动平均值的平滑连接曲线，其直接加载在主图上，默认情况下显示5日、10日、20日和60日移动平均线，如图7-19所示。

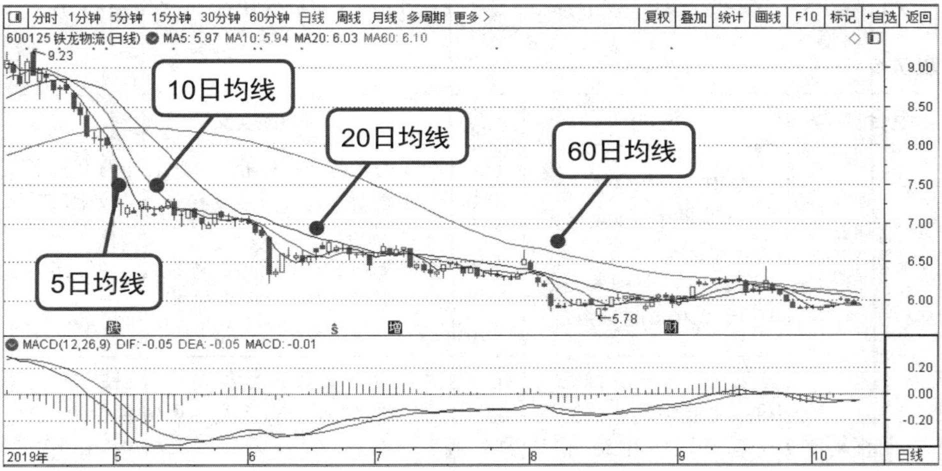

图7-19 股价移动平均线

根据移动平均线周期的不同，可将其分为短期移动平均线、中期移动平均线和长期移动平均线3类，具体介绍如表7-4所示。

表 7-4

周期类型	描述
短期移动平均线	指一个月以下的移动平均线，其波动较大，过于敏感，适合短期投资者。常用的短期移动平均线包括 5 日均线和 10 日均线，其中，5 日均线代表 1 个星期股价运行方向；10 日均线代表半月股价运行方向
中期移动平均线	指一个月以上、半年以下的移动平均线，其走势较沉稳，因此常被使用。常用的中期移动平均线大多以 20 日均线、30 日均线或 60 日均线天为准，20 日均线或 30 日均线称为月移动平均线，代表一个月的平均价或成本；60 日移动平均线俗称季线，另外还有以 55 日、72 日或 89 日移动平均线作为中期平均线的

续表

周期类型	描述
长期移动平均线	是指半年以上的移动平均线，其走势过于稳重不灵活，适合长线投资者。在欧美股市技术分析所采用的长期移动平均线，多以200天为准。在国内则以半年以上的时间样本作为长期移动平均线，通常以120日移动平均线代表半年线，250日移动平均线则代表年线

在实际的操作中，移动平均线通常不单独使用，而是将多个周期的移动平均线进行组合使用，其类型也有3种，分别是短期移动平均线组合、中期移动平均线组合和长期移动平均线组合，其具体介绍如表7-5所示。

表 7-5

组合类型	说明	市场意义
短期移动平均线组合	主要用于分析和预测个股短期的行情变化趋势，常见组合有5日、10日、20日和5日、10日、30日两种组合	①5日均线为多方护盘中枢，否则上升力度有限。 ②10日均线是多头的重要支撑，当有效跌破该均线，市场就可能转弱。 ③30日均线是衡量市场短、中期趋势强弱的重要标志，当向上运行时短期做多；当向下运行时短期做空
中期移动平均线组合	主要用于分析和预测大盘或个股中期的行情变化趋势，常见组合有10日、30日、60日和20日、40日、60日两种组合	①在上涨行情中，中期移动平均线组合均向上运行会加强股价上涨的强度，投资者可逢低吸纳，持股待涨。 ②在下跌行情中，中期移动平均线组合均向下运行会加速股价下跌的强度，投资者应果断抛售，止损
长期移动平均线组合	主要用于观察大盘或者个股中长期的行情变动趋势，常见组合有30日、60日、120日和60日、120日、250日两种组合	①在上涨行情中，长期均线组合形成金叉后向上运行，后市看多，投资者可在金叉位置介入，长期持股。 ②在下跌行情中，长期均线组合形成死叉后向下运行，后市看空，投资者应在死叉出现后立即出局

TIPS *短期均线有可能具有欺骗性*

短期波动很容易被主力刻意划线，因此短期均线最容易被操纵（即被骗线），而中长期趋势则很难故意骗线，假如所有的投资人参考的均线周期都是250日均线，即使主力知道这一点，也无法进行骗线。这也是需要3种趋势同时考虑配置的主要原因之一。

从实战意义上来说，用中期移动平均线均线组合分析和研究行情变动趋势比短期移动平均线组合的准确性和可靠性要高。

2.移动平均线的转点

由于股价是以波动形态出现的，因此当移动平均线运行一段时间后，也会出现波峰和波谷，这就是转点。移动平均线的转点非常重要，它通常预示着趋势的转变，转点有波峰转点和波谷转点两种。

◆ 波峰转点

当一个移动平均线向上运行后无法再创出新高，并显示出波峰形状（即改变运行方向）后，就是有可能转变趋势的征兆，这种转点通常也是卖点。

◆ 波谷转点

在股价下跌过程中，移动平均线向下运行，当移动平均线转平并调头向上时，就形成了波谷，这种转点通常是人们所说的买点。

当股价突然发生逆向运行时，时间周期越长的移动平均线的转点越平滑，时间周期越短的移动平均线转点越尖锐，如图7-20所示。

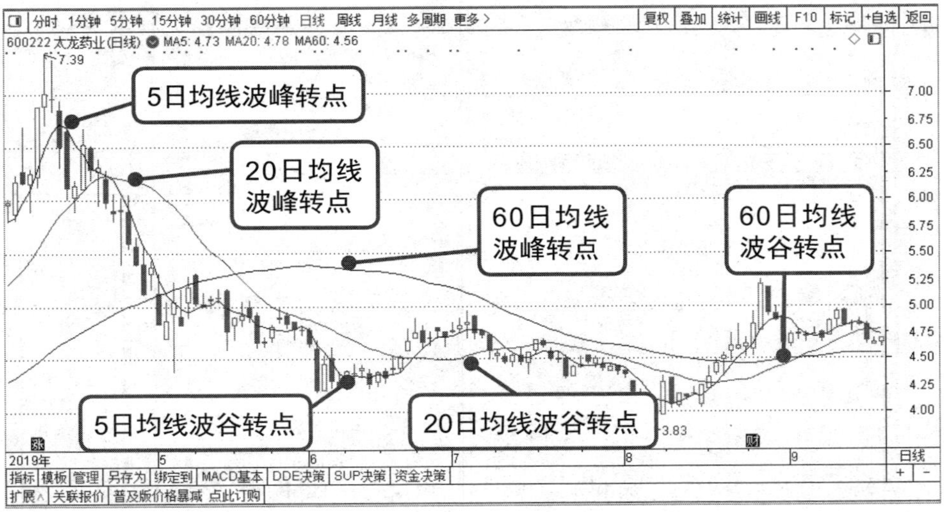

图7-20 移动平均线的转点

3.移动平均线中的交叉

由于不同周期的移动平均线随股价变化的灵敏度不同，因此当股价持续发生较大波动，或者原有趋势发生转变时，短期移动平均线就会先出现转点，中、长期移动平均线后出现转点，这样就会形态不同周期移动平均线的交叉。

根据形成交叉点方式的不同，可将这些交叉分为黄金交叉和死亡交叉两类，下面分别进行介绍。

◆黄金交叉

股价在上涨的过程中，上升的短期移动平均线由下而上穿过上升的中、长期移动平均线形成的交叉就是黄金交叉，也简称为金叉，如图7-21所示。

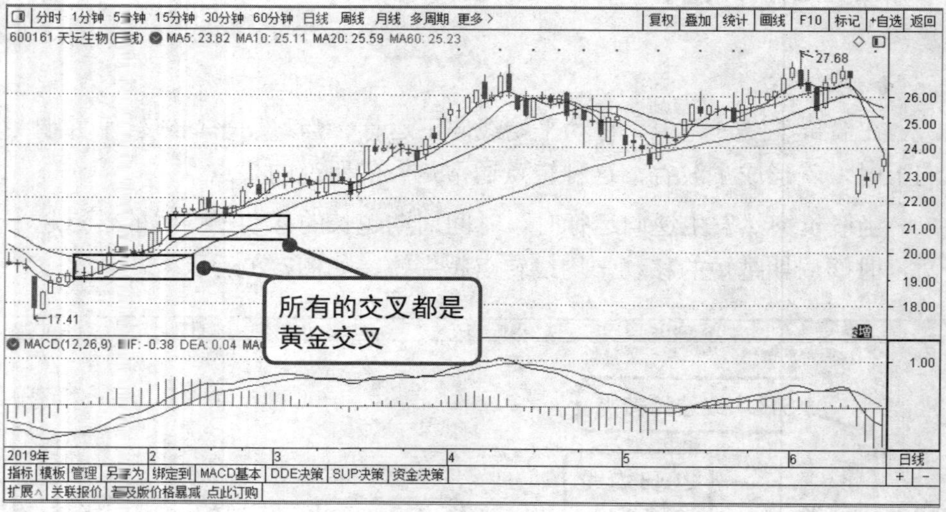

图7-21 黄金交叉

短期移动平均线上穿作为压力线的中长期移动平均线，表示股价将继续上涨，后市看好。因此，黄金交叉被很多投资者作为买入信号。

◆死亡交叉

股价在下降的过程中，下降的短期移动平均线由上而下穿过下降的中、长期移动平均线形成的交叉就是死亡交叉，也简称为死叉，如图7-22所示。

短期移动平均线下穿作为支撑线的中长期移动平均线，表示股价将继续下跌，后市看跌。因此，死亡交叉被很多投资者作为卖出信号。

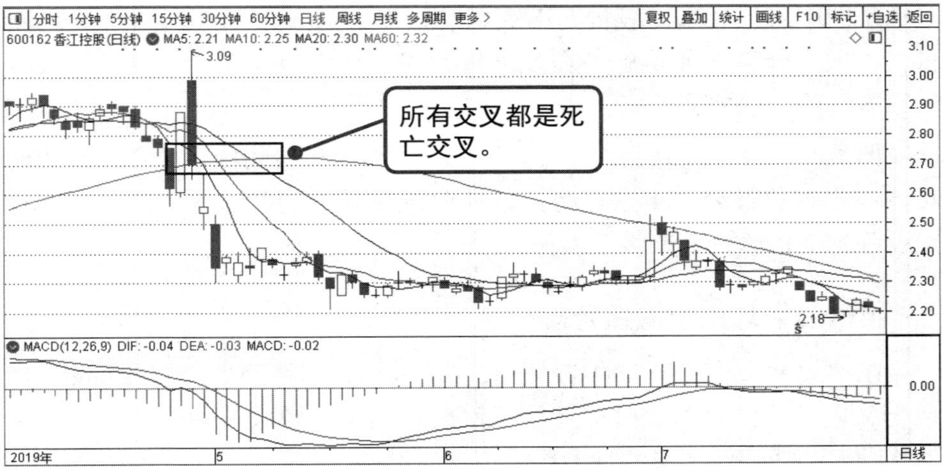

图7-22 死亡交叉

由于移动平均线只是一种基本趋势线，在反映股价的突变时具有滞后性，投资者仅仅依据黄金交叉或死亡交叉来买进或卖出是有片面性的。因此，投资者在分析行情时，黄金交叉或死亡交叉只能作为一种参考。

但是在实际应用中，形成交叉的几条移动平均线周期间隔越大，形成的黄金交叉或死亡交叉的可信度越高。尤其是长期趋势中的短期反向走势中出现的金叉和死叉，只能是短期的反向走势。

例如，如图7-23所示是福田汽车（600166）2019年7月至10月的K线走势图。

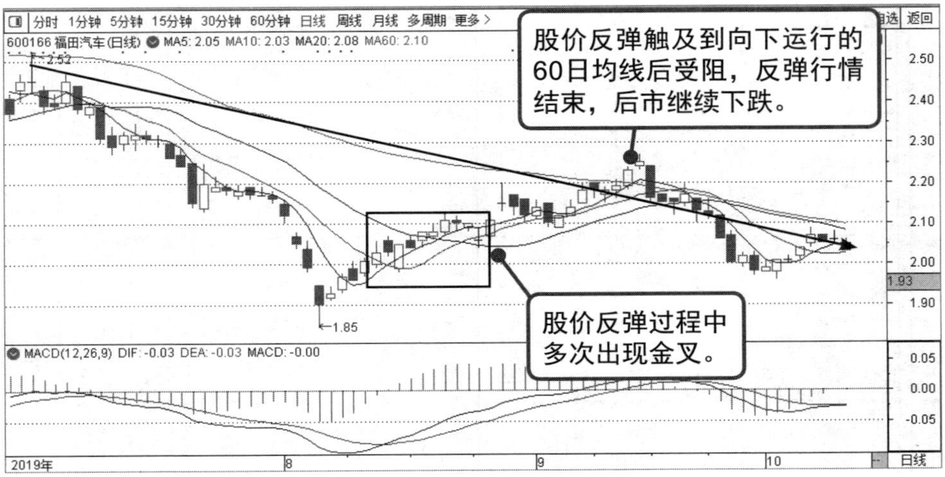

图7-23 福田汽车2019年7月至10月的K线走势图

从图中可以看到，股价在下跌到2019年8月初时，创出了1.85元的新低后，股价止跌开始反弹，在反弹过程中，多次出现金叉，这表明股价短期有继续上涨的能力。

但是，当股价反弹到2.20元的价位线时触及60日均线，由于此时的60日均线中期仍然处于下跌趋势，因此股价反弹受到60日均线的阻碍后结束反弹行情，股价重新步入下跌。

4.移动平均线中的组合排列

在实战中，随着股价的移动变化，不同周期的移动平均线之间除了出现交叉以外，当股价长时间持续上涨或下跌且无较大波动时，不同周期的移动平均线还会形成并排上行或下行的形态。

根据移动平均线排列顺序的不同，可以分为多头排列和空头排列两种，下面分别对其进行介绍。

◆ 多头排列

在一轮持续时间较长的上涨行情中，多条不同周期的股价移动平均线保持一定距离一致向右上方运行，股价位于所有移动平均线上方，不同周期的移动平均线从上到下依次按短期移动平均线、中期移动平均线和长期移动平均线的顺序排列，这就是多头排列，如图7-24所示。

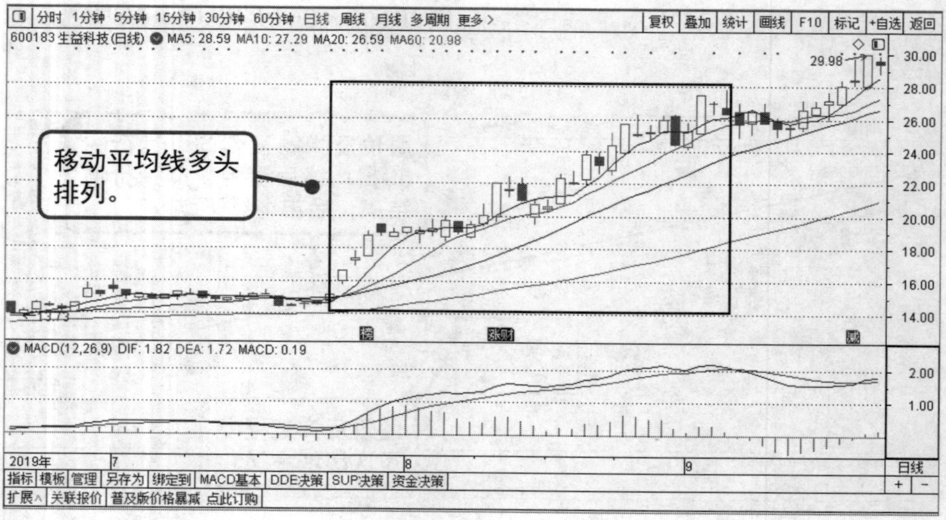

图7-24 多头排列

移动平均线形成多头排列，说明市场短期介入的投资者的平均成本超过长期持有投资者的平均成本，市场做多氛围浓。无论是短线、中线还是长线投资者都是入场的好时机。

◆空头排列

空头排列与多头排列相反，是指股价位于所有移动平均线下方，不同周期的移动平均线排列顺序从上到下依次为长期移动平均线、中期移动平均线和短期移动平均线，各周期移动平均线保持一定距离向右下方运行。而且要形成空头排列，股价肯定经过了较长时间的持续下跌，如图7-25所示。

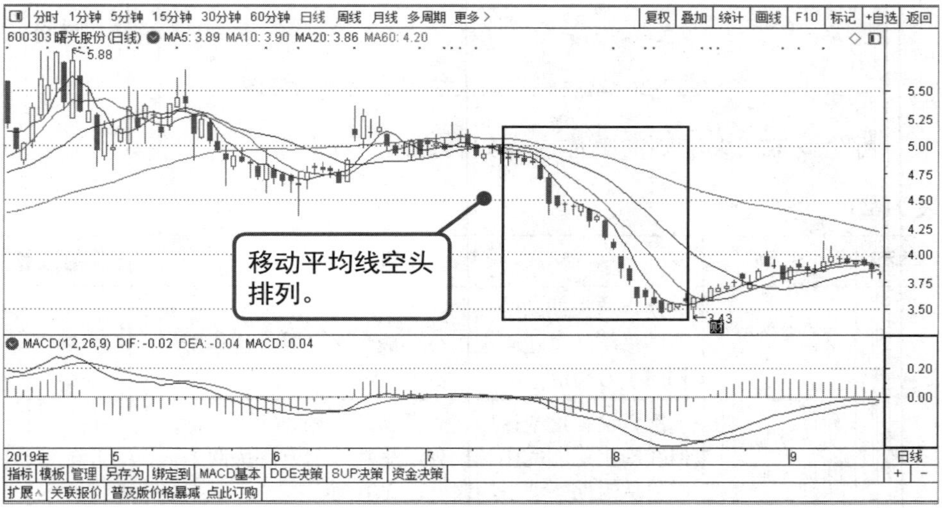

图7-25 空头排列

移动平均线形成空头排列，表明股价做空意愿极其强烈，股价将持续下跌较长一段时间。投资者应持币观望，直到各期移动平均线下跌速度变缓走平再考虑进场。

5.移动平均线的使用法则

说到移动平均线的使用，就不得不提葛兰威尔买卖法则，该法则是美国著名的投资专家葛兰威尔提出的，主要是以股价和移动平均线为基础进行研究而总结出的买卖原则，其内容精辟，被广大投资者视为投资法宝。该法则总共有8项内容，因此也被称为葛兰威尔八大法则，其买卖点如图7-26所示。

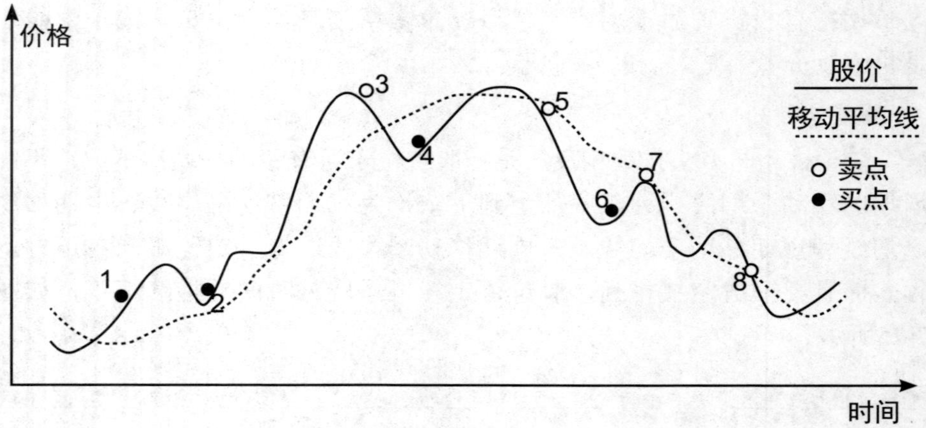

图7-26 葛兰威尔八大法则买卖点示意图

葛兰威尔八大法则的具体内容如表7-6所示。

表 7-6

类型	法则	信号描述	示意图位置
移动平均线买进信号	买入法则 1：金叉介入	下跌行情末期，中长期移动平均线下跌走平，短期移动平均线急速向上运行形成金叉，股价从移动平均线下方向上突破	1
	买入法则 2：回调不破	上涨行情初期或途中，短期移动平均线向下运行，但在向上运行的中长期移动平均线上方拐头向上，股价从短期移动平均线下方向上突破	2
	买入法则 3：破位上拉	上涨行情初期或途中，短期移动平均线向下运行，跌破向上的中长期移动平均线后迅速被拉升，股价从移动平均线下方向上突破中长期移动平均线	4
	买入法则 4：偏离反弹	在上涨或下跌行情途中，股价偏离向下的短期均线下跌后突破该均线（需要注意的是，在下跌行情中，投资者依据此条法则买入该股需短线持有，获利即出）	6

TIPS *买入法则3的延伸情况*

当上涨行情末期，短期均线向下运行跌破向上运行的中长期均线，经过一段整理行情后才被拉升向上突破长期均线，此时投资者要谨慎介入，避免高位被套，而持股者也要逢高卖出，落袋为安，最好配合其他技术指标综合分析。

续表

类型	法则	信号描述	示意图位置
移动平均线卖出信号	卖出法则1：死叉离场	下跌行情初期，中长期移动平均线上涨走平且有向下运行趋势，短期移动平均线急速向下运行形成死叉，股价从移动平均线上方向下跌破	3
	卖出法则2：反弹不过	在下跌行情初期或者途中，短期移动平均线走平后向上，但最终在向下的中长期移动平均线下方反弹上涨受阻，股价跌破均线	5
	卖出法则3：突破回落	下跌行情初期或途中，短期移动平均线反弹向上运行突破向下的中长期移动平均线后迅速回落，股价从均线上方向下跌破中长期均线	7
	卖出法则4：偏离回落	在上涨行情末期或下跌行情途中，股价偏离向上的短期移动平均线上涨后回落跌破该移动平均线	8

TIPS *卖出法则3的延伸情况*

当下跌行情末期，短期均线向上运行突破向下的中长期均线，经过一段整理行情后才回落跌破长期均线，后期股价弱势下跌，此时投资者要谨慎操作，可配合其他技术指标分析股价是否运行到底部。

在对移动平均线的定义、类型、转点、交叉、排列和使用法则有所了解后就来看看移动平均线与MACD指标综合使用。

7.2.2 移动平均线与MACD同时金叉应用

在股价大幅下跌的末期，如果短期均线上穿的中长期均线形成金叉，且中长期均线已经有走平或者明显向上的走势，说明股价跌速越来越慢，可能止跌企稳。

观察同时期的MACD指标，如果DIF线此时也同时向上突破DEA线形成金叉，说明市场中的多方力量持续增强，且未来上涨速度会越来越快，股价企稳回升步入上涨行情，同时出现的金叉就是一个看涨买入的信号。当两个金叉都完成时，投资者即可逢低吸纳，积极买入做多。

这里的均线金叉和MACD指标金叉可能在同一个交易日同时金叉，也可能在短时间内相继金叉，这两种情况都是有效的看涨买入信号。且均线在短期内依次上穿中长期的均线越多，股价见底的可靠性就越强。如果同期的均量线也完成金叉，这就是前面讲的三金叉形态，是强烈的买入信号，投资者更要积极买入做多。

分析实例 太龙药业（600222）——均线与MACD同时金叉买入分析

如图7-27所示为太龙药业2018年8月至11月的K线走势图。

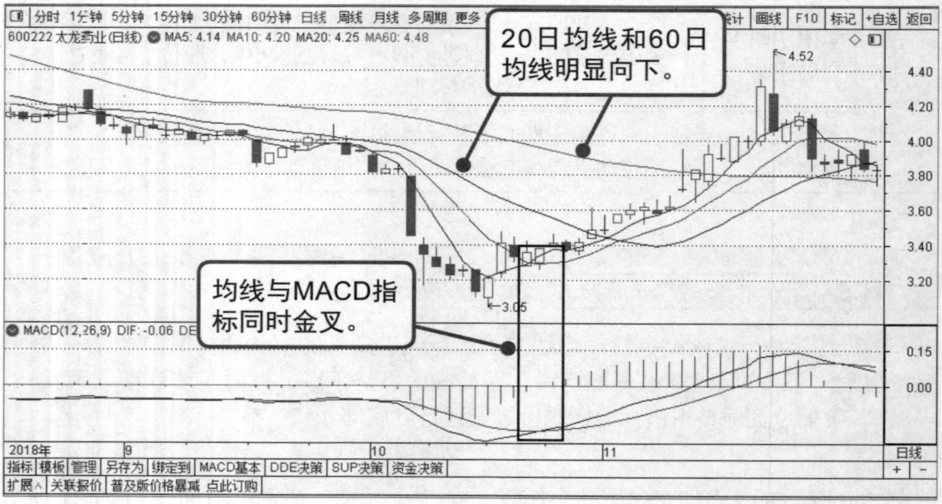

图7-27 太龙药业2018年8月至11月的K线走势图

从图中可以看到，该股在大幅下跌后于2018年10月11日以9.92%的跌幅收出大阴线，均线系统形成空头排列，经历了一波快速的下跌行情。在股价创出3.05元的最低价后股价企稳回升。

随后5日均线上穿10日均线形成金叉，同期的MACD指标也出现DIF线上穿DEA线形成金叉。但是观察此时的20日均线和60日均线，有明显的向下运行的趋势，因此此时的双金叉不是一个买入信号，稳健的投资者可以继续持币观望。

而且从上图中的后期走势也可以看到，该股在11月中旬创出4.52元的阶段性高价后，受到向下运行的60日均线的压制，股价阶段性见顶回落。

如图7-28所示为太龙药业2018年11月至2019年3月的K线走势图。

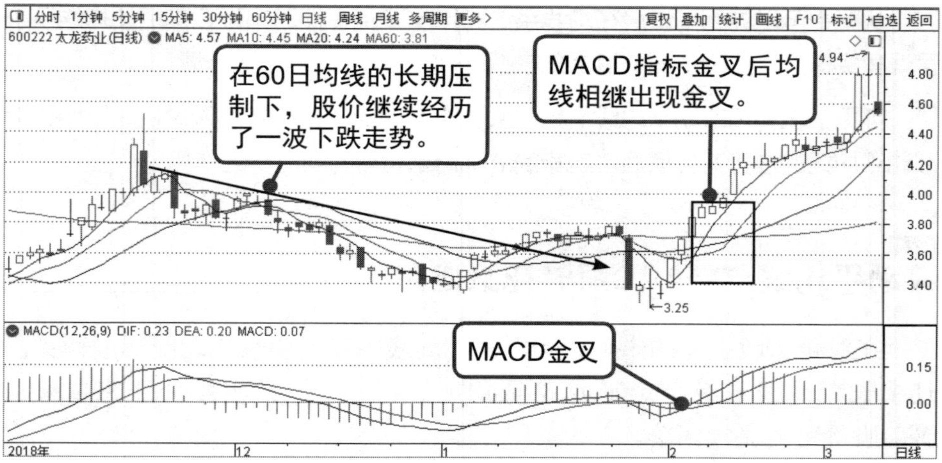

图7-28 太龙药业2018年11月至2019年3月的K线走势图

从图中可以看到，该股在4.52元的阶段性见顶后经历了两个多月的回调整理。在2019年1月底创出3.25元的新低后止跌，随后股价在连续阳线的作用下逐步拉高股价，MACD指标的DIF线率先在0轴下方且靠近0轴的位置上穿DEA线形成金叉。

随后，均线系统中的5日均线依次上穿10日、20日和60日均线形成多次金叉，此时的60日均线已明显走平，20日均线已拐头向上运行。说明上涨行情已经开启，投资者可以逢低吸纳，积极买入多做。

如图7-29所示为太龙药业2018年11月至2019年4月的K线走势图。

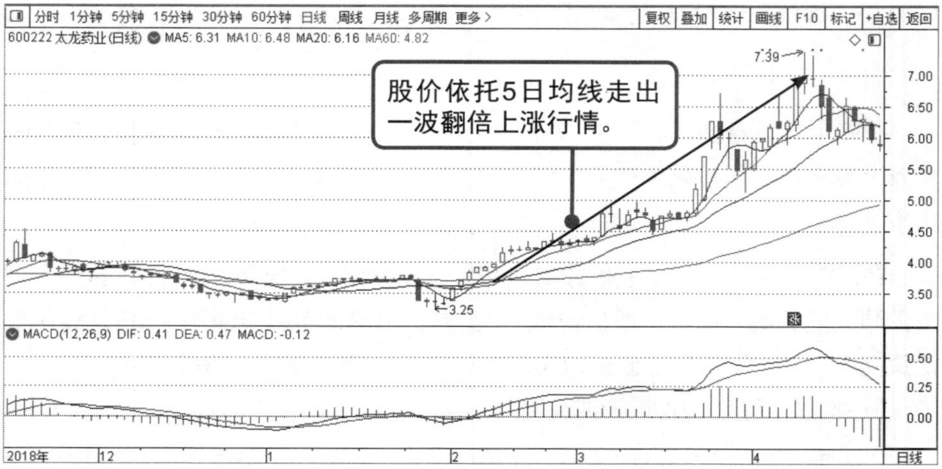

图7-29 太龙药业2018年11月至2019年4月的K线走势图

从图中可以看到，该股在均线系统和MACD指标同时出现金叉后，均线系统呈现多头排列，股价依托5日均线走出了一波可观的翻倍上涨行情。

可见，在利用移动平均线与MACD指标同时金叉来研判买入时机时，中长期移动平均线的走势对行情后市走势的准确研判有着非常重要的作用。

7.2.3 移动平均线与MACD同时死叉应用

在股价大幅上涨的末期，如果短期均线下穿的中长期均线形成死叉，且中长期均线已经有走平或者明显向下的走势，说明股价涨速越来越慢，股价可能见顶回落。

观察同时期的MACD指标，如果DIF线此时也同时向下跌破DEA线形成死叉，说明市场中的空方力量持续增强，且未来下跌速度会越来越快，股价见顶回落步入下跌行情，同时出现的死叉就是一个看跌卖出的信号。当两个死叉都完成时，投资者应果断抛售出局，落袋为安。

这里的均线死叉和MACD指标死叉可能在同一个交易日同时死叉，也可能是在短时间内相继死叉，这两种情况都是有效的看跌卖出信号。且均线在短期内依次下穿中长期的均线越多，股价见顶的可靠性就越强。如果同期的均量线也完成死叉，这就是前面讲的三死叉形态，是强烈的卖出信号，投资者不要对行情有任何留恋，持币观望才是上上策。

分析实例 永鼎股份（600105）——均线与MACD同时死叉卖出分析

如图7-30所示为永鼎股份2018年10月至2019年5月的K线走势图。

从图中可以看到，该股在2018年10月创出2.85元的最低价后股价企稳回升步入上涨行情，股价始终受到60日均线的支撑，在其上方走出一波可观的翻倍行情。

在2019年4月29日，股价放量高开高走以大阳线收出带长上影线的K线，创出7.35元的新高。随后，股价连续3个交易日出现十字星线滞涨，5日均线明显拐头向下。在4月29日，股价以9.35%的跌幅大阴线报收，跌破走平的20日均线，5日均线下穿10日均线形成死叉。

观察同期的MACD指标发现，在股价创出7.35元的高价后，DIF线也拐头向下，在4月29日均线出现死叉时也下穿DEA线形成死叉，说明行情上涨乏力，空方力量逐渐增强。对于谨慎的投资者来说，当遇到此种情况，就应该抛售筹码，持币观望。

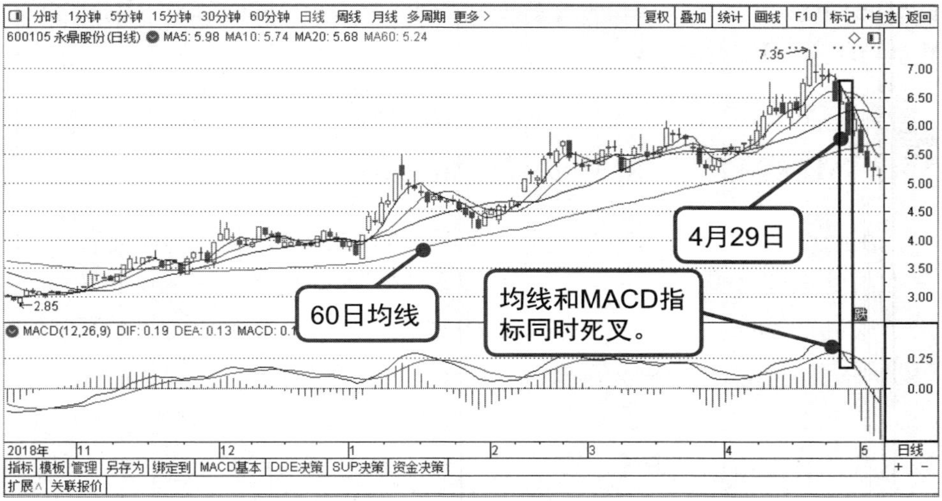

图7-30 永鼎股份2018年10月至2019年5月的K线走势图

如图7-31所示为永鼎股份2019年4月至10月的K线走势图。

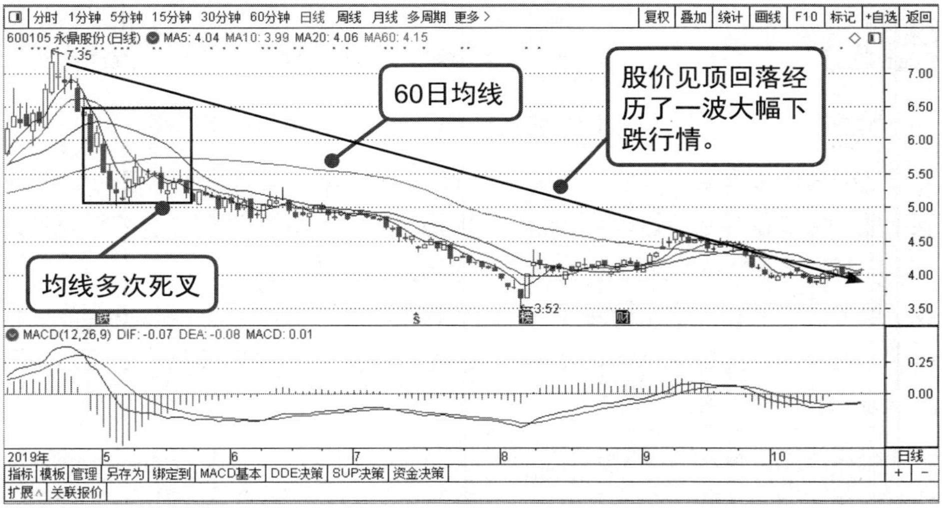

图7-31 永鼎股份2019年4月至10月的K线走势图

从图中可以看到，该股在4月29日均线和MACD同时死叉后，股价继续快速下跌，20日均线明显拐头向下，60日均线也走平，均线随后相继多次出现死叉，MACD指标也快速下穿0轴在0轴下方运行，下跌行情已开启。

从后市走势来看，股价经历了一波长期的大幅下跌行情，股价始终受到向下的60日均线的压制。如果投资者未在均线和MACD指标同时死叉时及时出局，将遭受非常严重的损失。

7.2.4

移动平均线和MACD柱状线底背离应用

在股价大幅下跌的低价位区，如果均线持续下跌，连续创出新低，而同期的MACD指标的绿色柱状线没有继续创出新低，而是反向走出一底比一底高的形态，与均线形成明显的底背离形态。说明行情的下跌动能越来越弱，下跌行情即将结束，行情随时见底回升。

需要注意的是，当均线和MACD指标底背离后，股价可能还会出现一波下跌，这是股价的最后一跌，在这波下跌结束后股价才见底。所以，投资者为了避免被套牢，最好等股价见底回落确认后再买入。

如果均线与MACD柱状线底背离的同时，成交量也出现明显的缩量，这更加说明了下跌动能的衰竭，加强了股价即将见底的可靠性。

分析实例 北方稀土（600111）——均线与MACD柱状线底背离，行情见底

如图7-32所示为北方稀土2018年5月至2019年1月的K线走势图。

从图中可以看到，该股在2018年11月之前，股价始终受到60日均线的压制，股价每次反弹都不过60日均线，说明该均线对股价的压制作用非常有效。在2018年11月，股价又迎来了一波较大的反弹行情，股价从最低的9.00元附近，反弹突破60日均线运行到10.50元的价位线，但是由于60日均线的强烈压制作用，股价最终还是在10.50元的价位线结束反弹，重新依托5日均线走出一波比一波低的下跌行情。

观察同期的MACD指标可以发现，在反弹结束后，0轴上方的红色MACD柱状线快速缩小，在11月下旬的时候运行到0轴下方，虽然在整个下跌过程中，MACD柱状线始终在0轴下方变化，但是在均线不断创出新低的同时，绿色柱状线没有反向走出一底比一底高的形态，与均线形成明显的底背离形态，说明此时行情的下跌动能逐渐衰竭，股价有望见底。

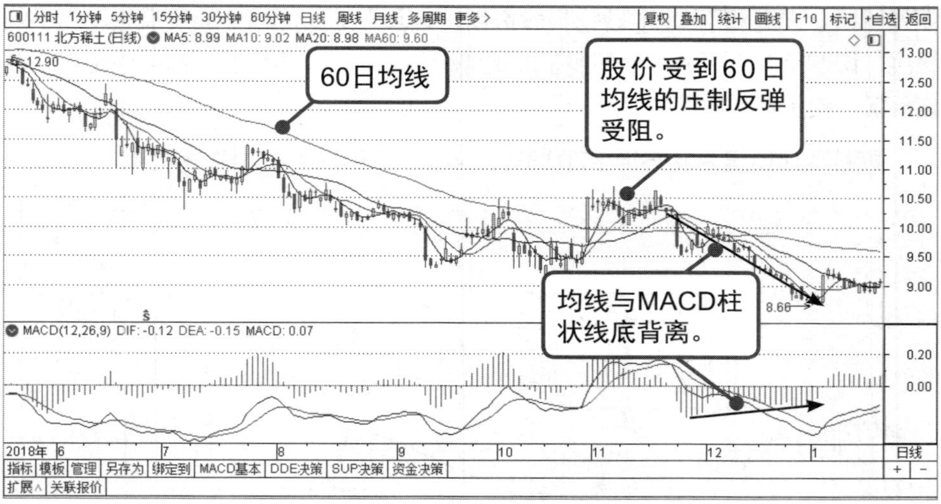

图7-32 北方稀土2018年5月至2019年1月的K线走势图

下面继续观察同期的成交量变化。

如图7-33所示为北方稀土2018年5月至2019年1月这个时间段内加入成交量的K线走势图。

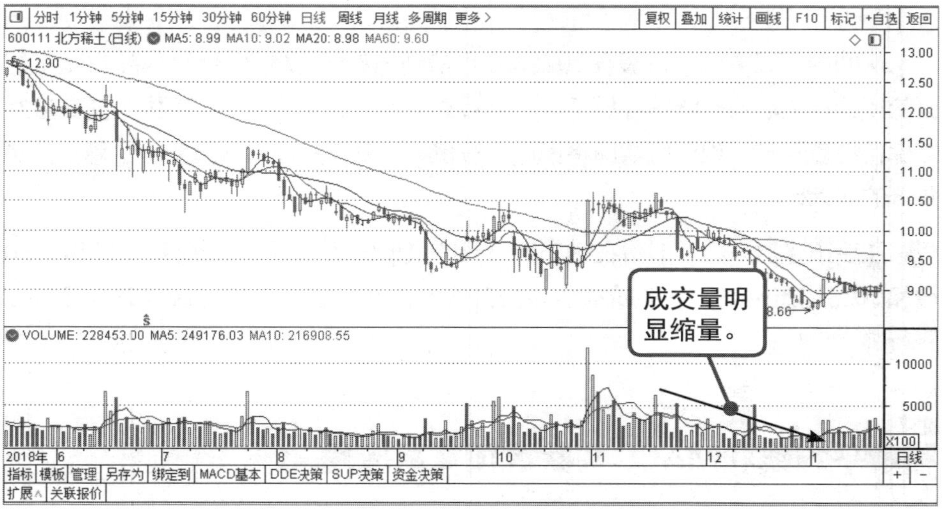

图7-33 北方稀土2018年5月至2019年1月的K线走势图（加入成交量）

从图中可以看到，该股在2018年11月开启反弹行情时，成交量出现明显的天量拉动股价上涨。但是在反弹行情结束继续下跌的过程中，成交量出现明显的缩量行情，尤其在2019年1月2日股价创出8.66元的新低后，成交量更是缩小到极度，说明空方被释放得差不多了，更加说明了行情即将见底，市场中出现了惜售现象。投资者不要着急买入。

如图7-34所示为北方稀土2018年11月至2019年6月的K线走势图。

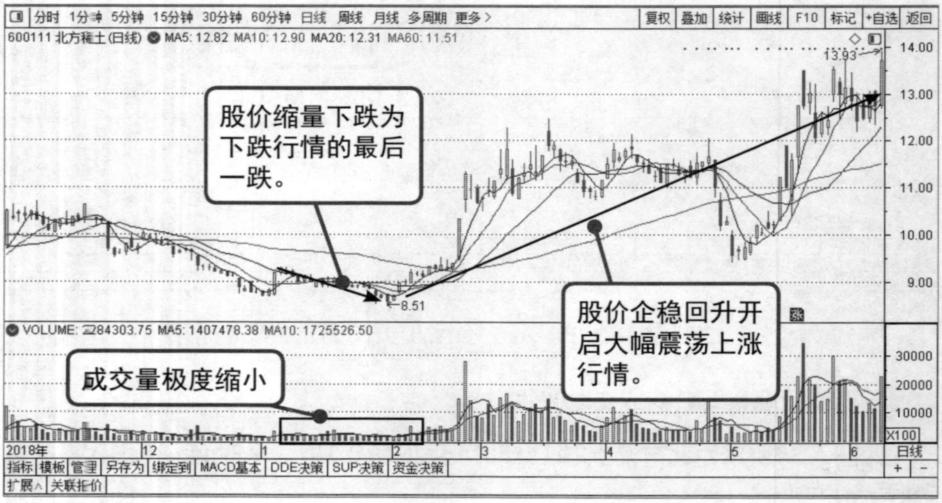

图7-34 北方稀土2018年11月至2019年6月的K线走势图

从图中可以看到，该股在2019年1月初创出8.66元的新低后又经过3个交易日的反弹行情后股价继续经历了近一个月的下跌，此轮下跌跌幅不大，成交量始终保持地量形态，说明行情即将见底，投资者要密切关注，一旦股价企稳，就是最低的买入价。

从后市走势来看，股价在创出8.51元的最低价后，5日均线拐头，10日、20日和60日均走平，随后股价被放量拉升开启上涨行情，走出一波大幅震荡的上涨行情。

7.2.5

移动平均线和MACD柱状线顶背离应用

在股价大幅上涨的低价位区，如果均线持续上升，连续创出新高，但是同期的MACD指标的红色柱状线没有继续创出新高，而是反向走出一顶比一顶低的形态，与均线形成明显的顶背离形态。说明行情的上涨动能越来越弱，上涨行情即将结束，行情随时见顶回落。

需要注意的是，当均线和MACD指标顶背离后，股价可能还会出现一波上涨才见顶，但此时追涨的风险是比较大的，投资者最好离场。

如果均线与MACD柱状线顶背离的同时，成交量也出现明显的缩量，这更加说明了上涨动能的衰竭，加强了股价即将见顶的可靠性。

分析实例 嘉化能源（600273）——均线与MACD柱状线顶背离，行情见顶

如图7-35所示为嘉化能源2018年11月至2019年4月的K线走势图。

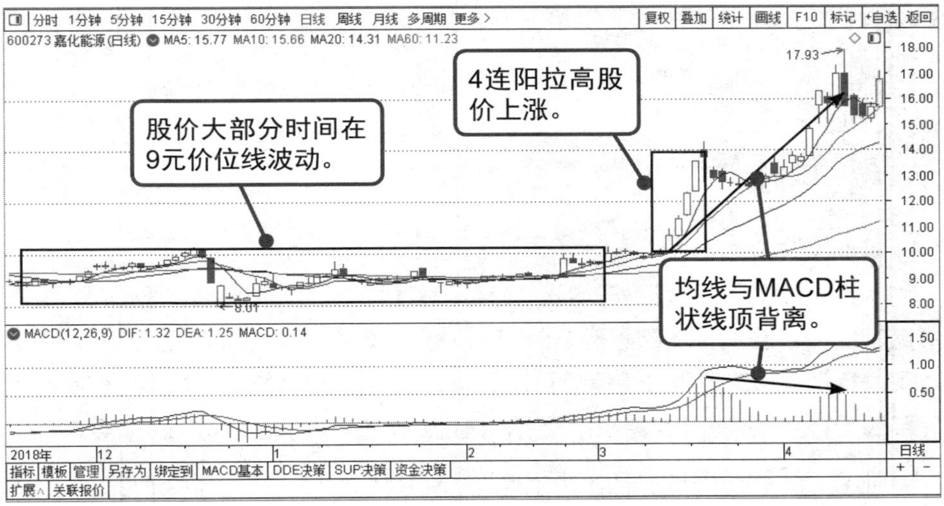

图7-35 嘉化能源2018年11月至2019年4月的K线走势图

从图中可以看到，该股在2019年3月之前，股价变化不大，大部分时间都在9.00元的价位线上下窄幅波动变化，在2019年3月中旬，股价连续4根阳线在5日均线上方快速拉高股价脱离震荡期步入上涨，随后股价依托5日均线走出快速上涨的行情，均线系统呈向上发散的多头排列，短短一个多月的时间，股价最高上涨到17.93元，涨幅接近100%。

观察同期的MACD指标发现，在4连阳的作用下，红色MACD柱状线也呈现快速放大的形态，在随后的短暂回调中柱状线也出现快速缩小，并在4月缩小到0轴附近，在股价的第二波上涨中，MACD柱状线也继续放大，但是此轮放大的顶点明显低于前期顶点，与向上发散变化的均线形成明显的顶背离，在翻倍行情的高价位区出现这种情况，表明主力上涨乏力，行情可能见顶。稳健的投资者此时最好离场观望。

如图7-36所示为嘉化能源2019年3月至10月的K线走势图。

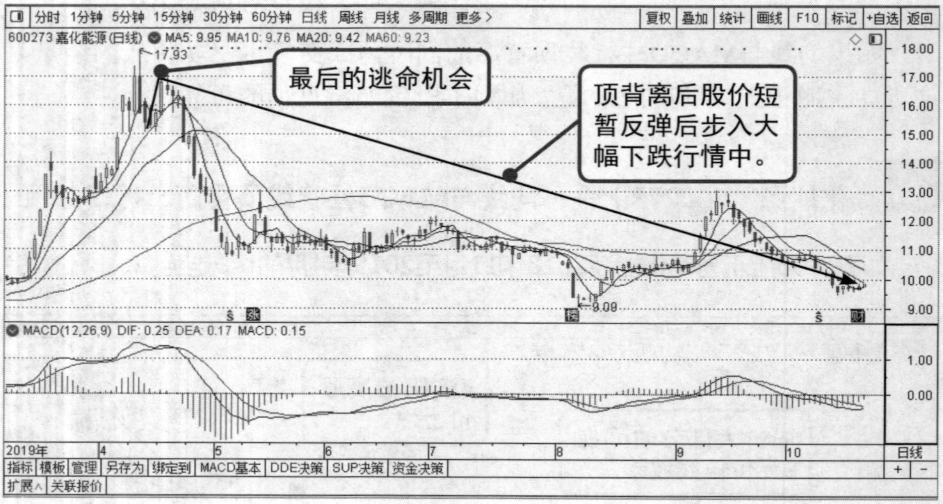

图7-36 嘉化能源2019年3月至10月的K线走势图

从图中可以看到，该股在均线与MACD柱状线出现顶背离后，股价短暂回落后继续反弹，但是反弹高度不及前期17.93元的高点，便快速下跌开启一波凶猛的下跌行情。整轮下跌行情持续到2019年10月仍然没有结束。如果投资者在顶背离后短暂反弹的两个交易日中没有抓住这最后的出逃机会，将损失惨重。

可见，在大幅上涨的高价位区出现均线与MACD柱状线顶背离形态，卖出股票持币观望是最佳的操作策略，即使后面还有上涨，待上涨行情确定后，再买回来即可。

用MACD指标构建交易系统

交易系统是指投资者利用某种技术指标对市场进行分析，从而达到深入了解市场的目的，在这个过程中形成了一套以技术指标为基础，灵活买卖的操作策略。

8.1 交易系统简单介绍

MACD指标被称为“指标之王”不仅是因为它能可靠地分析股价的运行趋势，还因为该指标的操作策略与原理同样适用于其他的多数指标。

由于指标是历史数据的反映，因此，借助指标有助于投资者研究市场，把握市场的变化规律。投资者通过对技术指标地研究，可以不断加深对市场的认识，完善自己的投资理念和投资策略，从而最终形成一套以技术指标为基础的股市操作策略。因此，交易系统是投资者在实战中不断总结得到的成果，是投资经验的汇总与结晶。

8.1.1 什么是交易系统

在股市投资中，大部分投资者的投资决策思维方式都是情绪性投资者，即听别人说某只股票好，他就买入该股票，或者自己感觉某只股票可以，也就毫无思考地就买进了。卖出股票也是完全凭感觉，认为股票涨得差不多了就卖出，或者股价不断下跌让自己心里承受不了了，也不管三七二十一就卖出了。

所以，就出现了股市投资中绝大部分人都是亏损的，只有少部分人是赚钱的情况。

其实，在股市投资中，选择股票→买进股票→仓位控制→持股策略→卖出股票，这是一个完整的交易过程，而大多数的投资者都没有一个适合自己的完整交易方法（这就是我们所说的交易系统），所以导致投资失败。

通过上面的介绍我们可知，交易系统就是一套完整的、用于指导投资者完成交易过程的交易规则体系。一套设计良好的交易系统，必须对交易过程中的每个环节都能做出客观、正确指导的规定。所以，交易系统的特点就在于完整性和客观性。

完整性。所谓完整性就是在实战炒股中，对一个完整的交易周期的各个环节明确给出指导策略和操作规定。例如，怎么选择一只股票、何时进场、进场后如何操作、何时退出等，从而形成一个相对完整的决策链，确保投资者不凭心理喜好和感觉操作。

客观性。所谓客观性就是交易系统的全部规则和参数完全明确化，各环节的操作策略和交易信号均由系统发出，完全排除了投资者的主观判断，从而有效解决投资者的情绪对买卖操作和持股策略的负面影响。

此外，由于交易系统的完整性和客观性，从理论上而言，对于任何投资者，如果使用条件完全相同，则依据该操作系统做出的操作结果也是完全相同的。

由此可以看出交易系统的优点是十分明显的，具体有以下几点。

◆有助于控制风险。

◆有助于树立正确的交易理念。

◆有助于排除心理因素等各种干扰，保证交易执行的一致性。

◆有助于正确分析市场。

◆有助于交易经验和能力的提升。

8.1.2 交易系统三要素

交易系统的要素有3个，分别是技术分析、资金管理和交易心理。下面分别对这三要素进行具体介绍，如表8-1所示。

表 8-1

要素	描 述
技术分析	技术分析是交易系统的基础，因为技术分析大量借助技术指标对市场进行分析，它主要是针对实战中买卖点的问题。 常见的技术分析方法有趋势理论分析、形态理论分析、技术指标分析等。这些技术分析理论从不同角度对市场进行分析，是投资者解读市场的重要方法。投资者对市场深入了解后，最终会形成自己的市场理念，指导自己在市场中正确操作
资金管理	任何技术分析都是为了增加投资收益，因此，资金管理是整个交易系统中的重要组成部分，它是决定投资者最终收益的重要因素。 资金管理包括仓位控制与风险控制两个方面，仓位控制又细分为建仓、加仓、减仓、清仓等操作策略；风险控制则细分为止损、止盈等操作策略。投资者在实战中经常忽视资金管理，导致获利不多或损失惨重。特别是欠缺经验的投资者，不注重资金管理，缺乏风险控制意识，在实战中买入就是全仓买入，卖出就是清仓卖出，结局就是错过部分收益或是加大损失

续表

要素	描 述
交易心理	交易心理是一个不明显、不易被察觉但却最终决定投资成败的核心因素，这个因素对于毫无经验的投资者尤为重要。它包括投资者的综合素质和交易习惯两个方面，主要针对投资者在实战中执行力的问题。如果投资者执行力不到位，运用技术分析找到正确的买卖点也无济于事，再合理的资金管理也是白费，投资者难以在投资中收获成果

以上就是交易系统三要素内容，投资者在理解交易系统的三大要素时，应注意以下几个方面。

1.三大要素不可分割

任何一个完整的交易系统都应同时具备技术分析、资金管理和交易心理这三大要素。技术分析是交易系统的基础，资金管理与交易心理都依据它进行变化；资金管理则是对技术分析得到的买卖点进行排查的重要工具；交易心理则贯穿技术分析与资金管理的全过程。

所以，在这三大要素中，三者紧密联系，不可分割，任何一个要素出现问题，都会影响投资者的最终收益。

2.买点出现后对后市的可能性进行分析

在实战炒股过程中，如果某技术分析发出买入信号，此时投资者应先对该位置买入后的可能性进行分析，因为市场的变化是受到诸多因素影响的，有可能从技术层面分析的买点会因为其他外在因素（如国家政策调控、通货膨胀、利率变化等）而导致买点失效。所以对买点出现后的可能性进行考虑是非常必要的，而且对这些可能性出现时应该采取什么样的操作策略来应对也要考虑好。

买点出现后，无非两种情况，一是买点应验，二是买点没有应验，下面分别介绍。

- 如果买点应验，股价如期上涨，后市将有两种可能。一是股价持续上涨，投资者可考虑长期持有；二是上涨结束，此时投资者应及时卖出离场。
- 如果买点没有应验，后市股价也有两种可能。一是股价开始下跌，不断创出新低，投资者应及时止损，卖出离场；二是股价进入盘整期，投资者可视具体情况操作。

分析实例 浙江龙盛（600352）——MACD指标买点出现后的可能性分析

如图8-1所示为浙江龙盛2018年8月至2019年3月的K线走势图。

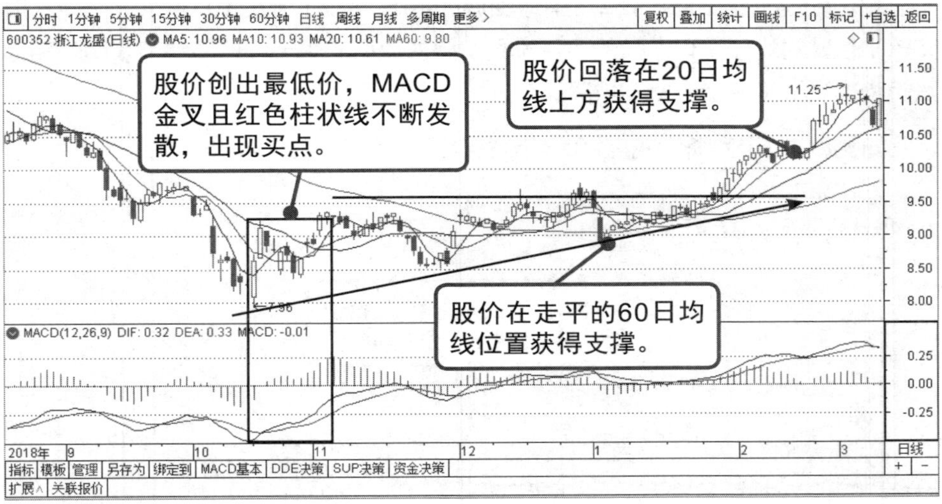

图8-1 浙江龙盛2018年8月至2019年3月的K线走势图

从图中可以看到，该股在2018年10月中旬之前，股价经历了一波深幅的下跌行情，MACD指标始终在0轴下方波动。当股价创出7.96元的最低价后，股价止跌企稳步入回升。同期的DIF线也拐头向上运行，并上穿DEA线形成金叉，而且此时MACD柱状线也在0轴上方不断发散，出现买点。此时股价底部已经形成，金叉是触底反弹的信号，也是投资者抄底的绝佳机会。

投资者在买入该股之前，应考虑买点后的多种可能性，一共4种可能，每种可能性对应的操作策略如下。

- **第一种可能性**：买点应验，股价在后市持续上涨，形成长期上涨趋势。即使在上涨行情中遇到股价回调，也应坚定持股。
- **第二种可能性**：买点应验，股价经过一轮上涨后便开始下跌，没能形成长期上涨趋势，面对这种情况，投资者应在股价处于高位时果断卖出离场。
- **第三种可能性**：买点没有应验，股价小幅上涨后便开始下跌，并不断创出新低，延续前期的下跌趋势。此时投资者应及时卖出清仓。
- **第四种可能性**：买点没有应验，股价在低位开始震荡，延续下跌前的横盘状态。此时投资者可视具体情况，灵活操作。

从后市股价的实际走势来看，金叉发出买入信号后，股价经历了一波上升三角形整理形态，尤其在2019年1月，股价回落时受到走平的60日均线的支撑止跌，表明上涨趋势基本形成。即可以排除第三、第四种可能性。

股价经过一轮上涨后在2月中旬回调至20日均线上方的10.00元价位线获得支撑，且此时均线呈现发散的多头排列，是买点后的第一种可能性，表明长期上涨趋势确认，投资者应坚定持股。

如图8-2所示为浙江龙盛2018年11月至2019年4月的K线走势图。

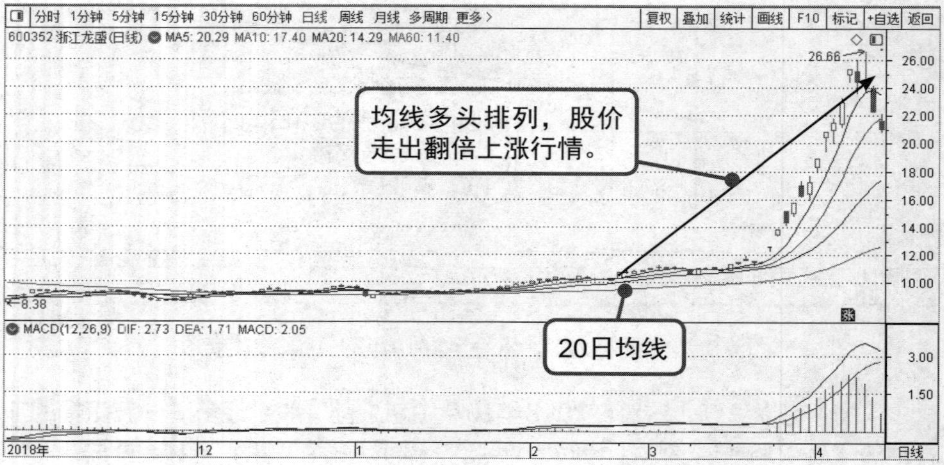

图8-2 浙江龙盛2018年11月至2019年4月的K线走势图

从图中可以看到，该股在2019年2月中旬在20日均线上方的10.00元价位线获得支撑后，又经历了一波小幅的拉升行情后于3月下旬出现强势拉升行情，在短短半个月左右的时间里，股价暴涨创出26.66元的最高价，涨幅超过166%。如果投资者在前期回落时坚定持股，在此时卖出即可获利丰厚。

分析实例 江西铜业（600362）——MACD指标买点出现后的可能性分析

如图8-3所示为江西铜业2018年12月至2019年7月的K线走势图。

从图中可以看到，该股在2019年4月16日开盘后一路高走，当日以4.53%的涨幅收出带长上影线的阳线，创出17.59元的最高价见顶，随后股价开始下跌，不断创出新低。同时期的DIF线也随即快速跌破0轴后保持在0轴下方运行。

在5月初，股价在14.00元的价位线受到明显的支撑后开始反弹，随后股价进入反弹阶段，DIF线上穿DEA线形成低位金叉，同时期的MACD柱状线也在0轴上方运行，并且呈现发散状态，形成买点。

投资者在买入之前同样需要考虑买点后的4种可能性（与上个例子一样）。这轮反弹行情最终在16.00元的价位线反弹受阻，结束反弹行情。股价在短期小幅上涨后便继续下跌，不断创出新低，是买点后的第三种可能性。投资者应及时卖出清仓，避免在后市遭受更大的损失。

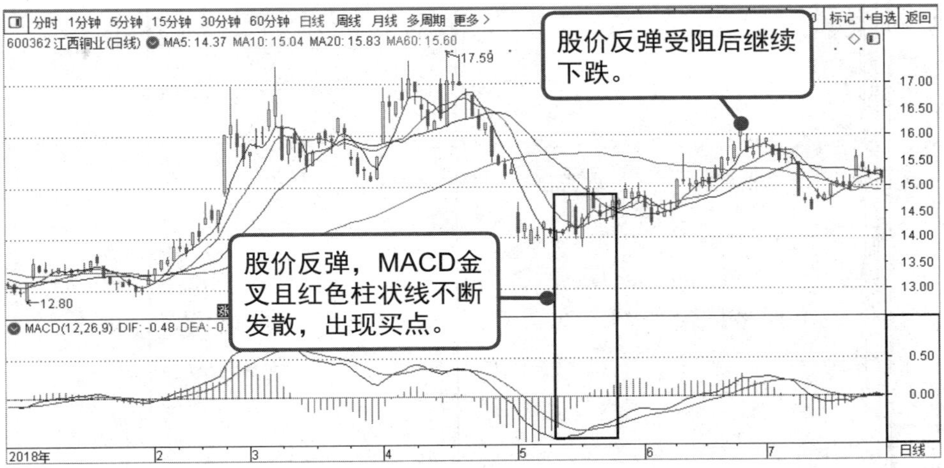

图8-3 江西铜业2018年12月至2019年7月的K线走势图

如图8-4所示为江西铜业2019年4月至10月的K线走势图。

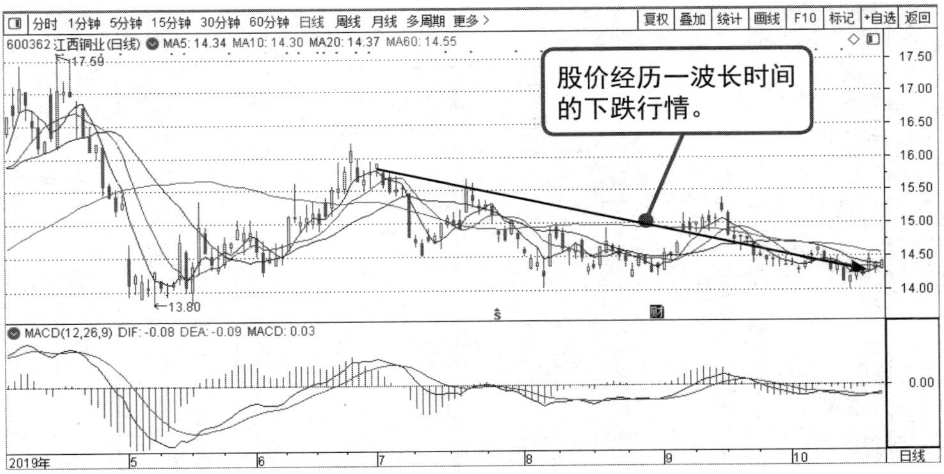

图8-4 江西铜业2019年4月至10月的K线走势图

从图中可以看到，该股在2019年6月中旬在16.00元的价位线结束反弹行情后，股价继续前期的下跌趋势，且此轮下跌持续的时间长，截止到2019年10下旬，也没有出现止跌的迹象。

如果投资者在5月的反弹行情中买入了该股，并且没有在反弹结束后及时清仓出局，在后市漫长的下跌过程中将被严重套牢。

3.仓位与止损

在交易系统的资金管理要素中，仓位控制与止损是重要的组成部分，它与买卖点以及投资者的交易心理联系非常密切。

对仓位与止损位的确定，常用的方法是“以损定仓”，即将止损位与仓位看作一个整体，其操作过程分为3个步骤，具体如下。

◆ 步骤一：确定止损位

投资者在实战中确定买点后，首先要做好风险控制的准备，然后确定止损位。止损是风险控制中的关键。投资者应将止损位设置在前期低点或前期低点的下一档。股价一旦跌至止损位，投资者应果断卖出离场。

分析实例 富奥股份（000030）——根据买点确定止损位

如图8-5所示为富奥股份2018年10月至2019年3月的K线走势图。

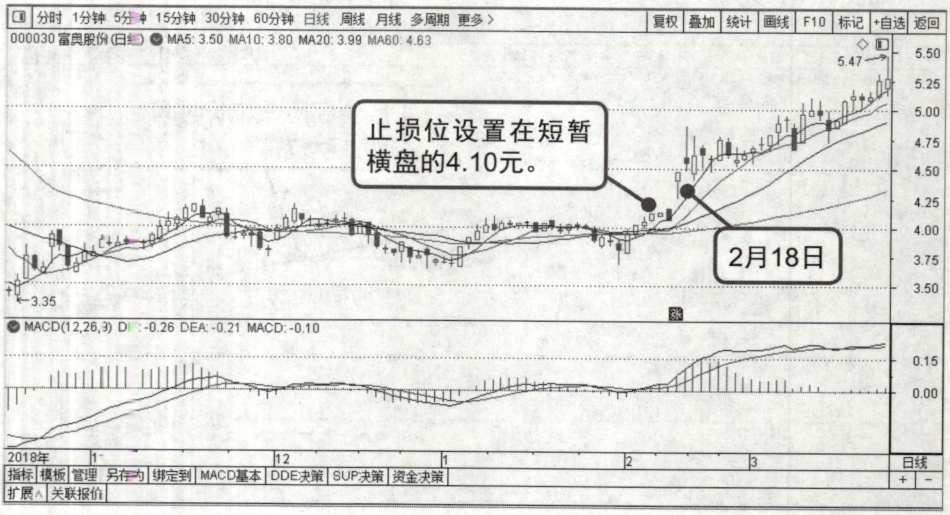

图8-5 富奥股份2018年10月至2019年3月的K线走势图

从图中可以看到，该股在2018年10月创出3.35元的最低价后企稳回升步入上涨，但是股价在11月中旬运行到4.25元的价位线左右时受阻步入回调。

此后股价始终受到4.25元价位线的阻碍，但是主力护盘也比较明显，始终受到3.75元价位线的支撑。因此，股价只要不有效突破4.25元的价位线，那么整理行情就会持续。

在2019年2月18日，股价跳空高开后短暂回落，在股价触及4.24元的最低价后就被快速拉升直接打到涨停板，当日以涨停板收出带长下影线的阳线，跳空拉高股价突破4.25元价位线的阻碍，后市将开启拉升行情的主升期。

观察此时对应的均线形态，呈发散的多头排列，MACD柱状线也在0轴上方不断发散，出现买点，于是投资者打算在2月19日买入，此时的止损位可设置在前期2月13至15日短暂横盘的4.10元的价位，一旦股价短暂上涨后开始下跌，并跌破4.10元，投资者就应该果断卖出离场。

◆ 步骤二：确定单笔交易最大亏损额度

不同投资者的资金实力与心理承受能力都不同，投资者根据自己的资金与心理承受能力来确定单笔交易的最大亏损额度。

对于资金实力强、心理承受能力强的投资者可以将单笔交易最大亏损额度放大；反之，资金实力较弱，心理承受能力也较弱的投资者就应将单笔交易最大亏损额度缩小。

通常情况下，单笔交易最大亏损额度不超过总资金的5%。

◆ 步骤三：确定仓位

投资者在确定了止损位和单笔交易最大亏损额度之后，便可以利用以下公式计算出仓位。

仓位=单笔交易最大亏损额度÷（买入价-止损价）

分析实例 富奥股份（000030）——根据单笔交易最大亏损额度确定仓位

如图8-6所示为富奥股份2019年2月19日的分时走势图。

从图中可以看到，该股当日放量高开冲高后股价很快开始回落，随后股价一路下跌，但是在前期确认了整体行情后市的走向后，遇到这种次日股价回落，就是最佳的买入机会。

假设某投资者有10万元的总资金，他的单笔交易最大亏损额度为5%，他打算在2月19日4.53元的价格时买入该股，从上一个案例可知，此时买入的止损位为4.10元。那么该投资者应该买入多少股呢？计算过程如下。

仓位=（10万元×5%）÷（4.53−4.10）=5000÷0.43≈11627股

计算结果约等于11627股，即投资者应在2月19日以4.53元的价格买入116手富奥股份。

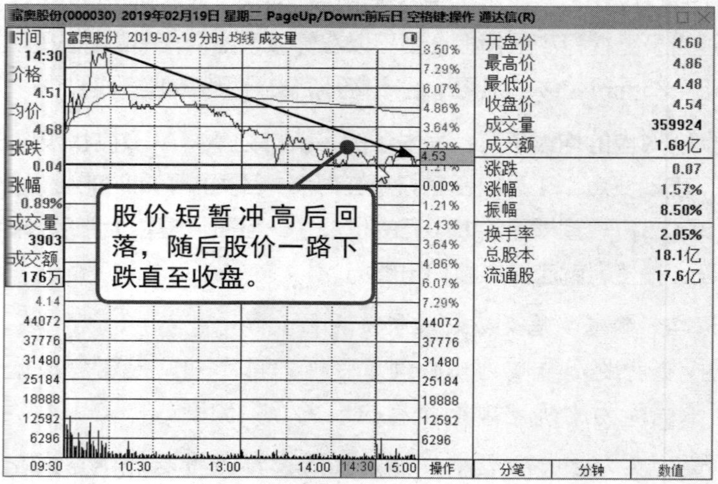

图8-6 富奥股份2019年2月19日的分时走势图

8.1.3 散户对交易系统的认识误区

很多投资者在第一次接触到交易系统时对交易系统认识不透彻，即使是已经接触过交易系统的投资者也会因为各种原因对交易系统产生各种误解，从而建立不完善的交易系统，导致交易系统失效。那么，散户投资者对交易系统存在哪些认识误区呢？大致总结如下。

◆指标就是交易系统

有的投资者认为技术指标就是交易系统，这是一个很严重的误区。技术指标是构成交易系统的基础，但两者之间不能画等号。交易系统是以指标为基础，并在实战中不断完善的，包括买卖点、仓位控制、风险控制、心理控制等多方面系统化的操作策略。

投资者在实战中不能仅仅依靠一个技术指标去分析市场，再好的技术指标也只是价格的反映，无法超越投资者自身的思想，更不能忽视了资金管理和交易心理的作用。

◆ 交易软件就是交易系统

现在市面上有所谓的交易系统的交易软件出售，投资者购买之后按照它发出的买卖点进行操作就能赢利。但这类交易软件多是几种技术指标的组合，将买卖点标示得更为明确，但这并不能与交易系统画上等号。

目前使用率较高的普通股票行情软件有大智慧、通达信、同花顺、东方财富通等。投资者可以在行情软件中自己动手设置出自动提示买卖点的功能，只需要将技术指标加载到行情软件上即可。

总而言之，交易软件是技术指标的表现形式，不能与交易系统混为一谈。因为交易软件没有资金管理，更没有交易心理，所以投资者在实战中不能太相信和依赖行情软件。

◆ 交易系统是用来预测走势的

交易系统是建立在历史数据基础上的操作策略，以达到预测未来走势的目的，但它更主要的是为投资者提供未来走势更多的可能性，并对每一种可能性做出对应的操作策略。

当交易系统预测未来走势将持续上涨，发出买入信号，但这一信号并不意味着行情在未来就一定会上涨，交易系统也会出错。如果投资者按照上述买入信号进行重仓甚至满仓买入，而不考虑风险，一旦股价没有像预期一样上涨，投资者将面临重大损失。

所以预测走势只是交易系统的功能之一，投资者在实战中对走势做出预测后，更应积极使用资金管理与交易心理的方法。

8.2　如何建立高成功率的交易系统

通过前面的介绍，我们初步对交易系统的基本知识有了一定的了解，并且知道很多投资者对交易系统的认识存在误区，那么，如何才能建立高成功率的交易系统呢？

8.2.1 投资者自身情况和心态很重要

如何提高实战中交易系统的成功率，是投资者非常关心的问题。在解决这个问题之前，投资者应对自身有充分了解。可以通过以下几个问题来进行。

- ◆对风险的态度如何？
- ◆自己是风险偏好型的激进投资者还是风险厌恶型的稳健投资者？
- ◆每天有多少时间可以用来看股市？
- ◆是只看大盘？只看收盘价？还是对股价变化有密切关注？
- ◆有多少资金可以投入股市？
- ◆能承受的最大损失是多少？
- ◆投资股市，一年的预期收益率是多少？
- ◆一年内操作多少次比较适合自己？

投资者需要明确的是，交易系统只是投资者的工具而已，建立属于自己的交易系统只是增加自己在实战投资中可以最终获利的胜算而已，不是充分条件。

这也更说明了拥有自己的交易系统是投资获利的开始，但最终能否获利，依旧靠交易执行者的配合。

在交易过程中，最难掌握的仍是投资者的心态。一定程度上，心态决定了交易工具的选择和最终投资的成败。

8.2.2 建立交易系统需要遵循的原则和流程

如果投资者的心态比较良好，那么遵循如下的交易规则，就可建立出高效率的交易系统。

- ◆交易系统应有明确的买卖点，具有完整性和客观性。
- ◆简单原则，越简单的交易系统越实用。
- ◆不要过度特殊化，过度的特殊化会减少交易系统的普遍性，使交易系统被市场淘汰。
- ◆抓住主要趋势即可。不存在完美的交易系统，能在最低点买入在最高点卖出；好的交易系统只需要抓住主要趋势即可。
- ◆大概率原则。交易系统应遵循顺应趋势的大概率交易信号，即股价上涨的可能大于下跌的可能，则交易系统应始终发出上涨买入信号。

建立高成功率的交易系统的流程大致如图8-7所示。

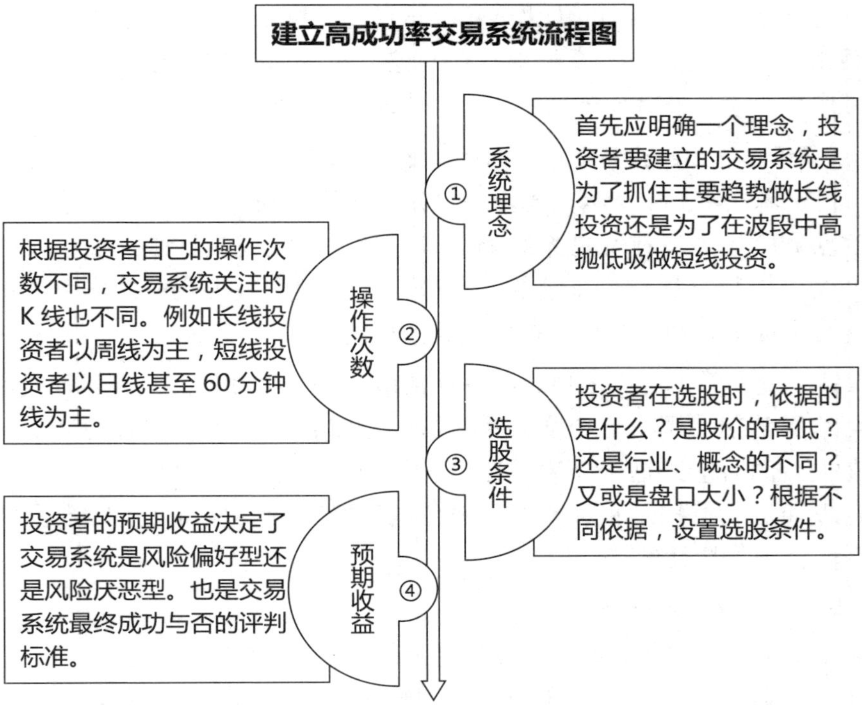

图8-7 建立高成功率交易系统流程图

投资者建立了自己的交易系统后，还应对交易系统做严格的历史测试，即用历史数据来检验交易系统的有效性，并在检验过程中不断完善和补充，最终形成高成功率的交易系统。

8.2.3 建立交易系统要规避的误区

投资者在建立交易系统的过程中会出现如下几个误区，尤其是对于第一次建立交易系统的投资者，更应该要时刻注意规避这些误区，才能确保自己建立的交易系统是高成功率的。

◆误区一：交易系统优化过度

交易系统在建立后不是一成不变的，投资者应根据市场的变化而进行优化，但在优化的过程中应注意不要过度优化。并不是优化程度越高，系统的成功率越高，系统的各个参数间不存在精确的量化关系，将系统中某一参数进行优化后，其他参数不变都可能导致系统成功率下降。

投资者在交易系统的优化过程中不宜过于执着，因为不存在完美的交易系统。任何人的交易系统都存在缺陷，投资者只需要根据自身情况，发挥优势，建立最适合自己的交易系统即可。

◆误区二：预期获利交易系统仓位越重获利越多

投资者在实战中认为，当交易系统在预期获利时，仓位越重会带来越多的获利。投资者在交易系统的测试中就应该发现，这是一个错误的观念。仓位控制只是交易系统的一部分，如果过度夸大仓位的作用，不仅不会带来更多获利，甚至有扩大损失的可能。

每个交易系统都有出现连续亏损的情况，一旦亏损的金额超过投资者的可承受范围，那么这个交易系统就已经宣告失效了。所有的交易系统都有失效的可能，这个概率是衡量一个交易系统风险大小的指标。投资者可以通过仓位控制来调整交易系统的风险，使其保持在一个自身能够承受的范围内持续运行。

◆误区三：只看重盈利总额

交易系统的盈利总额是衡量交易系统是否成功的重要依据，但不是最重要的依据。有些交易系统的交易次数少，且盈利主要来自几笔大盈利交易，那么这个交易系统的可靠性较低。

因为只有经历了市场长时间的检验，得到的交易系统才是可靠的。表明交易系统不应只看重盈利总额，还应看重盈利的分布、盈利的持续与否等方面。

8.3 基于MACD指标建立交易系统

在本书前面的章节大量介绍了MACD指标的各种用法和实战操作技巧，但是要在今后的实战炒股中更好地使用MACD指标来指导操作，就必须基于MACD指标建立交易系统。

8.3.1 依据MACD指标建立交易系统要明确的内容

在使用MACD指标建立交易系统之前，投资者首先要了解清楚基于该指标建立的交易系统必须要包括的几项内容，具体如下所示。

◆入场时机

在考虑入场时机时，投资者应该从大盘环境和个股情况两个方面来进行考虑，具体内容如表8-2所示。

表 8-2

考虑面	描 述
大盘环境	①大盘此时处于上升行情，若 MACD 指标的 DIF 线和 DEA 线都在 0 轴上方，投资者可以进场。 ②大盘此时处于下跌行情的反弹行情中，即使 MACD 指标在 0 轴下方，但是 DIF 线已经明显拐头，且在 DEA 线上方向上运行，可短期介入
个股情况	当个股同时满足以下 3 个条件时，投资者可以考虑进场： ①股价在向上的 30 日均线上方运行。 ② MACD 指标在 0 轴上方运行，或者 MACD 指标在 0 轴下方运行，但此时 DIF 线已经明显拐头向上运行。 ③ MACD 指标发出明显的买入信号，如 DIF 与 DEA 在 0 轴上方二次金叉、DIF 线与股价底背离、MACD 柱状线与股价的底背离等（具体见本书前面章节内容）

◆建仓的仓位控制

分析出介入时机后，投资者就要建仓买入了。对于初次建仓，投资者切记全仓买入，原则上在初次建仓时仓位要控制在计划满仓的50%以内，虽然此时介入的持仓成本最低，但是此时所面临的风险是最大的。同时还要设置要止损位。

◆加仓的时机与仓位控制

当上涨行情已经确立了，且股价此时正处于行情的上涨主升期，MACD指标的DIF线从下向上运行到0轴上方，则发出加仓信号。或者当DIF线已经处于0轴上方，在股价回落时，DIF线同步回落但最终在向上的DEA线获得支撑再次拐头向上，则发出加仓信号。

当个股发出加仓的买入信号时，投资者可以考虑加仓，加仓时同样要控制好仓位，不要一次全部加仓，可考虑分批加仓，虽然可能会摊高持仓成本，但是相对安全。

◆减仓的时机与仓位控制

如果股价还未到止损位，但是股价已经出现明显的下跌，此时投资者可不用清仓出场，可适当减仓。当MACD指标的DIF线拐头向下运行与DEA线死叉，或者DIF线跌破0轴运行到0轴下方，或者MACD柱状线出现快速缩小的状态，此时发出的就是减仓操作的信号。对于减仓比例，要结合当前股价下跌的幅度和面临的其他风险来进行综合确定。

8.3.2 用MACD指标建立中长线交易系统

投资者了解MACD指标与交易系统的相关知识后，可以着手建立一个自己的中长线交易系统。在这之前，应注意以下几个问题。

◆该交易系统是趋势性操作，所以排除掉下跌趋势中“DIF线与股价背离，与DEA线金叉”的买入信号。只有确定了上涨趋势的形成后再买入，这样就避免了大部分转势风险。

◆当上涨趋势确认后，投资者应采取“继续涨，继续加仓”的操作策略，但随着股价的上涨，买入成本的增加，加仓的数量应递减。较合理的是4：4：2的开仓与加仓比例。

◆对于中长线投资者来说，在选股时，只需要选择具有持续竞争优势的绩优股即可，不用费尽心思去选择黑马股。

◆当高位出现MACD柱状线与股价顶背离或DIF线与股价顶背离时，中长线投资者应果断卖出；当DIF线与股价顶背离时出现死叉，投资者应果断清仓。

通过总结得到中长线交易系统，如表8-3所示。

表8-3

项目	操作点设置与对应的操作策略
买点与建仓量	①买点：DIF线向上突破0轴，且保持在0轴上方运行；MACD金叉。 ②建仓量：40%，如果DIF线在突破0轴前与股价发生底背离，则仓位可提高
加仓位与加仓量	①加仓位：DIF线在0轴上方；MACD金叉；DIF线向下寻求支撑。 ②加仓量：第一次40%；第二次20%
减仓位与减仓量	①减仓位：柱状线与股价顶背离；DIF线死叉DEA线；DIF线向下跌破0轴。 ②减仓量：第一次50%；第二次清仓
止损位与止损量	①止损位：前期重要支撑位；低于买入价3%～5%；总亏损10%。 ②止损量：第一次50%；第二次清仓
出场位	①柱状线与股价在高位发生顶背离。 ② DIF线与股价在0轴上方出现明显的顶背离与死叉。 ③ DIF线向下跌破0轴

8.3.3
用MACD指标建立波段交易系统

波段操作系统主要用于抓住短期内的上涨行情，既可用在趋势性行情中，也可用在震荡行情中，适合短线投资者使用。

在建立波段交易系统的过程中，会更多地使用MACD柱状线和K线形态。投资者在建立中短线交易系统前，应注意以下几个问题。

◆ 波段交易系统主要是为了抓住上涨行情的第一波上涨走势，其最大的风险在于行情的突然反转，上涨行情未能形成。因此为提高波段交易系统的可靠性，投资者应多多观察中长线中MACD指标的运行走势。

◆ 因为投资周期较短，所以很少用到加仓，投资者在第一次买入时的仓位可以扩大到50%甚至更高。如果后市进行加仓，可进行全仓买入。

◆ 短线投资讲究落袋为安，一旦出现MACD柱状线与股价顶背离，投资者就应引起警惕，随后如果出现DIF线死叉DEA线，柱状线收敛等卖出信号，投资者就应果断卖出。

◆ 如果DIF线向上突破0轴，随后金叉DEA线，同样可以看作波段买点。

通过总结，波段交易系统如表8-4所示。

表 8-4

项目	操作点设置与对应的操作策略
买点与建仓量	①买点：DIF 线与股价底背离；DIF 线金叉 DEA 线；绿色柱状线收敛。 ②建仓量：50%
加仓位与加仓量	①加仓位：DIF 线向上突破 0 轴并保持在其上方运行；MACD 金叉。 ②加仓量：50%
止损位与止损量	①止损位：前期重要支撑位；低于买入价 3% ～ 5%。 ②止损量：第一次 50%；第二次清仓
出场位	① MACD 柱状线与股价顶背离，同时红色柱状线开始收敛。 ② DIF 线向下跌破 0 轴